U0503679

Le temps des tribus

Le déclin de l'individualisme
dans les sociétés postmodernes

部落时代

个体主义
在后现代社会的衰落

［法］米歇尔·马费索利

许轶冰 译

著

上海人民出版社

Cet ouvrage a bénéficié du soutien des Programmes d'aide à la publication de l'Institut français.

本书获得法国对外文教局版税资助计划的支持。

名家推荐

米歇尔·马费索利用一个极具暗示性的"新部落主义"概念来描述我们的世界,其特征包含着对共同体的执着追寻。马费索利认为,我们的世界是一个部落的世界,一个只承认部落的真理和对错美丑观念的世界。然而,这也是一个新的部落世界,一个在大多数重要方面不同于古代原始部落的世界。

——齐格蒙·鲍曼,当代著名社会思想家

这是对正在进行的根本社会变革的一种极好的前瞻性方法。这是一本具有里程碑意义的书,它将成为当代社会学的经典之作。

——埃德加·莫兰,法国哲学家、社会学家

米歇尔·马费索利以部落原型为例提醒我们:任何文明只有牢记其根源才能够存续下去。这是对当代想象物的睿智分析。

——吉尔贝·迪朗,法国人类学家

后现代部落，正如马费索利的分析，迫使我们重新思考涂尔干的社会学所描述的、已完全过时的有机团结。"螺旋"，作为并非在同一层面上的回归，很好地表明了马费索利话语的确切性。

——朱利安·弗罗因德，法国哲学家、社会学家

《部落时代》是对当代社会复杂性进行的实证、哲学的分析。可以说，它反映出了后现代性的"基本形式"。

——乔治·巴朗迪耶，法国社会学家、人类学家

《部落时代》以回归原始的方式，前瞻性地精准刻画了我们时代正在涌现的根本特征。不难预料，这部已然成为经典的著作，在元宇宙时代也将拥有自己的一席之地。毕竟，部落是人类社会存在样态不断迭代中恒久的隐喻性意象。

尤为难得的是，中译者乃马费索利的入室弟子，既得其师思想神髓，又精心推敲文字，读来让人兴味盎然！

——成伯清，南京大学社会学院教授

目录

中文版序言

　　这本出版于 1988 年的书，遭遇过许多仓促的判断，因为小小学术界内惯有的扒手和剽窃者们为了自身利益，往往会曲解我的研究核心：**复数个人**（la personne plurielle）的回归、**"我们"**（nous）的重要地位以及重新涌现的**共同体理念**（idéal communautaire）的特有能量。但是，正如我在第三版序言中指出的那样，一部注定要流传下去的作品势必会引发更多有责任心的读者们的关注。他们甚至谦逊地承认，根本的改变来自环境的推动，而非社会行动者们的意愿。这也就是我所愿意对话的**自由精神**。

　　我想提醒的是，这本书已经被翻译成了**英语、葡萄牙语、西班牙语、意大利语、德语、日语、乌克兰语**等多种语言。无论它现在可以给中国的学者们带来怎样的观念或思考，我希望这都能够在未来促成我们之间具有丰富性和前瞻性的对话。这当然是因为中国无疑是最可能成为我在这本书里所提到的"演化"和"范式转变"的国家！

　　这本书最初是献给群众的，但后来的书名变成了《**部落时代**》！

1

这并不矛盾。事实上，所有"共在"的自治共同体、自发组织等，都是古老的事物；也就是说，它们都是一些根本性的存在。由此，"部落"只是民众的另一种说法。

继而，尽管看起来非常具有挑衅性，但是在这些被我们称作是**群众、部落、共同体**的现实之间，确实存在着语义上的邻近性，甚至是结构上的同源性。这些现象中的每一种，都是根据中世纪哲学所说的"弥散性惯习"（*habitus diffus*）发展而来。在几个世纪以来的空洞中，具有一种归属感的"惯习"构成了集体文化的存在方式：这是常识（sens commun[1]）的原因和结果。

这种**归属感**通常是被动的。它是个体主义盛行的现代的时代特点。这种感觉有时会如同前现代时期，当然还有后现代时期那样再度活跃起来。民众的沸腾、反抗或起义都证明了这一点，部落主义也因此重新获得了生机和力量。此外，我并不是什么专家（远非如此!），但我也一直听说，与西方不同，中国人的传统思想恰恰也在强调"**我们**"在社会生活组织中的重要性。

"我们"的感觉就是命运共同体的感觉。简单而言，这也是**部落隐喻**所要强调的。又因为这是一个隐喻，它能够以一种类比的方式提醒我们，在严格意义上的"丛林"之中，部落是一种因与周围逆境作斗争而必须团结一致的生活方式。

因此，在砖石的丛林中，即在当代的特大都市中，部落允许人们并肩协力，允许人们根据自己的品位（性、音乐、宗教、体育等等）生活在团结和共享之中。它使每个人都能够根据歌德所说的**"选择性亲和"**（affinités électives）与他人共享。

接下来的几页中，我将试图展示 20 世纪五六十年代的**范式转**

---

[1] 亦包含"共有的知识"意思。——译注

变。在 18、19 世纪西方所特有的简单功能性和理性主义之外，日常生活美学化（设计和建筑的后现代主义）的逐步出现和青年的欢腾通过对质的要求使生活成为一件艺术品。

这是时代的精神，是想象物（l'imaginaire）；也就是说，这是部落的"选择性亲和"所沐浴的精神气氛。用西班牙哲学家奥特加·伊·加塞特（Ortega y Gasset）的表达来说，这是一种**"气氛的命令"**（impératif atmosphérique），一种我们不可能逃避的命令，一种现代精英们不愿意承认的命令；或更准确地来说，这是他们必须竭力否认的命令。

正是由于没有看到衰落一直都是重生的最可靠标志，与现实脱节的社会学家们才一直在舞台上发表着充满美好感情色彩的演讲，以**量化**的方式呈现着民意调查中永恒不变的社会阶层等分类范畴与所谓的"科学"统计数据，尽管它们都扮演着一种与现实情况严重脱节的现代占星术的角色！

这就是建立在陈旧价值观基础之上的当代"正统思想"：一种近乎耗尽的个体主义，以及对枯燥无味的、不能更短视的理性的庆祝。他们都如"校长"一般，对各种"越轨"围追堵截，并禁止我们口中正在重生的"社群主义"和"民粹主义"。而那些**自由的思想家**，那些关注事物存在这一基本问题的人非常清楚，人类高度的群居本性赖以建立的基石，正是那些超越了不同思潮而在本质上有些摇摆多变（versatiles）的普遍法则。奥古斯特·孔德称其为"非自愿纪律"；也就是说，它并不取决于我们的善意。

这将是一种作为主观性基础的客观性：对基本存在［或者孔德式的伟大存在（Grand Être）？］之追寻中的永恒张力。

正如我们所理解的，《部落时代》所关注的是**社会生活的基本存**

在，简单而言就是共在（être-ensemble[1]）。共同存在由此构成了我们在第二章第二节所分析的一种真正的"社会的神性"。

这就解释了为什么在现代制度的衰落之外或之下，作为一种极其重要的共在形式的部落或共同体可以规律性地重生，并与注定要发生的事情保持一致。原因当然是命运。与人们认为可以掌握或支配的历史不同，命运就应该被"将就"（faire avec）。适应命运、被命运决定、接受命运的束缚，都是"命运共同体"（第六章第一节）这个漂亮术语的基础。

在启蒙运动之后，历史哲学（黑格尔等人）成为在 19 世纪和 20 世纪的政治运动中有着不同调性变化（modulation）[2] 的解放理论的基础。这些都是一种结构上的摩尼教政策，它们都对现实世界有着根本不满，并强调一个未来的完美社会。我们不要忘记，正是对现实世界说"不"证明了致力于统治和轻而易举地劫掠世界的进步神话的合法性。这是拒斥自然所导致的致命影响。

与这种"进步主义"政治形成鲜明对比，作为前现代和后现代部落主义特征的命运共同体，呼唤着一种被我称作**"道成肉身"**（l'incarnation）的思想。这是接受**"是什么"**（ce qui est）的另一种说法，是对生活**说"是"**，对这个世界**说"是"**。和前现代的共同体一样，当代的部落正是这样满足于使道德适应于感觉。这一点绝不应该被忽视！

实际上，最重要的是"感觉"。它不再是作为病态理性主义之基础的偏执的"我认为"（Je pense），而是"我感到"（Je suis affecté），感到了他人的影响、自然的影响、感性的影响，等等。这就是"感

---

[1]　字面意思是"共同存在"。——译注
[2]　马费索利频繁使用的一个词汇，指类似色调或音调之间的变化，尤指那些非常细微、稍不留意就会被忽视的变化。——译注

觉"。是它造就了后现代"选择性亲和"的共同品位。而强调共同体式的"我们",不也是**中国人思想和生活传统的特点**吗?

在根据某种先验的想法对世界采取行动的意识形态哲学(l'idéosophie)以外,成为部落成员的感觉是对决定论的一种斯多葛式的接受。这是另一种表达"是什么"之重要性的方式;换言之,这是一个真正不容置疑的、最重要的是要以集体来谨慎对待的问题!这是对基本事实之服从的因与果。这正如术语"détermination"(确定)一词的词源所提醒我们的那样:"*determinatio*"是一块界碑;它在限制、界定的同时,允许小麦在此范围内发芽、生长。这与由于未经界定、劳作的不毛之地的贫瘠状况截然不同。在罗马人那里,界神特米努斯(Terminus)的名字也可以用来表示文明城市与未开化荒野之间的界限。让我们记住,普鲁塔克(Plutarque)就写道,努马(Numa)命人为良善(Bonne Foi)和界神建造了圣所,而这位站在俗世入口处的界神就成为了"良善"——理应统治人与人之间关系的"谦恭"(civilité)——的守护者。这是各种人类部落主义的基本聚合所拥有的共同体理念的基本特征。由此,占据上风的不再是某种理想主义的个体主义,不再是"自我"优先观念的重要性,恰恰相反,而是对使身体和精神、自然和文化等所有支持**"生态哲学"**(l'écosophie)的事物结为一体的实在的感觉。这种生态哲学是一种"家"(*oikos*)的智慧,其中社会机体和自然机体密切相连。

从这个意义上说,部落主义是一个很好的隐喻,可以用来表达和实践哲学家亚里士多德所珍视的"现实主义"。我想提醒大家的是,这种"现实"不是一种发育不良的现实(une réalité),不是一种通过优先经济缩减来实现节约的现实,而是一种更为广泛的**实在**(un Réel),得益于神话、传说即集体梦想的回归,这种实在在人类物种的巨大连续体中提高了社会存在的地位。从这个意义上讲，部落主义超越了人类学家吉尔贝·迪朗（Gilbert Durand）所说的"分隔原则"，强调一种世界的**整体论**概念。中国智慧也能提供许多这方面的例子。

由此，越来越多的人认识到，当"选择性的社会本能"（la socialité élective，第四章第四节）与任何一种社会生活的基本传统建立起一种活生生的关系时，它势必会得到更新。这是另一种提醒我们"没有记忆就没有未来"的方式。

我们不妨考虑一下这句话："*Defuncti adhuc loquuntur*"，即"死者仍在说话"。奥古斯特·孔德也经常提醒我们："死者统治着活人。"这是社会传统或社会记忆一直在关注的问题。作为自发组织，部落提醒我们，超越了个体主义的"我们"是一种活在来自过去、通往未来的当下的方式。因此，"我们"需要回到现实所不乏的各种各样的源泉之中，回到民间节日、遗产庆典以及其他见证了这一点的历史重建活动之中。简言之，**全社会的记忆**（mémoire sociétale）恢复了一种不可否认的力量和活力。

悖论的是，这种**对传统根源的回归**得到了现代技术发展的支持。这不就是网络文化的**连通性**（connectedness）吗？网络的网络（第六章第四节）使交流、分享、互助的人类学结构能够在当代表达自己。古老记忆中的"共同存在"（l'être avec）在各种秩序（运输、出租、工作等等）的"共同"（co-）之中琐碎地表达出来[1]，现实性为我们提供了很多这类例子。

还有一点经常会被忘记。"innovation"（革新）这个词的拉丁语

---

[1] 运输（voiturage）、出租（location）、工作（working）三个词语加上"共同"（co-）之后，就变成了拼车（covoiturage）、合租（colocation）、共享工作空间（coworking）。——译注

词根是"*in-novare*"，即用旧的东西制作出新的东西。也就是说，**后现代部落主义既是新的事物，也是旧的事物**（*Nova et Vetera*）。此外，通过日常的互助，我们可以听到哲学家们所说的"受损者之间的团结"（solidarité des ébranlés）和"受害者之间的手足情谊"（fraternité des éclopés）的回声。这样的团结或手足情谊总是脆弱的、不牢固的，但是它们仍然构成了所有社会生活的主线。

这就是《部落时代》至今仍具有现实性的原因。更加确切地讲，因为它提醒了那些对自身有着高要求和强烈责任心的人：共同存在才是表征社会存在的"伟大存在"。用一个海德格尔所珍视的比喻来说，对这种存在的强调可以提醒我们：每个人都需要一块"教堂墓地"（aître），一个安宁和汇合的地点，一个可以得到休息、帮助和愉悦的地点。**"共在"就是这种"教堂墓地"**，它既可以单独地鼓舞每一个人，也可以从整体上鼓舞全社会。

这也就意味着，每个人仅能通过他人或在他人之中得以存在的事实，是一个具有启发性的象征，可以用来理解当代社会本能中普遍相通的"我们"的优先地位。当然，"沉浸"到他异性之中（另一个部落，另一种自然、另一个神灵）也是我们所谓的**全社会**（sociétal）的基本特征，尽管我们可能并不清楚这个"全社会"的含义是什么。

因此，我们可以使用这样的表达来类比式地描述我在讨论情感星云时所提到的"社会的神性"（第四章第一节），是它造就了所有社会本能的**有机平衡**。实际上，在交换、共享和民众团结当中，存在着一种资产阶级式经济一直在试图消除或边缘化的恒常的轮换（rotation）。在惶恐不安的知识分子所局限的短视的个体主义之外，民众生活中的人际关系有时会以一种突发性的方式重新回到当前的秩序上来。

这就是正在进行的"部落"革命，这是一场真正的革命（révolution）——"*revolvere*"（翻转），一场恢复现代愚蠢、破坏一切的进步主义自认为已经超越之物的现实性的革命。这种已超越之物就是我们仅能通过他人的眼光或在他人的眼光之下才能存在。是他人创造了我们。因此，部落强调，这种现代性所拥有的自治性，即所谓的"社会契约"（contrat social）的自治性，为一种更为根本的**异质性**所取代：法则是由他人制定的。这是表达全社会条约（pacte sociétal）或共同体理念的另一种方式。

这就是正在进行的**范式转变**，是一种建立在基本的共融和互惠基础之上的民众智慧的回归。这种回归是正常而公平的，裹挟着如风中稻草般的我们。我相信，专注于其大国特有的民众感性的**中国知识分子**一定能够更好地理解这种正在发生的全社会的演化。我也当然相信他们会一直睿智地陪伴着这些变化！

米歇尔·马费索利

索邦大学荣休教授

法国大学学院院士

2020 年 5 月 18 日

法文第三版序　找到词语

每当证据崩塌时，诗人都以喝彩回应未来。

——勒内·夏尔（René Char）

一、初生的古词

时代并非无关紧要，至少对那些以目睹动荡为乐的人来说是如此。总体情况就是这样，非常简单，它也存在于所有深刻变革的时期。在这些时期中，一方面是社会的一些所有者，即那些拥有说和做的权力的人。他们满足于自己所习惯的表达机构和其他"决策中心"。他们在各自的教区公告中相互应和，并优先在公告中查阅最重要的信息：讣告。另一方面则是有些失范的、任何情况下都是无序的野性生命。这是社会中人数最多的部分。简而言之，既有制度的**权力**（le pouvoir）以其各种各样的文化、宗教、社会、经济形式，反对能够形成新制度的**势力**（la puissance）。

当然，这种二分法过于武断，需要加以斟酌。但是在有些时候，我们亦必须"用锤子进行哲思"[1]。讽刺是有用的，因为它可以使我

---

[1]　源自尼采《偶像的黄昏》一书的副标题。——译注

1

们注意到一些显而易见的、且正是因为过于明显而难以觉察的事实。我们不得不承认："国王没有穿衣服。"[1] 在他最新的化身中，"五月风暴参加者"那一代人已经掌握了所有的权力，这使得现代精英只能"代表"他自己；也就是说，他们从一个不再承认精英的社会现实中字面意义上地抽离出了自己。

为了微不足道的好处而出卖自己的灵魂，那一代人或多或少地意识到了自己的痛苦、悲伤和无果。他们满足于反反复复地讲述那些最终使他们拥有权力的哲学-政治秘诀。这些自 19 世纪开始被精心阐述的秘诀才刚刚完成，其切合性在今天就已经不那么明显了。共和派的秘诀、模范公民的秘诀、民主派的秘诀——这份空洞咒语的清单可以列得很长，它们在因循守旧和好为人师的"单一思想"方面达到了顶点，无休无止、不胜其烦地说着应该做什么事情、事情应该是如何。警察、法官和熟睡的神甫的怨恨或恼怒，都是建立在这种"应当如何"（devoir être）的逻辑之上的，他们都希望，或至少是声称希望可以使他人为自己感到幸福，有时甚至是那些反对他们的人。

我曾说过，那些背弃了美好梦想的人如今变得乖戾和悲哀。他们都成了记录员，站在了那些他们曾经嘘声不已的记录员的立场之上。因此，计划的通常机制旨在让这个世界看上去比实际上更加悲惨，这样我们就有理由承担和拯救它了。但是这个世界能被那些不停抱怨的老顽固们拯救吗？他们不断地通过文章、节目、图书来教化"人们"，只是为了防止人们最终像他们一样，成为想要保留刚刚到手的象征和物质特权的老恶棍。

"没有客观性，也没有主观性。"乔治·卢卡奇（Georges Lukàcs）在他那个时代如是定义记者。这个说法当然可以用于整个现代精英

---

[1] 这句话出自安徒生的童话《皇帝的新装》；在经济文献中，它被用来描述当权者或国家的衰败状态。——译注

阶层。这就是现代精英**抽象**、无根的原因，这就是他们傲慢和愤世嫉俗的根源。所有这些都分泌出了一致的思想，产生出了良好的情感和其他站在社会阶梯顶端的美丽灵魂们所具有的"道德主义"。中产阶级政治的中庸性在当下显而易见。众所周知，"挨着卡皮利托山的是塔尔皮亚岩"（*La roche Tarpéienne est proche du Capitole*）[1]，拥有既有知识的人很快就会被赶上悬岩。因此，就这样顺其自然吧。

另一方面，参与每个时代都要面对的这项真正创造性的工作并非没有意义：**找到尽可能不虚假的、用来描述"是什么"的词语。**

找到词语来描述我们的时代。这是我这三十多年来的目标和追求。我一直在为此努力，并勇敢地面对那些可以毫无顾忌地拥护他们曾经忽视、否认和驳斥之物的通权达变者，面对他们沉默的共谋和或明或暗的敌意。日常生活及其仪式，以狄奥尼索斯的享乐主义为象征的集体情感或激情，身体在表演和沉思中的重要性，当代游牧主义的苏醒，所有这一切都在后现代部落主义的行列之中。

实际上，大约在十五年前，在尚未有人提及的时候，我提出了"部落"的隐喻，用来形容社会纽带的变化。这一术语被广泛使用。一些唯利是图的人抓住了它，一些知识分子（有时他们就是那些唯利是图的人）也同意给予它应有的重视。当然，记者们过度地使用了它。他们别无选择。部落主义的现实就在那里，无论是好或坏都非常明显。那是不可避免的现实，且并不局限于特定的地理区域[2]。但我们仍然要对此展开思考。

这就是《部落时代》这本书的目的，它旨在进行针对性和前瞻

---

[1] 原是拉丁文谚语，原指罗马共和国宗教权力中心卡皮利托山不远处，即是处决死刑犯的塔尔皮亚岩，它可指荣誉过后即是衰落，亦可指若想取人性命，就需使其爬上高位。——译注

[2] 《部落时代》能以英语、西班牙语、葡萄牙语、意大利语、德语和日语出版，当然不是没有原因的。

性的分析。在这里，我想说这与社会生活中新出现的价值是一致的，表明了一种刚刚开始的趋势。是的，部落主义将在所有领域成为未来几十年的主导价值。这就是用涂尔干的话来说，有必要找出它的"基本特征"（caractères essentiels）的原因。对于这个词，我取的是尽可能接近词源的含义：可能留下持久印记的事物。

这不可能是一蹴而就的。在我所有的研究中，我都在尽力避免一个双重陷阱：一面是过度复杂的陷阱，任何时代的文人都可以借此来确保权力；另一面是匆忙肤浅的陷阱，这种表面性是某些新闻报道往往会喜好的。如果部落主义是一种基本趋势，那么在关于环境的社会学之外，我们必须建立一种能够持久的思想。

我承认这里存在着一个真正的悖论：我们想用并非精确概念的"词语"来表达确定的方向。我们要去接受和经历这个悖论。为此，我们不应该再使用上文中表示反复不停的啰嗦、念咒等 19 世纪的关键词，而是要学会满足于隐喻、类比和意象，满足于所有这些朦胧的、但的确是最有可能解释处在萌芽状态之物"是什么"的方法。实际上，无论是民主派还是共和派，"唱高调"都很容易。这是大多数知识分子、记者、政治家、社会工作者和其他一些自认为对社会"负责"的美丽灵魂们所追求的。无论情况如何，无论主角是谁，他们口中只有"公民""共和国""国家""社会契约""自由""公民社会""计划"等词语。他们非常可敬，甚至非常善良，但是对于大多数不关心政治，甚至不关心社会事务的年轻人来说，这些词语都像是来自火星的语言。在这方面，投票中的弃权行为是具有启发性的，它清楚地表明代表机制和实际生活已经不再具有任何联系。

为了避免自我重复（尽管冗余是神话所固有的，而"纠缠性的观念"是创造性作品所固有的），我将从两个主要方面来概括这些新"词语"：一方面，它们同时强调了部落主义的"古老"特征和初生特征；另一方面，它们强调了部落主义的共同体维度和个体概念的饱和。在我看来，这就是后现代部落主义的两个根源。它成为了**激进**思想必须考虑的问题。

我们必须警惕老牌思想家们的嘴脸。他们弄脏了一切触碰过的东西。相比而言，我们不妨轻松地参与我所说的"日常认识"（connaissance ordinaire）：间隙的知识（savoir des interstices），这种间隙在词语之间、事物之间。在某些时候，真正的知识存在于运动中，存在于生命的震动和战栗之中。这就是我们想要谈论的微小的、近似的真相的栖身之处。在这个悖论中，有一条真正的智识要求与时代精神相符，它认为必须要认真研究集体梦想，不应将其局限在理论偏见的枷锁之中。

柏格森很好地证明了这一点：在任何创造性思想的背后，都会存在着一种直觉。而且，如果这种直觉与特定时期的创造性直觉（导致创造性思维的一系列直觉）相一致，那么它也可以被认为是创造性的。我要提醒的是，直觉是一种"内在的视觉"，它会尽可能近地看到一个特定的人、情境或社会整体的特有能量。就我而言，在我所有的分析中起作用的直觉就是对**全社会的势力**的直觉¹。我称其为社会本能，或者地下集中。用什么术语并不重要。重要的是关注这种先于权力，并能巩固各种形式的权力的内在力量。在我看来，正是这种"力量"在当代新部落主义中发挥着作用。在"逻各斯原则"，即机械的、可预测的、工具的、严格功利理性的原则的支配过后，我们正在见证"厄洛斯原则"的回归。[1] 这是阿波罗和狄奥尼索斯之间的永恒战斗！

---

[1] 逻各斯（*logos*），一般指世界的可理解的一切规律，因而也有语言或理性的含义；厄洛斯（*éros*），一般指情欲、欲望、欲念。因此，逻各斯原则是理性的原则，厄洛斯原则是感性的原则。——译注

从这个意义上说，在政治、经济或社会现象之前，**部落主义首先是一种文化现象**。这是一场真正的精神革命，一场情感的革命，强调原始生活和天然生活的欢乐。这场革命加剧了返古主义的基础性、结构性和重要性。我们一致同意，所有这些都与当前权力所持有的普遍主义和理性主义价值相去甚远。

然而毫无疑问的是，正是这种天然的价值，导致了这些幻想的反叛、各种形式的欢腾，以及意义的混杂。当代层出不穷的各种狂热场面为所有这些提供了生动的例证。我们无法以一种严肃的精神来思考、确认所有这一切的偏见或观点真实性。只有从"事物本身"出发，我们才能思考部落主义的天然方面。因此，在现象学当中，海德格尔的沉思给了我们很多例证：真理在于揭示已经存在的东西。

我经常指出，后现代性的特征可能就是返古主义的激烈回归。这无疑是最能触碰到社会观察者的进步主义敏感神经的地方。作为社会福祉的原因和结果的线性而有保证的进步（Progrès），正在被一种以"部落时代"为特征的"倒退"（régrès）取代。我们也必须找到一个恰当的词语来描述一种不仅仅是简单倒退的情况。对此，我们可以说"后退-前进"［régrédience，米歇尔·卡泽纳夫（Michel Cazenave）］，这是一种古老价值与技术发展相连的螺旋式回归。[2] 目前，我提出了另一个术语："步入"（ingrés）。我们能够在新拉丁语、西班牙语、意大利语和葡萄牙语中发现，它强调了这样一个事实：可能存在一条没有目标的道路，一场没有目标的行走，一场并非进步（progressa）的步入（ingressa）。在我看来，这对我们当代的部落是非常关键的。它们不需要实现什么目标，不需要实现什么经济、政治和社会计划。它们更喜爱"步入"共在时的愉悦，"步入"当下时刻的强度，"步入"对这个世界如其所是的享受。

有一些治疗方法就建立在倒退原则的基础之上。有了我刚才给出的语义更正，为什么我们不考虑在社会生活中采用同样的程序呢？我们不妨来听一听《传道书》的教导："江河从何处流，仍归还何处。"（传1：7）在文明当中，有时会有一些"侵入"（ingression）的态度，它们激励了新的社会复兴。这促使我们可以真正潜入集体无意识。在这里，我的意思是要认真对待共同的幻想、梦一般的经历和各种游戏表现，因为我们的社会正是借此来重述将其与所有人性的原型基质联系在一起的事物。

这可能会让高科技舞曲、游行队伍或"锐舞派对"的主角们感到惊讶。但是在这些共同的歇斯底里中，有一些东西需要与柏拉图的回忆（réminiscence）[1]过程联系起来。回忆与复生（reviviscence）是相辅相成的。这即是天然、野蛮和部落：它们一遍又一遍地述说着它们的起源，从而重新赋予那些倾向于僵化、资产阶级化、制度化的事物以生命。从这个意义上讲，在当代的许多现象中，返古在大多数情况下表达的是一种旺盛的活力。

正如我经常说的，我们可以在音乐的欢腾中发现这种活力论，但我们同样也可以在广告的创意中，在性失范中，在回归自然的过程中，在环保主义氛围中，在毛发、皮肤、体液和气味的剧烈刺激中，简而言之在所有能够提醒人性中的动物性的事物中找到这种活力论。使生活变得野蛮！这是后现代性的本质悖论，它将开端、起源、原始和野蛮推上舞台。因此，以一种并不总是有意识的方式，重新赋予一个日益衰老的社会机体以活力，或者对起源的忠诚，是对未来的有效保证。从这个意义上讲，部落主义是一种**积极寻根**（enracinement dynamique）的表现。

将返古主义和活力联系起来是这本书的第一把钥匙。这也是后

---

[1] 在柏拉图的先验论中，"回忆"指不朽灵魂对理念的回忆。——译注

现代性的第一个悖论。虽然我只是在这里暗示性地提到它，但我们还是能够发现"永恒少年"（puer aeternus）[1] 的神话。这种永恒少年就是我们在某些文化中可以发现的老小孩。我说的当然是神话或象征性的人物形象，因为这种年轻不是一个简单的公民身份的问题。当然，真正的年轻一代是以一种极端性的方式经历享乐主义价值的。然而，通过感染的过程，"老小孩"现象将影响到整个社会。

　　一些批评我的人认为，从经验的角度出发，我们已经不能再否认部落主义，但它只是一个年龄段内的事实，是一种延长了的青春期。在我看来，这仍然是一种否认正在发生的深刻范式转移的做法。年轻人的说话方式、年轻人的穿着习惯、对身体的护理、社会性的歇斯底里，所有这些都被广泛地共享。每个人，无论其年龄、阶级、地位如何，都或多或少被这种"永恒少年"的形象感染。简而言之，由于这是我目前正在反思的主题，所以在我看来，父权制的、纵向的结构似乎正在被手足般的、横向的结构所取代。犹太-基督教和现代社会都具有的英雄文化，是建立在一种积极行动的个体概念，即"做自己的主人"的基础之上的，它既支配自己也支配自然。现代的成年人正是这种英雄主义的完美表达。吉尔贝·迪朗认为这是一个古老的"构成西方的文化原型"3。

　　同样，我们必须找到一个合适的词语来描述后现代部落非积极行动的活力。这是一种有些贪玩、有些失范的"永恒少年"的活力。用居伊·德波（Guy Debord）的话来说，这种"不可思议的不行动"对既定秩序构成了某种威胁，它仅仅涉及少数的先锋派群体、波希米亚群体、边缘群体或自愿放逐者群体。如今情况不复如此。在群体中，任何机遇对于体验在他者中失去自我的感觉来说都是很合适

_____

　　[1] 拉丁语，字面意思是"永远的小男孩"，表示心理过久停留在青少年时期的男人。这一般与对母亲的强烈无意识依恋有关。——译注

的，其中最好的例子就是狄奥尼索斯这位"永恒少年"以及由他所推动的酒神节。

在回忆环法自行车赛及途经的山脉时，阿兰·佩森（Alain Pessin）谈到了"登上了童年"（remontée vers l'enfance）。这句精妙的话总体上很好地描述了这场体育比赛的想象物，这一想象物以一种或多或少巴洛克式的方式承载着幻想、梦想、共在时的喜悦和共同游戏时的激情。不过，这种"登上"也可以应用于当代狂热整体，这一系列群体都尽情表达着横向性（horizontalité）的喜悦、对手足的情感和对前个体阶段的整合的怀念。[1]

在这里，我听到形形色色的"道德家们"发出威胁性的尖叫。我知道所有的精神分析学家不论背景如何，都会谈论"父亲法则"。也许他们是对的。"永恒少年"是有些非道德的，有时甚至是完全非道德的。但这种非道德主义可能也是合乎伦理的，因为它将这些欢腾的各个主角紧密地联系在了一起。"登上了童年"不只是个体性的，还是文化性的。它导致了另一种与他异性的关系，与邻近的他者的关系，与自然他者的关系。这种关系不再是英雄主义关系 [2]，而是顺应他异性本身"是什么"的关系。正是在"老小孩"身上，有一种不可否认的宽容和慷慨，这样的力量来自人类远古的记忆——根据内藏的知识（savoir incorporé）[3]，这种记忆"知道"在信仰、各种各样的计划、多少有些强加的目标之上或之下，存在着生命及其无穷无尽的财富。这是没有目的和用途的生命。它只是生命。

简而言之，犹太-基督教文化的本质是对"上帝之城"的强烈张力，无论这座城市是严格意义上的天堂还是完美的社会，都不会改

---

[1] 在意识到自己是一个个体之前，我们是与母亲融合在一起的。——译注
[2] 英雄主义关系具有卓越的品质、模范的行为等等。——译注
[3] 马费索利的惯用语，指存在于相应群体中的内部知识（savoir interne），它通过一种参与集体无意识的直觉来表达。——译注

变这一本质。这种宗教和/或道德-政治的张力需要一种强大而理性的成年人作为其行动者。正是这种文化原型受到了后现代的新部落主义的挑战。后现代新部落主义的行动者是一个个"永恒少年"，通过他们的行为、存在方式、音乐、他们的身体调度，这些少年首先重申的就是对"是什么"的忠诚。

毫无疑问，这种忠诚绝不是对政治、经济或社会现状的接受。远非如此！我记得在自己的著作中，我在狄奥尼索斯、部落主义和游牧主义之间建立了一种结构性的联系，它们都是失范的，都在强调异教的、游戏的、无序的存在。因此，正是在我们过度合理化的社会中，正是在我们的无菌社会中，正是在致力于消除一切风险的社会中，野蛮回归了。这也正是部落主义的意义所在。

此外，如果我们能够深入地理解，就会知道这种野蛮的回归并不是一件坏事。让我们在这里记住勒普莱（Frédéric Le Play）的一句话："完美的社会总是会受到'小野蛮人'（les petits barbares）的入侵，他们不断地把人性中的所有邪恶本能带了回来。"我们必须抛开道德上的评价，因为这样的评价没有任何意义。另一方面，这是一种反复出现的现象，它往往会目睹活力在过于制度化的事物中的回归。勒普莱的"小野蛮人"和夏尔·傅立叶的"小帮"（les petites hordes）[1] 可以让我们想起郊区的"小阿飞"和其他"野孩子"，他们恰当地提醒了我们：一个以死于无聊来换取不死于饥饿的地方，不配被称作"城市"[4]。

---

[1] 在法国空想社会主义者夏尔·傅立叶提出的理想社会形态"法伦斯泰尔"中，社会中的个体根据自己的能力和欲望（体力活动、智力活动、组织活动等）将自己的社会活动分组。其中，孩子们分成了两组：小群（les petites bandes）和小帮（les petites hordes）；小群被指派去做园艺等令人愉快的工作，小帮却从事最肮脏的工作。孩子们可以自由选择加入哪个群体。傅立叶极其推崇加入小帮的孩子，因为只有他们开工，法伦斯泰尔才得以运行。在小帮成员身上，傅立叶看到了工作时的四种激情：自豪、无耻、倔强（不服从）和"肮脏的嗜好"（le goût de la saleté），并尤其强调最后一种。——译注

面对过度合理化的社会所引发的贫血生存，城市部落强调一种移情的社会本能——情感或情绪的共享的紧迫性。我要提醒的是，"交易"（commerce）是一切共在的基础，它并不只是简单的财产交换，它也可以是"观念的交易""爱情的交易"。用更加人类学式的口吻来讲，在当前时刻，我们不难观察到一种重要的滑移：从"城邦"（polis）到"狂欢"（thiase）[1]、从政治秩序到融合秩序的滑移。这就是《部落时代》所描述的过渡。我们与现代的、启蒙运动的、胜利的西方的普遍主义相去甚远。实际上，普遍主义只是一种特殊的、被普遍化的族群中心主义：世界上一个小地区的价值观被外推为一种适用于一切的模型。部落主义从经验的角度提醒我们对一个地点、一个群体的归属感的重要性：它可以作为所有社会生活的基础。

二、共同体理念

后现代新部落主义的另一把钥匙或"基本特征"是社会本能的共同体维度。强调这一点十分重要，因为我们经常可以读到和听到，个体或个体主义是我们这个时代的主要标志。而这实际上再次表明了知识分子与现实的脱节。在这里，他们只是把自己的价值投射到了整个社会。我们只需要看看时尚的重要性、模仿的本能、各种各样的群体冲动、形形色色的集体性歇斯底里、我经常提到的音乐、体育和宗教的狂热场面等等，就足以说明与知识分子们相左的观点。

事情其实还要更加有趣，因为同样的知识分子被时代精神所裹挟，以一种无意识的方式对一种经得起一切考验的部落主义发挥其作用。学术界就是一个很好的例子，它由一系列氏族（clans）组成，

[1] 见本书第四章第一节。——译注

11

每个氏族都聚集在一位名祖英雄（héros éponyme）[1] 周围。这些氏族可以随意进行排他、排斥、蔑视和污名化。那些没有"群体味"的人会不可避免地被拒绝。

同样的道理也适用于媒体，它们时不时会以惊人的一致性发现"世纪思想家""代表性的一代人""不可错过的作家""天才艺术家"等等，我们可以无限罗列下去。在这里，看看任何一家媒体是如何仅仅因为是部长夫人或总统女儿而报道前者的诗歌才华或后者的哲学独创性（或者情况正好相反，但这并不重要）将是启发性的、有趣的和令人惊奇的。在这个问题上，作品平庸与否并不重要，关键在于通过颂扬她们，媒体部落认为这是一次攫取好处的机会。共和国的价值何在？即便只是香蕉共和国 [2] 的价值！

在所有这些情况下，我们能够很好地看到裙带关系的作用以及影响网络的重要性。简而言之，这些"发现"中的主观维度是无需证明的。这是一种族内婚式的过程，常常可以证明"媒体政治-中庸"（médiacratie-médiocrité）关系是合理的，而我们远未意识到这种关系的重要性。事实上，被我们越来越多地用来形容发表意见的媒体的"教区公告"（bulletins paroissiaux）这一表达，只是转译了一种部落的现实，这种部落与由流氓或其他制度化黑手党的世界在本质上是相同的。

至于政治世界和工会世界呢？在这里，潮流与暗流、主导思想与其他思想俱乐部，实际上反映了现代性赖以建立的这些同质性组织的分裂。这里，部落主义势必会再次获胜。无论是左翼还是右翼，都普遍存在着一种彼此斗争的氏族政治，其中所有可以用来消灭、

---

[1] 其名被用为城市名、部族名等。——译注
[2] 指大量种植热带作物，特别是种植香蕉的中美洲诸国。这里蔑称腐败、有强大外国势力（主要是美国）介入和间接支配的傀儡国家。——译注

征服或边缘化他者的手段都是良善的。在这场无情的斗争中，教义上的差异很小，甚至根本不存在，唯一重要的是个人问题，即是否对领导者忠顺。这就产生了一种归属感，可以为他们觊觎的位置铺平道路。领导者具有魅力还是平庸乏味并不重要。用一句粗话来讲，"我们就是他的人"，仅此而已。也就是说，我们属于他，我们将完全遵从他的指示。

顺便一提，我们要注意到，同一批政治家提出的一种以依附、顺从和消灭批判精神等为基础的"反派系"的立法是非常有趣的，因为这些理由都是政治部落主义的基础。用荣格的话来分析，我们可以说这种"反派系"的法律是一种把我们所栖身的阴影投射到外部的方式。通过妖魔化或把某些我们认为邪恶的价值强加于他人，我们否认自己也拥有这些价值。事实上，政治派系和政治部族有着相同的结构：归属感。

大学、媒体、政治、工会——我们还可以继续罗列这份清单——行政、俱乐部、培训、社会工作、雇主、教堂，等等。部落进程已经感染了整个社会制度。正是根据性取向、学生时代的交往、朋友关系、哲学或宗教偏好等等，我们得以建立之前所提到的影响网络、裙带关系和其他互助形式，它们都构成了社会的织理。这就是我将在后面展示的"网络的网络"[1]，情感、感觉、情绪等将以其各种各样的调性变化形式在其中发挥重要作用。我们无法说它是好是坏，但我们应该要认识到，与一种以理性思考和组织的社会关系相反，社会本能仅仅是一种彼此之间不好不坏地进行着调整、适应与和解的小部落的集结。用异质化、价值多神论、全息结构、"矛盾"逻辑还是分形组织来描述并不重要。可以肯定的是，作为我们

---

[1]　见本书第六章第四节。——译注

所辩护的社会契约、公民身份或代议制民主的基础的一个强大而孤独的个体，不再是社会生活的基础。社会生活首先是情感的、融合的、群居性的。这种群居性让人感到惊讶，又值得我们思考。

事实上，在上述所有制度中，或多或少被"掩蔽"的部落主义是有意义的。而且，如果我在描述这一点时会引起争议，那只是因为它在大多数情况下都被否认了。因此，对于其中的行动者来说，把"鼻子埋在其屎尿中"[1]并不是没有用的。这相当原始，但人们永远猜不到它有多大的好处。与其让我们虚伪地陶醉在普遍主义的恩惠中，不如承认自己是一个部落的成员，并以该部落的方式行事。清楚的解释能让我们获益匪浅：自由审查和个人批评远不是当代的价值，思想和行动首先是氏族的。这就是范式的巨大转变。

实际上，在我刚才给出的所有例子中，在所有那些自经验上构成我们日常生活的大量事物中，我们可以说，个体及其理论基础——个体主义已经不再适用。从最强烈的意义上说，所有西方理论体系的基本要素都已经**饱和**了。《部落时代》揭示了这种饱和。这是后现代"返古主义"的启示：**共同体**的激情在所有的领域重新燃烧。我们可以反对它，抱怨它，否定它，提防它，但这些都没有关系，因为趋势就在那里，它把我们推向他者，促使我们变成它的模样。我们正在成为这个世界的一种时尚：我以为我在主动思考，其实是在"被思考"；我以为我在主动行动，其实是在"被行动"。

从本质上讲，这就是狄奥尼索斯式的复仇，这就是社会生活的爱欲氛围，这就是赋予"日常邻近"的重要性，这就是"永恒少年"神话的关键。康德的绝对命令（impératif catégorique），即道德的、积极的和理性的命令，被一种奥特加·伊·加塞特所谓的"气

---

[1] 法国谚语，指向别人展示他们没有看到或不想看到的错误。——译注

氛命令"(impératif atmosphérique）取代，这种命令可以被理解为一
种美学氛围，其中只有跨个体的、集体的，甚至是宇宙的维度才是
重要的。

这就是主体的饱和、群众的主体性、我所说的"群体的自恋"
等等集体性"原地基"(urgrund）的形式。这就是所有共在现象的**地
基**（le fond）和**地产**（le fonds）：它是共在的基础支持，也是共在的
基本资本。

这是部落主义的哲学核心。我们必须牢记这一点，因为其社会
后果仍然不可预知。用吉尔贝·西蒙东（Gilbert Simondon）的话
来说，这关系到"不止一个"(plus qu'un）。这使得每个人都参与了
一种前个体（pré-individuel）。因此，世界和个体不能再以奥古斯
特·孔德所描绘的"还原为一"(reductio ad unum）的图式来思考；
不论我们是否同意，这种图式是其后各种社会体制的基础。我们必
须重新采取魔法式的**参与**的机制：参与他人（部落主义），参与世界
（魔法），参与自然（生态）。在每一种情况下，这都不再是一个囿于
精神堡垒的问题，不再是一个难以捉摸的（性、意识形态、职业的）
身份的问题，而是一种自我的丧失，一种耗费和其他消耗过程，它
们强调的是开放、活力、他异性和对无限的渴望。

从更深层的意义上说，部落主义是对深刻影响西方的实体论图
式的宣战：存在、上帝、国家、制度、个体，我们可以轻而易举地
继续罗列我们所有分析所依据的**实体**基础。不论我们是否喜欢，不
论我们是否意识到，**本体论**都是起点。简而言之，只有那些持久的、
稳定的、坚固的事物值得关注。**个体**是其最后一个化身：它即是现
代的上帝，而**身份**是它的表达方式。

但是其他文化并没有建立在这样的基础之上。这些文化传播到
了（passées à）东方，东方又超越了（passé sur）这些文化。这不是

一个简单的文字游戏。弥漫的东方化感染了我们的日常生活 5，感染了宗教上或哲学上的调和、我们的着装和饮食方式、我们的身体技术等所有属于**个体发生**（l'ontogenèse）秩序的事物。也许这就是我们之前提到的"不止一个"，也许这就是"永恒少年"的回归，也许这就是对当下重要性的强调。这是一种持续的形式，它建立在人和物的非永久性、未来的动态性、情境的重要性的基础之上。

这是从具有稳定身份的、在契约性整体中履行其功能的**个体**（l'individu）向在情感部落中扮演角色的**个人**（la personne）的滑移。这种滑移势必带来社会学上的后果。它是对一些前个体事物的魔法式参与，是我们只有在集体无意识框架内存在的事实。

因此，"我思"（*ego cogito*）的至尊性不再适用。行动的主体也是如此，作为理性规范下的社会契约的自愿参与者的公民也是如此。主体的、理性的普遍主义，一个超验性的上帝的化身，正在让位于地方性的、具体情境中的特殊因素及情感。简而言之，占据主导地位的不再是大脑的纵向性（verticalité），而是个人在整体性上的觉醒。这就是我曾在我的书《永恒的瞬间》（*L'Instant éternel*）里指出的"肚子思想"（pensée du ventre）[1]——一种能够处理共同感觉、共同激情和共同情感的思想。

从这个角度来看，存在着一种快乐、愉悦或痛苦的原型基础，它深深地扎根在（自然的、人的、社会的）本质之中。"丛林灵魂"（L'âme de la brousse，荣格）几乎被犹太-基督教和随后的资本主义精神完全抹去，但它如今又产生了回响。它在我们城市的砖石丛林中，或者在一个极端的情境中——"锐舞"着的高科技舞曲部落在林中空地中出神（en extase）地走在塑造我们的泥土之上时，恢复了

---

[1] 不再是由大脑控制的逻辑思维，而是一种更本能、更情绪化的思维。——译注

力量和活力。这里，我们抵达了后现代部落主义的核心：要初步、基本地认识人性（l'humain），在于认识它与腐殖质（l'humus）的邻近。

事实证明，这种对感性、腐殖质和身体的考虑在许多文化中都很普遍。这可能意味着，在我们眼前开始的千禧年并不会像一些人所预测的那样是灾难性的。但它确实标志着一个时代的结束，一个由"个体至上"组织起来的世界的结束。我需要提醒，个体能够掌握其遭遇（histoire），因此能够和具有相同特征的其他个体一起创造世界的历史（Histoire）[1]。而我们所依赖的命运的大举回归，则是与共同体的命运密切相关的。

共同体命运和命运共同体是部落主义的标志。这肯定会让一些人感到害怕，因为我们已经习惯了自现代以来一直存在的社会机制。正是这种恐惧引发了普遍的末日论氛围，并将部落主义视为野蛮的回归。但是，一方面，野蛮往往是一个可以使经历长期族内婚的、衰弱痛苦的社会机体恢复元气的机会；另一方面，共同体理念又在哪些方面会比社会理念更有害呢？无论如何，我们都可以看出这是人类温暖的机遇。邻近加强了情感，而手足情谊的横向性，也就是部落主义的横向性，正是我所说的"社会爱欲"的原因和结果。

并肩协力、找到团结和慷慨的新形式、举办慈善活动，都是一同震颤的机会，可以大声地表达共在的欢乐；或者用年轻一代经常使用的一个粗俗的词来说，它们都可以"找乐子"（s'éclater）。这是一个很有判断力的表达，因为它很好地强调了强烈个体身份认同的终结。我们不仅可以在音乐的欢腾中，在运动的歇斯底里中，在宗教的狂热中**找乐子**，还可以在慈善活动中，甚至在政治爆发中**找乐子**。

此外，我们最好对这些被我们草率地称作政治爆发的情况保持

---

[1]　马费索利往往区分"Histoire"和"histoire"。"Histoire"指历史，偏向现代性；"histoire"指一连串的事件和遭遇，偏向后现代性。——译注

足够的警惕。政治逻辑是一种现代逻辑：在这种逻辑中，一切都是编排好的，行动是战术和战略过程的一部分；即便不是预测好的，至少也是准备好的。与政治逻辑相反，当代社会的爆发实际上是暴力性和突发性的，也是短暂性的。我们无需对此深入分析，我们只需要指出它们是对激情的角色和共享情感的重要性的极端表达就够了。这就像是一座舞台，其上并不是一个理性个体在有意识地行动，而是一个在共同体戏剧性框架内的个人在戏剧性地扮演角色。

一些思想者一直在致力于表明"共同体理念"[6]的重要性。它在今天又重生了。与其否认或妖魔化这种重生，我们不如陪伴它经历各种颠簸起伏。这是"精神共同体"[加布里埃尔·塔尔德（Gabriel Tarde）]的重生；我们也许甚至可以说，这是加斯东·巴什拉（Gaston Bachelard）所说的"宇宙自恋狂"（narcissism cosmique）[1]的重生。无论如何，这都是某种超越其内个性的、建立在情感的感染和激增的基础之上的、从某个特定根源出发融入宇宙之相互依赖（reliance）[2]的事物的重生。与现代哲学所固有的抽象普遍主义相反，部落主义涉及一个由魔法式的参与、多重互动、人与物的一致性等组成的复杂过程。正是这种鼎沸（bouillonnement）让我们的时代显得如此光彩夺目！

实际上，正如莱布尼茨所建议的那样，依照他的精神，这是一个"几乎不轻视任何事物"的问题。无论如何，我们的社会并不是由这些超越了偏见、偏执的思想和其他道德上的简化的新生事物造就的。但我们也必须始终本着同样的非判断、非规范的精神，回到

---

[1] 巴什拉的术语。"宇宙自恋狂"的美学经验建立在"我美是因为自然美，自然美是因为我美"的关系之上。以此方式，通过观察自己，他看到了宇宙本身。——译注

[2] "reliance"是马费索利从马塞尔·博勒·德尔处借用的术语（参见本书第四章第一节）。在本书中，马费索利常常以不同拼写方式表示该词的多重含义，故拼写为"reliance"时，本书译为"依赖"；拼写为"re-liance"时，本书译为"联结"或"重新联结"。——译注

事物本身（*zu den Sachen selbst*，胡塞尔）。这是一句明智的现象学格言，它使我们能够理解一种现象的内在逻辑和深刻本质。这就是后现代部落的意义之所在。它们就在那里，就像我经常指出的那样，无论是好是坏。

它们的复杂性，它们的复杂方面，需要一种复杂的研究方法。为此，我以一种有机的方式来构建这本书，并将它沉淀成一个连续的层次：部落主义的基本特征，归属感，横向拓展的网络，情感的共生以及由此产生的感染过程。这就是这本书的内在秩序和内在因素。

但是，为了掌握它们，或至少是为了理解它们，亚维拉的圣女德兰（sainte Thérèse d'Avila）的俏皮话"木头话无济于事"(tout le bois réuni des discours) [1] 并非无用。我们也可以把这称作理论体系的无用话语，因为它只是将所有的趋势和变化汇集在了一起。这就是"找到尽可能不虚假的词语"如此重要的原因。这将是一项集体任务。让各种各样的方法、分析和调查见鬼去吧！让我们把这些留给知识的记录员、管理人员和其他一些不从全体考虑问题的"小思想"吧！当范式发生转变之时，显得有些悖论的是，我们必须知道如何抓住和深入挖掘事物的表面。这就是我在一开始的时候讲到的激进思想：寻找其根系，以便更好地欣赏其可能的生长。而这主要取决于我们的喜好；也就是说，我们这样做只是因为我们喜欢观察和行动，仅此而已。这完全取决于我们自己。

无论如何，在忧伤的精神面前，这就是我从我的老师们和经验里学到的许多教训。我也会将这些启示传递给我的学生们。正如莱纳·玛利亚·里尔克（Rainer Maria Rilke）的漂亮诗句所言：

---

[1] "木头话"(langue de bois) 指先入为主的、不回答现实问题的话语。——译注

他们娴熟地弯曲杨柳的枝，

因为他们谙熟杨柳的根。

——《献给俄耳甫斯的十四行诗》(*Sonnets à Orphée*)，

第一部，第 6 节

是事物本身告诉我们它们是什么。在许多情况下，正确地思考它们需要我们知道如何打破那些既有的、循规蹈矩的思想。

正如我在开始时所说，这并非没有痛苦。离开成熟理论的平稳确定性、前往深海，是对人的极大考验。同样，挖掘根系也需要竭尽自己的努力。我想，这些事情我都做过了，现在是要请读者们继续这些努力的时候了。我再重复一遍，不要有先验的判断，不要有先入为主的思想。只有这样的方式，我们才能够在惊人的部落拟态中看到另一种思考方式，或者至少是另一种生活方式，即与他异性的关系。这种努力也会给我们一种感觉，即不管发生什么，生命都是永恒的。而这种活力，不管我们是否愿意，毫无疑问都是当代部落的责任。对我来说，正是它使我成为了一个会被人们笨拙而滑稽的行为（singerie）所感动、会被可怜而美好的"人的业"（hommerie）[1] 所感动的观察者。

米歇尔·马费索利

沙尔普-塞尔维耶尔镇

2000 年 7 月 21 日

---

[1] 人们能够做的事情，通常是一些负面的事情，更接近人的平凡、庸俗、低级趣味等的一面，即更接近狄奥尼索斯及其冲动。这与人们所能够做的理智、理性、经过深思熟虑的事情相反。——译注

注释

1. 我在这里指的是拙著 M. Maffesoli, *La Violence totalitaire*, Paris, PUF, 1979, 参见第一章"权力-势力"。

2. 参见 F. Casalegno, *Cybersocialités*, Paris V, juin 2000。

3. 参见 Chaoying Sun et Gilbert Durand, «Du côté de la montagne de l'Est», in *Montagnes imaginaires*, dir. A. SIGANOS et S. VlERNE, Grenoble, Ellug, 2000, p.69。也参见 A. Pessin, *La Montagne des géants de la route*, *ibid.*, p.255。

4. 参见 P. Tacussel, *Charles Fourier*, *le jeu des passions*, Paris, DDB, 2000。

5. 参见 P. Le Queau, *La Tentation bouddhiste*, Paris, Desclée de Brouwer, 1998。

6. 我指的是拙著 M. Maffesoli, *La Transfiguration du politique*, *la tribalisation du monde*, Paris, Grasset, 1992 中所涉及的参考和所作的分析。

权作引言

一、开卷须知

氛围（ambiance），是一个贯穿了本书的术语。因此，围绕这样安排的决定因素简单说几句，可能是有必要的。

在之前一本书的开头，我将自己置于萨沃纳罗拉（Savonarole）[1]的庇护之下。今天，我将援引马基雅维利所说的"公共广场的思想"。对于那些阅读的人，对于那些懂得阅读的人，一项长期的思考持续地进行着，它试图通过对势力（puissance）、社会本能（socialité[2]）、日常、想象物等概念的深入研究，来关注那些自深邃处缔造我们社会日常生活的东西，尤其是在现代正在终结的今天。此刻，安置好的路标坚定地指向了应该取其强烈意义、正在逐渐超

---

[1] 萨沃纳罗拉（1452—1498），意大利修士，于 1494 年到 1498 年间任佛罗伦萨的精神和世俗领袖。——译注

[2] "la socialité"与"le social"同指"社会性"，然而在米歇尔·马费索利那里，"le social"强调社会关系，指向现代性，"la socialité"强调社会本能，指向后现代性。为了明确区分，本书中的"la socialité"均译为"社会本能"，而"le social"均译为"社会关系"。——译注

越经济–政治过程的**文化**。观察的重点在于各种各样的仪式、庸常的生活、民众的两面性（duplicité）、外表的游戏、集体的感受性和命运；总之，都是一些狄奥尼索斯式的主题。如果这会引来嘲笑，请不要忘记，它们正在被当代众多研究以各种各样的方式使用着。这很正常，因为思想史告诉我们，除了知识上的模仿和先验自动承认的合法性以外，还有一些在使用时才被承认的合法性。一些人经营已有的知识，而另一些人在"发现"（inventer）知识。从词源意义上讲，"发现"指的是显现当下的东西，但实际上，在对这两种人的辨别中会有一些困难。

然而，我们没有理由为此感到骄傲，因为这种辨别并非易事。谨慎的表达是必要的，但它往往会让人感到窒息。我们的学科就是被这样一种严肃精神所统治。此外，有趣的是，这样的态度有时还会与最自负的轻佻联系在一起。此外，马克斯·韦伯在专家治国思想中所说的"运转的小齿轮"和大幅贬低自身（或他人）长期以来的观点的"我不在乎主义"（je-men-foutisme）之间是否有重大差异？事实上，它们彼此增强，而公众对此的心满意足、一致拥护很值得我们去思考。是否由此就应该像一些人所做的那样，痛斥这个肤浅无知的时代？我不会落入这种窠臼。当然，有人会为制造新闻而扮演国王的弄臣，但不管怎样，这也是社会直接经验（donné social）的组成部分。但我们同样也可以想到，也有人有其他的抱负：与那些想用自身思想思考的人，那些能在书籍里、分析中找到能够使自己茅塞顿开的帮助和跳板的人对话。这是天真，还是自命不凡？时间是评价一切的标准，只有极少的智者才可以提前知晓未来。

这就是本书的野心：采用一种既无虚假的简单，亦无没必要的复杂的不可思议的方式，与那些超越了宗派、团体和系统的、旨在研究圣贤蒙田所言的"人的业"，并以此为命运的精神共同体对话。

当然，这必须是自由的精神，因为我们将看到，我们必须掌握好自己的行动以配合接下来思想冒险的蜿蜒进程。"自由飘荡的知识分子"（*Freischwebende Intelligentsia*）似乎是一个没有安全感的前景，但是对于那些赋予这种冒险以其应有品质的人来说，却是不乏益处的。总之，我并不想写乔治·巴塔耶（Georges Bataille）所说的那一类书，即"以易懂来吸引读者……（从中）得到的常常是令人想逃跑或打瞌睡、含糊且无用的思想"[1]。

这不是心灵状态方面的问题，而是在传统的学科划分不再受尊重时需要给出的程序的问题。这自然会使学科不再像通常那样提供知识安全感。这也是研究对象本身要求的背反。实际上，我们很难对正在研究的社会存在进行概念划分，这也是当前越来越被接受的认识。就让我们把划分留给那些知识的记录员吧！他们认为科学就是对每个人应该做的事情进行的分类，而根据阶级、社会职业种类、政治观点或其他一些先验确定的事物进行的划分已经不再那么重要。用一个有些粗略的，但我将不断努力，以求更为明确地展现给所有人的术语来说，我们将努力坚持一种"整体论"（holistique）的观点：一种恒常的可逆运动合并了整体（社会与自然）和构成整体的不同部分（环境与人）。从这个角度出发，相当于同时抓住了一条绳索的两端：一端是存在的本体论，另一端是最简单的琐事。¹ 前者如同光束，使后者的种种表现都熠熠生辉。

显然，从仍然占据主导地位的"分离"（la séparation）的角度来看，上述过程是令人担忧的——人们总是倾向于使用一些专题性的研究方法或一些刻意讲求理论性的研究方法。然而，我会抛开由分离视角带来的智识愉悦感，相信某些"不合时宜"的考虑可能与它

[1]《巴塔耶全集》（*Oeuvres complètes*），第八卷，第 583 页。

们所处的时代完全符合。为此，我将以克劳德·列维-斯特劳斯的观点作为注解：我们不应夸大魔法与科学之间的经典划分，通过对"感性直接经验"的强调可以得知，魔法在科学的发展过程中并非毫无用处。[2] 就我而言，我将尝试把这种比较推向其逻辑终点；或者，至少将其应用到极性相近的其他类型上。我会在本书最后一章更加全面地解释这一点，但在我看来，这里似乎存在着一个可以充分发挥的悖论，这个悖论能够让我们更好地认识到，社会整体结构越来越建立在先前具有分离倾向的事物之间的协同作用的基础之上。

学术思想与大众良识之间的矛盾似是显而易见的。当然，对于前者来说，后者无论如何都是有缺陷的：即使它不被形容为一种"虚假意识"，也会被认为是羸弱的。对"天真汉"（*anima candida*）的蔑视是判断知识态度的试金石。我曾解释过这种现象，而我现在想要表明，它可以解释我们为何没有能力去理解某种事物——在没有更好的术语的情况下，我们称之为"生活"。笼统地提到"生活"这个术语会带来一定的风险，尤其是可以导致无垠的幻象；但只要采取之前所说的"感性直接经验"的视角，我们就能够抵达脱离了空论的、具体的存在之岸了。与此同时，保持深海远航的可能性也十分重要，我们可以由此"发现"新的土地。而这正是由笼统的范畴实现的。这也是我们现在所讲的协同效应的关键：**提出了一种流浪的，但并非没有目标的社会学。**

从形式主义（le formisme[1]）到移情的可逆运动同样可以解释当

---

[1] 这是米歇尔·马费索利的新造词，与他的"形式"（forme）概念有关。马费索利的"形式"来自德语 *gestalt*（完形、格式塔），后者被认为是产生一切规划后现代文化范畴的美学现象的母体。在马费索利看来，形式允许，且有时以矛盾的方式允许物质世界的各个分离元素的合取。他认为，形式可以产生某种秩序与合理性，它们不是外部强加的，而是从内部产生的。由此，马费索利的"formisme"不再是一般艺术、文学或哲学上的重形式而非内容的"形式主义"（formalisme），而只是形式本身意义的延伸。在这个新的形式主义中，我们可以看到对现实多样性的尊重，其中不乏人类特有的对思考和对理解的要求。它承认、感受并体验着多样性，且同时保持一切事物的各个部分之间的协调。它将所有的矛盾面连成一体，推崇体验的感觉而不是投射的感觉。在本书中，无特殊注明，"形式主义"均是"formisme"。——译注

4

前从本质上是**机械性**的社会秩序到以**有机性**为主的复杂结构的重要转变。因此，我们正在目睹线性历史被冗余神话取代的过程。这是一种活力论的回归，我们将努力展示它的各种调性变化。此外，我所提到的各个术语之间是相互联系的。"有机性"，指的是亨利·柏格森所珍视的"生命冲力"（élan vital）和"宇宙生命"（la vie universelle）；我们不要忘记，他还提出了一种"直接的直觉"（intuition directe）来解释这一点。马克斯·舍勒和格奥尔格·齐美尔也有过类似的"生命的统一性"[3]观点。我经常会回到这样的观点，因为除了可以使我们理解当代小群体所表现出的"东方的"泛活力论（panvitalisme）之外，它们还可以让我们注意到使这些小群体最终得以形成的情绪或"情感"维度。

由此，上述警示的价值在于：虽然社会的动力学不再沿着现代性的道路前行，但这并不意味着它就不复存在了。循着我所指出的人类学轨迹，我们能够发现一种"几近动物性的生活"深深地根植在社会本能的各种表现之中。这就解释了对于"依赖"（la reliance），对于宗教情感（la religiosité）的强调——它们是我们要思考的部落主义（tribalisme）的重要组成部分。

我们不需要引入任何教条，就可以讨论社会关系的真实神圣化，实证主义者涂尔干将这种神圣化称作是"社会的神性"（divin social）。对我来说，我正是以这种方式来理解社会本能的**势力**如何通过弃权、沉默、狡计等方式对抗经济-政治的**权力**。我将借用从卡巴拉（kabbale）中得到的启发，即"势力"[质点（Sefirot）]构铸神性的观点，来完成"社会神性"的路径。根据格尔肖姆·朔勒姆（Gershom Scholem）的观点，这些势力是"一切真实事物赖以建立"的基本要素，因此"生命向外流溢并激发创造，同时又以深邃的方式向内凝聚；其运动和脉搏的神秘节律，即为大自然的动力学法则"[4]。这则简短的寓言总结了那些在我看来是社会本能的事物：在一向存在、有时会占据主导地位的既定形式以内或以外，存在着一种可以保证社会生活持久性的、**没有形式的地下集中**（centralité souterraine informelle）。我们应该将视线转向这个事实：我们对此并不习惯，我们的分析工具也已经过时，但是大量的线索——我想在本书中形式化这些线索——向我们指出，正是这样一片大陆适合我们去探索。这也是未来几十年的关键问题。众所周知，人们总是在事后（*post festum*）才会认识到"是什么"，但我们仍需保持足够的清醒，不要抱有太多智识上的偏见，以确保这段时间不会太过漫长。

二、方　式

事实上，我们应当尽可能使自己的思维方式与我们想要研究的新生（或再生）对象保持一致。我们是否就会提到一场哥白尼式的革命？有可能。但无论怎样，为了让自己易于接受新的现状，我们就必须表现出一定程度的**相对主义**来。[5]

起初，我们或许应该主动表现出自己的无用，以便采取与现代性的普遍态度截然相反的主张。我们应当脚踏实地，不走捷径，拒绝分享工具性的认识。在这里，我想起了一个被人们奇怪地遗忘了的例子：那些社会学的创始人——按照这一学科的优秀历史学家罗伯特·尼斯比特（Robert Nisbet）的说法——"从未停止成为艺术家"。我们也不要忘记，但凡之后可以被结构化为理论的想法，最初都是来自"想象、幻想、直觉的领域"[6]。尼斯比特的这个说法是恰当的，因为如果回到 19 世纪，那些相关的思想家，亦即今日典范的缔造者，就是以这样的方式提出许多中肯的社会分析的。当我们迫于实际情况，也就是说当我们面对任意（重）新出现的社会问题时，采取某种理论上的"放任自流"的态度是非常必要的。但是，正如我所指出的那样，这并不意味着放弃思想，也不意味着鼓励智识上的懒惰和自负。在我所遵从的理解传统中，人们总是以不太确切的真理行事，而在日常生活领域尤为如此。在那里，我们会比在别处更不在意有可能成为终极真理的东西。真理是相对的，取决于情境。它是一种复杂的"情境主义"（situationnisme），因为观察者同时也作为参与的部分，融入了他所描述的情境之中，能力（compétence）和欲求（appétence）齐头并进[1]，而解释学就是以"我们属于"（l'on en est）我们所描写之物为假设的，它需要"有某种观点的共同体"⁷。民族学家和人类学家一直都在强调这种现象，现在是接受它并观察我们周围现实的时候了。

正如所有的新生事物都是脆弱、不确定、不完美的那样，我们目前的研究方法也有着同样的瑕疵。尽管它存在着一些小问题，但未知领域需要相应步伐的探索，因此，在社会本能的浪潮上"冲浪"并不是一种羞耻。这甚至是一种可以提高效能的明智的方式。与这一方面完美契合的是隐喻的使用。它不仅拥有华美的文字，并因此出现在所有欢腾年代的知识著述中，它还能让模糊的、暂时的真理形成特殊的结晶。据说贝多芬就是在大街上找到他最美丽乐句的灵感的，可见其效果非同小可；那么，我们为何不在同一片沃土上谱写自己的篇章呢？

就像日常生活这座剧场里戴着面具的人物一样，社会本能在结

---

[1] "compétence"（能力）的词源意思是"qui vient avec"（伴随……而来），"appétence"（欲求）的词源意思是"qui vient de l'intérieur"（自内而来）。此处句意即自内外而来，共同完成对事物的观察。——译注

构上是狡黠的、不可知的，这就导致了学者、政治家和记者们的混乱——他们相信自己已经勾勒出了社会本能，却又发现它其实**在别处**（ailleurs）。在这样的混乱中，他们之中最诚实的那部分人开始偷偷改变理论，并制造一个全新的完善的解释系统来重新把握它。难道正如我前一刻刚刚讲过的那样"属于"（en être）和运用狡计不是更好吗？也就是说，我们不直截了当地证明或批评不可捉摸的社会直接经验，而是采用一种微妙的战术（tactique），从侧面进攻。这类似于否定神学的做法，即我们只能以间接回避的方式讨论上帝。因此，与其以一种虚幻的方式牢牢抓住对象，解释和耗尽它，不如满足于对其轮廓、运动、犹豫、成功和各种挣扎的描写。而由于一切皆有关联，这种狡计也可以应用在我们学科传统所使用的各种工具上，保留它们仍然有用的东西，同时克服它们的僵化。在这方面，我们想做的事与另一位"局外人"戈夫曼所做的事非常相似。他是一个发明概念的人，但他时常更为喜爱"给旧词赋予新义，或者把旧词组合成古怪的新词，以摆脱笨拙的新词用法"[8]。他更喜欢"迷你概念"（mini-concepts）或已具有确定性的概念，即使这样会使人不快。在我看来，这似乎保证了一种知识观念，这种观念希望尽可能地接近所有社会生活都具有的一种属性——坎坷前行。

三、正式开始

以上是粗笔勾勒出的一般框架，随后各种各样的社会学思考将在其中进行。一个时代的氛围，必然会带来一种研究的氛围。这种氛围已经持续了好些年。在通常情况下，临时性的成果会在法国或许多国外大学里的同事或年轻学者的身上得到"证实"。这种氛围基于一个重要的悖论：

恒常的往复运动建立在不断增长的群众化和被我们称之为"部落"的微观群体的发展之间。

这是一种创始性的张力；在我看来，它是 20 世纪末社会本能的特点。一方面，群众，或民众，不同于无产阶级或其他阶级，他们并不基于同一性的逻辑；因为没有明确的目标，他们不是历史进程的主体。另一方面，至于部落的隐喻，它可以解释去个体化的过程、个体内在**功能**（fonction）的饱和，以及对每一张人格面具（*persona*）在这个部落中都必须扮演的**角色**（rôle）的强调。当然，正如大众永远处于攒动状态那样，如此结晶形成的部落也并不稳定，组成这些部落的人可以从一个部落转向另一个部落。

目前正在发生的转变及其形成的张力可以用下图来说明：

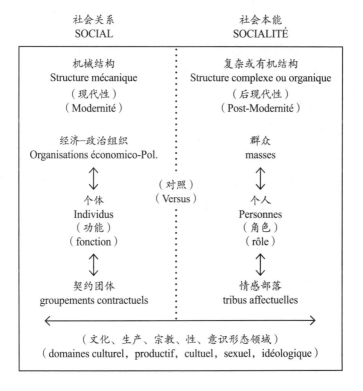

社会关系　　　　　　　　　　　社会本能
SOCIAL　　　　　　　　　　　　SOCIALITÉ

机械结构　　　　　　　　　　　复杂或有机结构
Structure mécanique　　　　　Structure complexe ou organique
（现代性）　　　　　　　　　　（后现代性）
（Modernité）　　　　　　　　（Post-Modernité）

经济—政治组织　　　　　　　　群众
Organisations économico-Pol.　masses

　　　　　　　　（对照）
　　　　　　　　（Versus）
个体　　　　　　　　　　　　　个人
Individus　　　　　　　　　　Personnes
（功能）　　　　　　　　　　　（角色）
（fonction）　　　　　　　　　（rôle）

契约团体　　　　　　　　　　　情感部落
groupements contractuels　　tribus affectuelles

（文化、生产、宗教、性、意识形态领域）
（domaines culturel, productif, cultuel, sexuel, idéologique）

正是基于这种双重假设（转变和张力），并忠实于我自己的思考方式，我将引入在我看来是有助于这项讨论的各种理论文献和实证研究。[1] 就像我所指出的那样，我们没有理由大搞歧视，除了社会学、哲学或人类学作品以外，小说、诗歌或日常生活中的奇闻异事也应占有一席之地。关键是要得出一些"形式"。它们或许是"不真实"的形式，但是可以让我们在术语最严格的意义上理解构成社会本能的大量情境、经验和有无逻辑的行动。

在所要分析的形式中，当然包含了**部落主义**的形式。这是本书的核心。在本书中，它位于创造了它的情感共同体、势力和社会本能等形式之后，位于它所创造的多元文化主义、邻近等形式之前。为了那些对此感兴趣的人，在本书末尾，我提出了一种理论"方法"来引导我们进入由部落主义所导致的丛林。当然，本书所涉及的主题具有一定的单调性和冗余性，这主要取决于所研究的对象。就像在任何文学、诗歌和电影作品中都可以看到的"萦回性意象"一样，每个时代都会以令人厌烦的方式围绕着一些著名主题出现大量重复的变体。因此，对所涉及的每一种形式，我们也都有着同样的担忧——担心只是发生了某种说法上的改变。由此，我希望能够描绘出社会整体多彩的方面。在一篇抵制因果机制的出色文章中，吉尔贝·迪朗谈到了"背诵理论"(théorie du récital)，这将是转译神话叙事、其对偶结构及其所传播的变体的冗余的最合适方式。9 这一理论非常适合我正在阐述的日常"认识"，它满足于识别和（重新）背诵活力论的兴盛及其反复出现的混杂；这种活力论通过循环往复地重复自身来对抗对死亡的焦虑。

---

[1] 本书既有"浅出"的方面，也有"深入"的方面。本书批判性的注释就是一种体现。为了避免正文过载，这些支持我观点的注释会被置于每一章节末。除了提供相应的说明，它们还鼓励任何一位读者进行自身的研究。

然而，这种有些美学色彩的背诵理论并不是为那些相信阐明人类行动的可能性的人准备的，更不是为了那些混淆了学术和政治，并认为有可能采取行动的人准备的。相反，这是一种寂静主义的形式，它只是满足于简单地重新认识"是什么""发生了什么"。这是一种"生存第一"（*primum vivere*）式的评估方式。正如我前面所说，这些书页注定是要留给那些快乐的少数人。重新认识到群众和部落的高贵是某些思想贵族的行为，但我想说的是，这样的思想并不是某个社会阶层或职业团体所特有的，更不是专家们所特有的。通过演讲、座谈和讨论，我发现这样的思想在相当数量的学生、社会工作者、决策者和记者中间是均匀分布的；当然，也别忘了那些可以被简单地视为有教养的人。我将与这些人对话，向他们指出，这本书是对深入"是什么"的简单入门。如果它是假想的，也就是说它走向某种逻辑的尽头，那么它只是"发明"已经存在的东西，并自然会阻止它在未来提出任何解决方案。另一方面，通过尝试提出本质性的问题，它引发了一场辩论，这场辩论既不容许含糊不清的推辞，也不允许平庸的赞同，当然更不允许那些隐秘的沉默了。

这是一个在欢腾中生活的时代，需要一些鼓舞人心的鲁莽言行。我希望能够对此有所贡献。这也是一个乌托邦变得司空见惯且正在成为现实的时代，复苏的梦想在其中攒动。谁说在这些时刻就一定会梦想未来？或许梦想就应该较少地作为预测，而更多地作为由散乱的片段、未完成的构建、或多或少成功的尝试等所组成的假想。当然，我们必须给这样的日常梦想以新的解释。这就是这本书的野心。继续做梦吧，社会学！

注释

1. 我们在这里可以看到阿尔弗雷德·舒茨、乔治·赫伯特·米德、欧文·戈夫曼等思想家所采用的方法。关于这个问题，我参考了 U. Hannerz，*Explorer la ville*，Paris：Minuit，chap. VI，特别是第 277 页 "往复运动"（le va-et-vient）的内容。我们也可以引用 P. Berger & T. Luckmann，*La Construction sociale de la réalité*，Paris：Méridiens Klincksieck，1986。

2. C. Levi-Strauss，*La Pensée sauvage*，Paris：Plon，p.19 sq.

3. M. Scheler，*Nature et formes de la sympathie*，*contribution à l'étude des lois de la vie émotionnelle*，Paris：Payot，1928，p.117.

4. G. Scholem，*La Mystique juive*，Paris：Cerf，1985，p.59 sq.

5. 我专门针对此问题写过一本书：M. Maffesoli，*La Connaissance ordinaire*，Paris：Méridiens Klincksieck，1985。还可以参见我的另外一本书：M. Maffesoli，*Éloge de la raison sensible*，Paris：Grasset，1996。

6. R. Nisbet，*La Tradition sociologique*，Paris：PUF，1981，p.33.

7. 我指的是这样一个主题："一个特定的观点共同体"（a certain community of outlook）。参见 W. Outhwaite，*Understanding social life*，London：Allen and Unwin，1975。

8. U. Hannerz，*op. cit.*，p.263.

9. G. Durand，"La Beauté comme présence paraclétique：essai sur les résurgences d'un bassin sémantique"，in *Eranos*，1984，vol. 53，Insel Verlag，Frankfurt-Main，1986，p.128. 关于上文提到的 "萦回性意象" 的问题，请参见 C. Mauron，*Des métaphores obsédantes au mythe personnel*，Paris：J. Corti，1962。

第一章　情感共同体：研究的论题

一、美学气氛

即使这样做会惹人厌烦，我们也必须经常回到个体主义 (individualisme) 的问题上来，因为它以或多或少直接相关的方式造成了当代思想的混乱。就其本身而言，或就其作为自恋 (narcissisme) 的衍生形式而言，个体主义是众多书籍、期刊和论文的中心，这些书籍、期刊和论文不仅从心理学的角度，也从历史学、社会学或政治学的角度来讨论它。从某种意义上讲，对于那些希望为现代性知识的建设作出贡献的人来说，这是一条必经之道。这条必经之道当然不是没有意义的。它所引发的主要问题是：迫于现实情况，个体主义成为了大量新闻文章、政治话语或道德主张解释事情的秘诀。由于它们并不操心学术上的谨慎或细节上的差异，因此这些新闻文章、政治话语或道德主张传播的实际上是一套早已被公认的、在某种程度上可以算是灾难性的思想，这些思想要么是关于自我封闭的，要么是关于伟大集体理念的终结的；或者从最广泛的意义上讲，它们是关于公共空间的终结的。因此，我们面临的是一种**"信念"**(*doxa*)，它可能不会持续太久，但已经被广泛接受，以致它在任何情况下都有可能掩盖或否定如今正在形成的新的社会形式。更重要的是，在这些新的社会形式中，有的有着非常明显的表达，有的则完全隐匿。另外，对于后者的披露，往往最早出现在动荡时期的一些耸人听闻而又无足轻重的专栏文章中。这当然为**信念**固有的懒惰倾向铺平了道路。

我不打算从正面着手个体主义的问题，但我将经常以对立推理的方式谈论它。这里的关键是要能够指出、描述和分析那些似乎已经超越了个体主义的社会构型，如难以界定的大众、没有明确身份的人们或作为地方小实体星云的部落主义。当然，这些都是隐喻，旨在强调社会本能的混乱方面。它们仍然是狄奥尼索斯式的象征形态。作为一种虚构，我假设这个已经被用来分析社会超过两个世纪的个体主义范畴已经完全饱和。据说现实往往会超越虚构。因此，我们将尝试触及现实。也许我们有必要像一些小说家所做的那样，表明个体不再具有自启蒙运动以来哲学家们普遍认为的那种实体性。当然，这是个人的选择；但不管怎样，这是我们应该走的道路。我将通过一些注释、评论或轶事来阐明它；虽然这些材料可能不得体，但并非完全没有根据。

贝克特（Beckett）的戏剧摧毁了我们对个体能够掌握自身及其遭遇的幻想。他以一种更具极端性且略具前瞻性的方式，展示了所有个体主义的偶然性和短暂性，强调了个体化过程中的事实性，以及它只能导致封闭的事实。个体主义是一个过时的掩体，因此应该被抛弃。这就是贝克特鼓励我们要做的事情。在思考现代性的普遍认识中，他的见解不乏使人振奋的独创性，它从众多媚俗的思想中逃逸，却又与一种古老的智慧相吻合——这种古老的智慧使每个个体都成为不间断链条上的"单点"(*punctum*)，或赋予每个个体以众多"面"，使其成为一个微观世界，即一般宏观世界的**结晶**或**表达**。在这里，我们要重新认识一下"*persona*"[1]，即可变化的、最重要的是能融合到多种多样的场景或情境之中的人格面具，而这些场景、情境只在许多人共同参与表演时才有价值。

自我的多样性和它所带来的共同体氛围将成为我们思考的背景。在共同体验和共同感觉的意义上，我建议把这称作是"美学范式"。实际上，虽然个体主义的逻辑建立在一个独立的、封闭的身份之上，然而人格面具只有与他人相关时才会具有价值。吉尔贝·迪朗在从社会学的角度研究威廉·福克纳、托马斯·曼等现代作家时，谈到了一种"非个人性的势力"，这种力量只存在于"他人的头脑中"[1]。这种观点迫使我们超越作为整个资产阶级哲学基础的主体和客体的经典二分法。因此，重点在于联结，而不是分离。我的遭遇不再是建立在与其他理性个体的契约性合作的基础之上，而是我所参与的神话。英雄、圣人或象征性人物可能存在，但在某种程度上，他们更多的是理念型，是空洞的"形式"，是允许每个人都能在其中认识自己并与他人进行交流的母体。狄奥尼索斯、唐璜、基督教圣徒或希腊英雄——我们可以无限地罗列这些神话人物，它们使共同的"美学"成为可能，我们也可以无限地罗列出这些社会类型的名称，它们是表达"我们"(nous)的容器。这样或那样的象征所固有的多样性势必能够促进强烈集体情感(sentiment collectif)的涌现。彼得·布朗(Peter Brown)在分析古代晚期的圣人崇拜时看到了这一点。[2]这种崇拜通过建立一系列中介来通向上帝。散乱的人格面具和圣徒们所代表的特定结节(nodosités)则是构成神(la déité)及作为

---

[1] "*persona*"原指演员在舞台上戴的面具，米歇尔·马费索利用此概念来强调具有复数性特征的"个人"(personne)。——译注

其载体的教会集体的主要元素。

我们可以将这一分析应用到我们的研究之中：有时候，社会的"神性"（le divin）是通过一种集体情感形成的，这种集体情感可以在特定的类型学中得到认识。由此，无产阶级和资产阶级便成为有任务要完成的"历史主体"，而理论的、艺术的或政治的天才们可以释放信息，来指明要走的方向。他们提出了要实现的目标，然而他们仍是抽象的、难以认识的实体。与此相反，神话类型只具有简单的聚合功能，是一个纯粹的"容器"。它只在一个确定的时刻表达集体的特性。这就是抽象理性时期和"移情"时期之间的区别。理性时期建立在个体化原则和分离原则的基础之上，而移情时期则相反，以无法区分、在集体主体中"消逝"的状态为主。这就是被我称作"新部落主义"的东西。

我们日常生活中的很多例子都说明了部落发展所产生的情感氛围；顺便说一句，这些例子不会令人不快，因为它们已经成为城市景观的一部分。各种各样的"朋克""奇奇"（kiki）[1] 或"帕尼纳罗"（Paninari）[2] 形象，很好地表达了群体的统一性和一致性，它们就像加在当代特大都市（mégapoles）提供的永久景观上的标点。如果把这与在西方城市中可以观察到的生活的**东方化**趋势相联系，我们就可以想到边留久（Augustin Berque）对日本人在自我与他人之间的"同情"（sympathie）关系的分析。自我与他人、主体与客体之间如此微弱的，有时甚至是无法区分的界限，引起了我们的反思。自我的可扩展性（"相对的或可扩展的自我"）的概念可能是理解当代世界最合适的方法论工具之一。[3] 在这里，我们几乎不需要提及日本在今天对我们的吸引力，也不需要提及它在经济或技术方面的表现，

---

[1]　美国的变装舞会文化。——译注
[2]　20 世纪 80 年代发源于意大利米兰的奢侈时尚文化。——译注

4

就能说明"**区分**"(distinction）可能是一个适用于现代性的概念，但是另一方面，它却远远不足以用来描述今天所出现的各种形式的社会聚合。这些新的聚合形式有着难以界定的轮廓：性的、外表的、生活方式的，甚至是意识形态的；它们越来越多地被一些超越了二元身份逻辑"和 / 或"(et/ou）的术语（如以"trans-"、"méta-"为前缀的术语）所形容。简言之，通过赋予这些术语最普遍接受的意思，可以说，我们正在目睹一种合理化的**社会关系**被具有移情特征的**社会本能**所取代的趋势。

社会本能通过一系列的氛围、感觉和情感来表达。值得我们注意的是德国浪漫主义的"*Stimmung*"(气氛）概念：一方面，它被越来越多地用来描述社会微观群体之间普遍存在的关系；另一方面，它也被用来说明这些群体在其空间环境（生态、栖息地、街区）中所处的位置。同样，在人际关系中经常使用的英语词汇"feeling"(感觉）也是值得我们关注的，它将作为衡量交流质量的标准，决定着应该停止交流还是深入交流。然而，如果我们参照的是一种理性的组织模型，那还有什么能比情感更不稳定呢？

事实上，我们似乎有必要改变评价社会集群的方式了。在这方面，我们可以借鉴马克斯·韦伯对"情感共同体"[communauté émotionnelle（*Gemeinde*）]的社会历史学分析。他指出，这是一个"范畴"；也就是说，这是一种从来没有存在过的东西，但它可以用来揭示当前的状况。这些情感共同体的主要特征在于其短暂性方面，如"多变的成分"、地方性的融合、"缺乏组织"和日常松散(*veralltäglichung*）的结构，等等。韦伯还指出，我们可以在所有宗教中找到不同名称的这种集群；而且，它们通常是与体制的僵化现象并存的。[4] 这就好比是在"先有鸡，还是先有蛋"的永恒之谜中，我们很难得出谁为先的答案；但是从他的分析中可以看出，共享的情感和开放的自治之间的联系是产生群体多样性的关键，这些群体最终构成了非常牢固的社会纽带形式。这是一种永久性的调性变化，就像一根贯穿了整个社会机体的主线。永久性和不稳定性，是情感表达所连接的两极。

我们必须从一开始就明确指出，这里所涉及的情感不可以被等同于任何一种疾病（*pathos*）。在我看来，把这个主题所指向的酒神价值解释为资产阶级特有的集体行动主义的终极表现是错误的。根据这一解释，启蒙运动的共同前进是第一步，继而是对自然和技术发展的合理掌控，最后是对社会影响的协调配合。这种观点过于目的论或辩证了。当然，从某些例子，如从地中海俱乐部（Club Méditerranée）所代表的"范式"出发，是可以得到这样的结论的。但是，我们的分析必须考虑这样一个事实，即在群体态度中占据主导地位的是耗费、偶然性和去个体化，这不允许我们将情感共同体视为人类激情的线性历史进程中的新阶段。与意大利哲学家马里奥·佩尔尼奥拉（Mario Perniola）的对话使我注意到了这一点。[5] 如果从社会学的角度延伸他的工作，我想说，主题为"我们"的美学将是漠不关心和周期性能量爆发的混合体。悖论的是，我们能够在这种美学中发现对所有预测态度都表现出的独特蔑视和在任何行动中都又会具有的不可否认的强度。这显示了"邻近"的非个人势力的特征。

涂尔干也以自己的方式强调了这一点。尽管保持着一贯的谨慎态度，但他还是谈到了"情感的社会本质"，并强调了其效力。他写道："我们共同地感到了愤怒。"这一描述很好地反映了街区的邻近及其可以形塑事物的神秘"吸引力"。正是在这样的框架内，激情得以表达，共同信仰得以形成，或至少也能找到"**像我们一样思考和感受**的人们"[6]。可以说，这些看似平常的话适用于许多对象，但它们特别强调了日常基质不可超越的方面。它是一个母体，其中凝结出了所有的表征：情感的交流、咖啡馆里的讨论、民间的信仰、对世界的看法，以及其他一些虚无缥缈的闲话。正是这些东西构成了命运共同体的坚固性。这是因为与迄今所承认的情况相反，我们可以同意这样的事实：理性在意见的制定和表达方面几乎没有多大作用。无论是最早的基督徒，还是 19 世纪的社会党工人，其意见的传播都更多地归功于他们共同经历的感觉或情感的感染机制。无论是在小型交际单元的网络中，还是在最受常客欢迎的夜总会里，集体情感都会成为具身化的东西，在圣贤蒙田所说的"人的业"的各个方面发挥着作用：这种高尚与卑劣、慷慨与狭隘、理想与凡俗之间的混合，用一个字来说的话，那就是"人"。

然而，正是这种混合确保了一种可以贯穿人类遭遇的团结性和连续性。我之前所提到过的命运共同体，有时会在理性的和 / 或政治计划的框架内找到表达，有时却相反，会采用集体感受性（sensibilité collective）这种更加模糊和难以界定的路径表达自身。后一种情况强调的是小群体的混杂性方面：通过与其他群体的联系，它确保了"种"（espèce）的持久性。前一种情况产生了莫里斯·哈布瓦赫（Maurice Halbwachs）所说的"从外部看"（vue du dehors），即遭遇；后二种情况则相反，产生了"从内部看"（vue du dedans），即集体记忆。[7]

我们不妨继续这个悖论：一方面，集体感受性与邻近空间相关；另一方面，它超越了群体本身，位于一个既可以从严格的意义上，也可以从想象的角度来理解的"血统"（lignée）概念之中。不管在何种情况下，不管它被称作是什么（情感、感觉、神话还是意识形态），它都通过对个体原子化的超越，创造出可以详细说明某一时代特征的"气氛"（aura）所必须的条件：由此，就有了中世纪的神学气氛、18 世纪的政治气氛、19 世纪的进步气氛；而我们正在目睹的则是**美学气氛**的发展。在这一气氛中，我们可以发现不同程度的共同体冲动、神秘倾向、生态观点等元素。不管怎样，这些不同的术语之间有着很强的联系，每个术语都能够以其自身的方式说明现状的有机性，说明现状这种世界的黏合剂（*glutinum mundi*）——它意味着一群人能够形成一个整体，尽管（或恰恰是因为）这些人彼此之间有着差异。

这种有机团结有很多种表达方式；当然，正是在这样的意义上，我们必须解释神秘主义、调和主义崇拜（cultes syncrétistes）等重新涌现的现象，以及更为普通的灵修或占星术的重要性。尤其是后一种现象，它不再是那些天真少女的专属。目前正在进行的研究清楚地表明，占星术具有文化和自然的双重意义。吉尔贝·迪朗在这方面表明，以个体为中心的占星术起源于近代，而古典占星术"首先关注的是**群体的命运、尘世的命运**"[8]。占星术是以"宫"（maisons）为代表的生态视角的一部分，它认为我们所有人都生活在自然和社会环境之中。在不太深入地研究这个问题的情况下，我们可以强调它所具有的美学（*aisthésis*）气氛，这种美学气氛基于宏观世界和微观世界的联结——即使它可能是虚线——以及微观世界彼此之间的联结。从这个例子和相关的例子中应该记住的是，它们有助于揭示团结主义（solidarisme）的重新涌现和所有事物有机性背后的"整体论"气氛。

因此，与我们通常赋予它们的含义相反，情感或感受性必须在某种程度上被视为客观性与主观性的混合体。在我对"邻近的重要性"的思考中（参见本书第六章），我建议把这称作"物质主义精神性"。这是一个相当哥特式的表达，与边留久在其提到环境的效力时所说的"跨主体性"（trajective，跨主体和客体）关系十分相近。实际上，我们现在已经能够观察到，曾经在所有领域普遍存在的"**二元分离逻辑**"不再理所当然地适用。灵魂和身体、精神和物质、想象物和经济、观念和生产——这份名单可以继续列下去——不再被视为严格对立的事物。事实上，这些实体和它们所代表的微小具体情况结合在一起，产生出一种日常生活，这种日常生活越来越远离某种还原论式的实证主义使我们习惯的简化的分类学。它们之间的协同作用造就了这个复杂社会，而这反过来又是值得我们进行复杂分析的。借用埃德加·莫兰（Edgar Morin）的表达来说，这些"多维度的、不可分割的事物"[9]把我们带入了一个永无止境的"环"（boucle）之中，这将使知识的记录员们安静、枯燥的记录生活成为明日黄花。

归功于谨慎和细致，我们可以认为感受性或集体情感的隐喻具有使我们认识事物的功能。这种方法论工具能够将我们带入当代城市的主要特征——有机性的核心。由此，就出现了以下这则寓言："想象一下，永恒的天父希望从那不勒斯召唤一座房子与他一起升往天堂。但他惊讶地发觉，那不勒斯的所有房子都渐渐聚拢过来，就像是一面巨大的舷墙，在第一座房子之后，接二连三的是房子、麻绳、唱歌的女人和喧闹的孩子。"[10]这就是将整体黏合在一起的情感。这一整体可以由多种元素组成，但总有一种特定的氛围将它们联结在一起。这首先是作为经验被体验到的，学者们应当意识到这一点。总而言之，可以说情感的美学绝不是以个体主义经验或"内在的"经验为特征的；恰恰相反，从本质上讲，它是以对他人（autres）和他者（l'Autre）的开放为特征的。这种开放，意味着共同命运将会在空间、地方和邻近中展开。正是这样，我们才能在美学的母体或气氛与伦理实验之间建立起紧密的联系。

二、伦理实验

我已经说过，特别是在谈到伦理的非道德主义的时候说过，我所使用的"伦理的非道德主义"与当今社会所推崇的任何一种道德主义都毫无关系。稍后我会再次回到这个问题上来。总之，我想说的是，我将使用一种产生于确定群体的、本质上是移情（*Einfühlung*）且邻近的伦理，来反对自上而下的、抽象的道德。历史可以推动一种道德（政治）；而空间将推动一种美学，分泌出一种伦理。

正如我们所看到的，情感共同体是开放的、不稳定的，这可能会使它在许多方面违反既有的道德秩序。与此同时，它也不无可能地会在其成员中引起一种严格的从众主义（conformisme）。也就是说，这其中存在着一条很难逃脱的"环境法则"。其中较为极端的例子就是众所周知的黑手党和黑社会，但我们常常忘记，在商业界、知识界和其他许多领域，也都由与此相似的从众性（conformité）支配。当然，在这些不同的环境中，归属感的程度是不同的，对这些通常是不言自明的群体规则的忠诚度，其本身也会受到诸多变量的影响。然而，我们很难完全忽视这种从众性。在任何情况下，以非规范的方式了解其影响、意义以及可能的前瞻性是非常重要的。实际上，从我提到的对个体主义的**"信念"**来看，群体精神气质（ethos）的持续存在常常被认为是一种正在枯竭的过时观点。但在目前，情况似乎正在发生变化。从以硅谷为象征的小生产群体，到日本企业中所谓的"群体主义"（groupisme），我们意识到，共同体的趋势是与技术经济发展并驾齐驱的。边留久在考察这一方面的不同研究后指出：“群体主义不同于群居，群体主义中的每个成员，无论是有意还是无意，首先都在竭力为群体的利益服务，而不是简单地在群体中寻求庇护。”[11]“群体主义”这一术语虽然在法语中并不十分悦耳，但其优点在于强调了这种认同过程的力量：这一过程使巩固所有成员共同之处的忠诚成为可能。

从一些孤立的例子或日本这样的特定情况外推可能还为时过早，但即使它们的重要性没那么强，至少也不比那些关注自恋的当代例子的重要性弱。此外，这些例子都与经济领域有关，至少在目前，经济领域都是主导意识形态的拜物教物神。就我而言，我看到了在我们眼前形成的另一幅整体论图景：通过强行打开隐私之门，情感在公共空间取得位置，或者在某些国家强化了自己在公共空间的存在，从而产生了一种不能再被忽视的团结形式。当然，我们必须注意到，这种团结会在技术的发展之外，重新振兴人们认为已经过时了的共同体形式。

人们可能会对共同体，对作为共同体基础的怀旧情绪，对共同体所能产生的政治用途抱有疑问。就我而言，我重复一遍，这只是我所定义的一种“形式”[12]，不管它是否存在，它都足以作为一个背景，使我们可以突出一种特定的社会创造。这种社会创造可能是不完美的，甚至是暂时的，但它始终是共同情感的特殊结晶的表达。从这种“形式主义”的观点来看，共同体的特征与其说是面向未来的计划（pro-jectum，向前投射），还不如说是对共在冲动的现实化。以日常生活中的表达为例：共同取暖、并肩协力、肢体接触可能就是共同体伦理的最简单基础。心理学家已经指出，人际关系中存在着一种渐变（glischomorphe）的趋势。在不以任何判断的方式考虑这一趋势的情况下，在我看来，共同体的共在表达的正是这种黏着性。因此，为了避免任何道德家式的口吻，我要坚持强调，正是迫于现实状况，正是因为存在着邻近（混杂），正是因为要共享同一块**领地**（territoire，真实的或象征性的），我们才能够看到共同体观念及其必然产物——伦理的诞生。

值得一提的是，我们也可以在民粹主义和稍晚一些的无政府主义意识形态中发现这种共同体理念，其基础当然在于邻近的聚集。对于无政府主义者，特别是俄罗斯人巴枯宁（Bakounine）和赫尔岑（Herzen）来说，乡村共同体［如村社（*obscina*）或米尔（*mir*）］是社会主义的运行基础。辅以工匠协会［如合作社（*artels*）］，乡村共同体为建立在团结主义基础之上的文明铺平了道路。[13] 这种浪漫主义视野的价值远远超越了当时的资产阶级所特有的二分法，无论是资本主义版本的二分法，还是马克思主义版本的二分法。事实上，它把人类的成长视为一个整体。这就赋予了村社这样的共同体以一种前瞻性。还应指出的是，我们有理由认为，这种社会形式可能与傅立叶主义，更确切地说是与法伦斯泰尔（phalanstère）密切相关。佛朗哥·文图里（Franco Venturi）在其关于 19 世纪俄国民粹主义的经典著作中指出了这一联系。并且，与我们刚才讲过的内容相关的是，文图里还注意到了这些社会形式与对"某种不同的道德"的追求之间的联系。但他对此有些迟疑不决；对他而言，尤其是在法伦斯泰尔当中，这样的追求甚至可以说是"怪异的"[14]。这位值得尊敬的意大利历史学家没有注意到的是，除了其表面上的功能之外，所有的社会整体都会把某种共同情感作为其重要组成部分。正是这些共同情感激发了对一种"不同的道德"的探索，而我更喜欢把这样的探索称作是一种伦理实验（expérience éthique）。

借用一个经典对立，我们可以说，社会转向的是将来的遭遇，而共同体在它自己的创造（也可能是重新创造）中耗尽能量。这使我们能够在共同体伦理和团结之间建立起联系。这种联系中引人注目的一个方面是仪式的发展。我们知道，仪式并不是真正目的性的；也就是说，仪式并不是目标导向的。恰恰相反，它是重复进行的，并因而能够给人安定感。它唯一的功能就是强化特定群体对自身的感知。在这方面，涂尔干给出的"集体欢腾"（corrobori）[1] 庆祝活动的例子非常具有启发性。仪式意味着同一事物的回归。在方式上，它通过各种各样的例行常规或日常动作，使共同体回想起自己"成为一体"（fait corps）。仪式无需用语言表示，但仍起到了纪念（anamnèse）团结的作用；路易-樊尚·托马斯（Louis-Vincent Thomas）指出，"这意味着对共同体的动员"。正如我刚才所说，共同体在创造自身中"耗尽"（épuiser）其能量，而仪式的重复性就成为这种耗尽最可靠的指标；但是通过这种重复，仪式又可以确保群体的持续性。正是这种由研究死亡的人类学家在观察丧葬仪式时发现的悖论，促进了"使人与死亡、生命和解的共同体理念"[15]。正如我将在后面解释的那样，有时命运共同体的感觉更为敏锐，此时人们只有通过逐步的凝缩，才能把注意力聚焦于"产生联结"的事物。可以说，这是一种纯粹的联结，没有具体的内容；它以一种近乎动物的方式，使人们可以共同面对死亡的存在和自身的死亡。历史、政治和道德**在正剧 [*drame*（*dramein*）] 中超越死亡**，它们根据问题的提出与解决（或至少是尝试解决）来取得进展；相反，命运、美学和伦理**在"悲剧"（*tragique*）中消耗死亡**，这种悲剧基于一种永恒的瞬间，并分泌出它自身所特有的团结。

我们每天都在经历死亡，这可能是一种在社会生活中占有特殊地位的集体情感的结果。正是这种共同感受性促进了以邻近为中心的群体精神气质的形成。简单来说，这是一种可以成为生产和财产

---

[1] 澳大利亚原住民的庆祝活动。——译注

13

（经济的或象征性的）分配的替代方案的存在方式。古斯塔夫·勒庞（G. Le Bon）在其对人群（foules）有时粗略，但往往鞭辟入里的分析中指出，引导人群"无法根据从纯粹的理论公平中得出的规则"；一般而言，印象对此起着非常重要的作用[16]。除了正义本身服从于邻近的体验之外，除了抽象和永恒的正义被某一特定领地里所经历的情感（无论是恨还是爱）相对化之外，还能是什么原因呢？大量的、各种各样的事实，无论是大屠杀，还是慷慨施与，都说明了这一点。学理上隶属于种族主义者的小商店老板会保护街角的阿拉伯人，"安于一隅"的小资产阶级不会去谴责街区里的小流氓，世间万物，皆为如此。沉默法则并不仅限于黑手党，那些曾经在特定村庄或街区进行过调查的法国警察们都能证明这一点。而这些态度（值得我们进一步阐述的）的共同点是由共享情感所产生的团结。

如果扩大一下领地，在媒体的帮助下，我们可以在"地球村"的层面上发现类似的情况。这不是一种支持"爱心食堂"、帮助失业者们的友爱群体或其他慈善事业发展的抽象正义法则。我们甚至可以说，从正义的线性、理性的角度来看，这些行为是有些不合时宜的，甚至是反动的。它们以一种临时的、局部的方式，不求完全解决特定问题，反而作为一种不在场证明，起着"在木头腿上打石膏"式的无效作用。但毫无疑问的是，这些行为仍然发挥着调动集体情感的作用。我们可能会怀疑这些行为的意义，或怀疑它们具有政治上的目的；同样，我们也会强调指出——这也是这些话的目的——一方面，我们不再指望靠高高在上的国家解决影响到我们近处的某些问题；另一方面，通过电视影像的传播，以上这些行为的协同作用确实产生了不容忽视的影响。在这两种情况下，不论是我在最近处看到的东西，还是通过影像接近我的遥远现实，使每个人都产生了强烈共鸣，从而构成了集体情感。这远非一种不重要的机制，我们可以在此发现引导我们话题的整体论（全面的）观念：共同感受性作为以上例子的基础，源于这样一个事实：我们**参与**、我们**连接**——在这两个术语的最强烈、也可能是最神秘的意思上——一种共同的精神气质。为了制定一项社会学"法则"，我会把这作为一个反复出现的主题来讲：我们更应重视所有人**在情感上共有**的东西（感性的、有机的角度），而非每个人**自愿遵守**的东西（契约的、机械的角度）。

这就是被存在的合理化束之高阁的伦理实验。复兴的道德秩序也对其进行了错误的转译，因为道德秩序旨在将特殊的反应或情境合理化与普遍化，并将它们作为新的先验事物呈现出来。但是，它的力量完全来自与地方感受性的紧密关联，而它也只是一种与整体结构的影响相连的后验推断。街区或村庄的共同体理念，更多地是通过集体想象物的感染，而不是通过社会理性的说服而产生功效的。借用本雅明在他对艺术的思考中所使用的一个术语来说，我们正在面对一种特定的气氛，在一个反馈（*feed-back*）运动中，这种气氛来自某个社会机体，并反过来决定该社会机体。我将用以下句子对此进行总结：**美学形式所产生的集体感受性还产生了一种伦理联系**。

坚持这一事实将是有益的，特别有益于使实证主义的强制命令相对化；这些命令坚持认为集体想象物是多余的，在危机时期是可以被忽略的。事实上，我们可以说，集体想象物采取了最多样化的形式：有时它表现在宏观层面上，煽动了大规模的群众运动、各种各样的社会改革、局部叛乱或者政治的、经济的革命；有时却相反，它在微观的层面上结晶，为大量的社会群体提供了深层次的给养。最后，在后者的（秘密的）过程和在前者的（公开的）一般表现之间，有时会存在着某种连续性。不管怎样，集体想象物确实具有一种相当广泛的气氛，这种气氛为一再令人惊叹的社会本能现实提供了母体。

正是从这个角度上，我们必须思考共同体的精神气质。我在这里所说的"气氛"可以使我们回避其存在或不存在的问题。事实证明，气氛恰好可以使精神气质"仿佛"存在。正是在这种意义上，我们就能够理解"情感共同体"这一理念型（马克斯·韦伯）、"狂欢-出神"（orgiastico-extatique）的范畴（卡尔·曼海姆）或我所谓的狄奥尼索斯形式。这些术语中的每一个，在最简单的意思上，都讽刺地描绘了这种走出自我（sortie de soi），即"走出静止"（ex-stase），而这就是社会行动的逻辑。[17] 事实也证明，这种"出神"（extase）在涉及小群体时更为有效，因此它对于社会观察者来说也更容易被察觉到。为了解释小群体这样的复杂整体，我建议使用具有隐喻含义的术语："部落"（tribu）或"部落主义"（tribalisme）。这使得我在不需要每次都得把它们用引号引起来的同时，还能强调价值、地点（lieu）或理念等的情感共享的"凝聚性"（cohésif）方面；这些价值、地方或理想是被划定范围的 [地方主义（localisme[1]）]，我们可以在许多社会经验中发现它们各种各样的调性变化。正是这种（空间的）静力学与（未来的）动力学之间、轶事与本体论之间、日常与人类学之间的恒常往复运动，使得对集体感受性的分析成为如此有力的工具。为了说明这一认识论观点，我只举一个例子——犹太人就够了。

在不能也不希望作出具体分析，且仅限于将其作为一个研究路径的情况下，我们可以指出，犹太人尤能表现我刚刚所指出的二

---

[1] "localisme"字面意思为地方性、地方主义，也有中文的"局部""地方"的意思。——译注

律背反。一方面，他们对部落的集体情感有着强烈的体验；另一方面，几个世纪以来，这并没有妨碍他们对自身普遍的、和（无任何贬义）世界主义价值观的永久坚持。部落的宗教使他们得以抵抗同化，部落的生活方式建立了真正的命运共同体；当然，部落的性（sexualité）确保了他们的种族在历经大屠杀和兴衰变迁后仍能延续。语言、财产和性的流动，是在一般情况下社会生活所围绕的三个人类学要点。在这方面，可以说它们都拥有强大的、部落的构成要素。不同的历史学家和社会学家都曾强调过许多国家的"犹太聚居区"（ghetto）、犹太人小镇和犹太会堂表现出的活力、氛围以及强大的凝聚力。这些地点就像是能量储藏库，是后来的中世纪城市、现代大都市乃至当今的特大都市的重要来源部分。由此，部落的、共同体（Gemeinschaft）的精神，经常会散布在西方文明的进化之中。[18] 正如我所说，这只是一条研究的路径；但事实上，许多知识的、经济的、精神的领域都受到过来自犹太人共同体情感文化鼎沸（bouillon de culture）[1] 之前瞻性的影响。

我们无法以更好的方式表达这种"具体的普遍性"的实现，它是 19 世纪哲学的主要原则之一。通过对上述例子的启发性外推，我们可以说，矛盾的是，有时候正是部落的价值观构成了一个时代的特征。实际上，这些价值观可以在很大程度上结晶，随后在整个社会机体中扩散。我们可以将部落时刻比作妊娠期：在开始更为广泛的扩张之前，它们都需要进行完善、感受和体验。从这个意义上讲，用本雅明的表达来说，日常生活可能就是"最极端的具体"（concret le plus extrême）。这个简单的描述让我们得以理解，共享的生活和经验可以成为炼金过程中让嬗变得以发生的净化火焰。正是

---

[1] 在法语中，"bouillon de culture"亦有培养基的意思。——译注

无（rien）[1]，或几乎无，可以生成一个总体。微小的仪式一直被倒置，直至它成为社会本能的基础。**大寓于小**（*Multum in parvo*）。当然，由于损耗也很重要，我们很难预测什么微小事物会生成宏观，但这并不是我们现在要讲的问题。正如我所说，这已经足以表明一种发展出社会价值观的"形式"。

因此，我们可以说，伦理在某种程度上是把一个给定整体的不同元素黏结在一起的黏合剂。但是，如果理解了我之前的解释，我们就必须赋予这个术语最简单的含义：不是要赋予任何先验理论化方面的含义，而是要赋予日常充当集体情感或情绪的"熔炉"的含义。这也就意味着，在既定领地上，人们或多或少地调节以适应彼此和自然环境。这种适应当然是相对的，是在幸与不幸之中进行的，是往往冲突性的关系的结果；但它知道如何运用灵活性，并因此展现出令人惊讶的长久寿命。这无疑是社会生存意志（vouloir-vivre）最具特色的表达。因此，我们有必要在这种日常伦理的某些表现上逗留一会，因为作为集体感受性的表达，它能够直接带领我们进入部落生活，而全部的这种部落生活则一起构成当代社会。

三、习　俗

从亚里士多德、托马斯·阿奎那，再到马塞尔·莫斯，有许多人——这份名单很长——都对**惯习**（*habitus*）［**素性**（*exis*）］的重要性进行了考察。这是一个目前已经成为社会学之**信念**的术语。[19] 这是值得高兴的，因为它涉及一个非常重要的主题，这一主题与日常生活中的庸常事物，用一个词来说就是习俗（coutume）有关。根据

---

[1]　法语中的"rien"既可指"无"，也可指"微不足道"的小事。——译注

齐美尔的说法，习俗是"最典型的社会生活形式之一"。当我们知道齐美尔对于"形式"的重视程度以及他赋予这种"形式"以怎样的效力时，我们就能想象，习俗绝不只是一个空洞的字眼。他进一步指出："习俗和一种理念的势力一样，可以决定社会生活。"[20] 我们被带回到一种持久的行动之中，这种行动深深地写入了存在和事物的自我呈现方式。它几乎是一种遗传密码，以一种比经济或政治情境更为深远的方式，限制和界定了我们与他人相处的方式。正是由此，在**美学**（共同感觉）和**伦理**（集体纽带）之后，**习俗**无疑是描绘当代群体日常生活特征的一种很好的方式。

"要赋予部落的词汇以更加纯粹的含义。"——我也有着马拉美（Stéphane Mallarmé）派的考虑。就像我之前使用过的其他"迷你概念"一样，我想赋予"习俗"这个词以最宽泛的那种含义，也就是最接近其词源"*consuetudo*"的含义：一套共同的习惯，它可以使一个社会集合能够认识到自己的真实面目。这是一种神秘的纽带，它只在偶然的或极少数的情况下，才会以口头或形式化的方式表达（例如关于礼仪或风俗的专著）。无论如何，它会在所有社会的深邃处"行动"。从这个意义上讲，习俗是不言自明的东西，是建成共在的"残余"（résidu）。我建议称之为**地下集中**或社会的"势力"（与"权力"相对），这个观念也可以在戈夫曼的"地下生活"（La Vie souterraine）和后来哈布瓦赫的"沉默的社会"（La Société silencieuse）中找到。[21] 这些表达所要强调的是：很大一部分社会存在从工具理性的秩序中逃逸，它们既不允许自己被目的化，也不允许自己沦为一种化约后的简单支配逻辑。两面性、狡计和生存意志通过各种仪式、情境、姿态和经验来表达，它们界定出了一个自由的空间。一种将生活视为过于异化，并希望获得完美的或本真的存在的倾向，使我们忘记了日常生活是顽固地建立在一系列具有间隙的、相对的自由的基础之上的。正如经济学承认"黑色经济"的存在那样，我们也可以承认一种**黑色的社会本能**的存在，其各种微小的表现很容易就能追踪到。

我采用的是涂尔干及其追随者们的观点，他们一向主张社会关系的神圣化（la sacralisation）。就我而言，我已经多次说过，而且还会经常重复说：我认为，从微观群体到国家结构的任何给定整体，都是社会的神性（le divin social）的表达，具有一种特定的，甚至是内在的超越性。但是我们知道，正如许多宗教历史学家所表明的那样，神圣事物（le sacré）是神秘的、可怕的且令人不安的，我们必须拉拢它，和它协商；而习俗就具有这种功能。习俗对于日常生活，就像仪式对于严格意义上的宗教生活一样。[22]此外，令人惊奇的是，尤其是在民间宗教中，正如教会等级制度一直做的那样，将习俗与符合教规的正式宗教仪式进行划分是非常困难的。因此，我们可以说，正如礼拜仪式使教会可见一样，习俗也以同样的方式使共同体本身得以如其所是地存在。此外，根据彼得·布朗的说法，在教会的势力划分还没有完全确定的时候，分布在各地的教堂通过交换圣髑（reliques）[1]的惯例形成了一个网络。这些圣髑充当了小共同体的内部黏合剂，使各共同体联结起来，并在此过程中将"与神圣事物的距离转化成了邻近时的深刻喜悦"[23]。

任何处在形成过程中的组织都令社会学家着迷：个体之间的关系还没有固定下来；社会结构仍然具有最初时候的灵活性。而此时，找到可以比较的点是很有用的，这样我们就可以把观察到的东西形式化。在这方面，研究基督教文明的历史学家对地方微观群体所做的分析是最为相关的。如果只是作为假设，我们当然可以将社会依

---

[1] 圣髑即宗教圣人之物品或遗体、遗骨，被作为实体纪念物而小心保存。——译注

赖和早期基督教共同体所特有的与神圣事物协商的双重过程应用在目前正在形成或解体的各个部落之中。这种比较的启发性不止一个方面：组织围绕"名祖英雄"的聚集、意象的作用、共同感受性等等，但这一切的基础都在于地方的参与、空间化和由此产生的团结机制。这就是我之前所说的"社会关系的神圣化"的特征：一方面，它是在不同的人之间建立起来的礼物与回礼的复杂机制；另一方面，它是由此构成的整体和给定的环境。交换，不管是"真实的"还是象征性的，其实都不重要；事实上，重要的是最广泛意义上的交流（communication）采取了最多样化的路径。

帕洛阿尔托学派（l'École de Palo Alto）提出的"邻近"（proxémie）概念在我看来很好地考虑到了交流的文化元素和自然元素。至于边留久，他也强调了这种关系"跨主体"（主体**和**客体）的一面。或许，我们应该简单地求助于街区（quartier）这一古老的空间概念及其情感内涵。[24] 这是一个过时的术语，但是今天，它又重新出现在不同的社会观察家的笔下，成为许多人思想中早已存在的符号。这个"街区"概念有着较强的调性变化：它可以界定为一套街道的集合，可以指一块充满力比多的区域（如红灯区、赌场区），也可以是一栋综合商业大厦或一个公共交通节点；总之，在所有这些情况下，它都是一个结合了某种功能性和某项不可否认的象征性功能的公共空间。它深深地写入集体想象物之中，却只由各种情境、时刻、空间和无属性的人交织而成；此外，它通常表现为最庸常的"老一套"（stéréotypes）形式，例如广场、街道、烟草铺、卖马彩的酒吧、报刊亭等等。这些都是根据人们的兴趣或需求形成的中心，都是社会本能的一些琐碎的标点。然而，正是这些标点营造了街区这样或那样的特殊气氛。我故意使用气氛这个术语，是因为它很好地诠释了由地方和活动所分泌的气氛的复杂变动，而形成的气氛又会反过来给这些地点和活动带来独特的色彩与气味。也许正是基于这种物质主义精神性，埃德加·莫兰才会诗意地谈到，纽约的一个街区散发着特性的气息，却建立在"个体缺乏特性"的基础之上。通过把它扩展到整座城市，这座城市成为一幅杰作，而其"生命仍然是悲惨的"。但是，他接着说："……如果你允许自己被这座城市所占有，如果你可以深入地参与能量流，如果那些折磨你的死亡力量唤醒了你的生存意志，那么纽约足以使你眼花缭乱。"[25]

这个隐喻很好地表达了惯常的"老一套"和初始原型之间的恒常往复运动。在我看来，正是这种持续不断的可逆过程，构成了吉尔贝·迪朗所说的"人类学轨迹"（trajet anthropologique）；在这方面，伟大的文化作品和这种日常体验的"文化"之间的紧密联系是所有社会生活的基本黏合剂。这种"文化"让很多人感到惊讶，因为它是由一些微不足道的"小事"（riens）沉淀形成的意义系统。我们不可能将所有"小事"列为一份详尽的清单，尽管这样一份清单可以构成一个最符合我们时代的研究计划：从饮食烹饪到家用电器的想象物，再到广告，到大众旅游，到节日活动的复兴与倍增，等等。[26] 我们可以看到，所有这些都很好地反映了一种集体感受性，这种集体感受性与作为现代性特征的经济-政治的主导地位几乎没有任何关系。这种感性不再是定向性的、目的性的合理性（韦伯的目的理性）的一部分，而是生活在当下，生活在既定空间，生活在**此时此地**（*Hic et nunc*）。这使日常"文化"得以产生，使一些真正的价值不断涌现。尽管这些价值有时可能会令人惊讶或反感，但是它们都表现出了一种不可否认的勃勃生机（这或许更接近韦伯所说的价值理性）。

正是这种把习俗作为文化事实来理解的做法，使我们有可能认识到大都市部落的活力。而正是这些部落，分泌出让我们不论是否愿意（*volens nolens*）都沉浸于其中的"气氛"（非形式化的文化）。在这方面，我们可以举出很多例子，而所有这些例子都有一个共同的特征，那就是邻近。因此，从这个术语最简单的意义上讲，比起那些没有目标、没有特殊计划的聚集而言，这些友谊网络也没有特殊目的，它们只是越来越分区地控制了市郊住宅区的日常生活。一些研究表明，它们正在使协作性的结构过时。[27] 协作结构力图灵活，力图接近用户，并直接接触到他们的问题，但是这样的结构却过于目的性、组织化，且大部分时候都基于政治意识形态或宗教意识形态的抽象（遥远）意义；而在友谊网络中，**依赖**是**为了自己**而存在，没有任何投射。此外，这种友谊网络可能是非常短暂的存在。例如，得益于技术的帮助，Minitel[1] 的用户们形成了许多情感集群，许多人都在这种特定机遇的临时性环境中（重新）找到自己。这可能会造就持续性的关系，也可能不会。不管怎样，它所做的其实只是创建了友谊"链条"。美国的社会学家们曾经研究过这种网络模型，他们发现，只要通过邻近——即有人把我介绍给了另一个人，而后者又认识下一个人，以此类推——这些"链条"就可以实现关系数量的倍增。

这种由邻近促成的无计划的联系必然会造成一些副作用，比如由邻近联系形成的互助。这也是古老智慧的产物。这种不被有教养者所看重的民众智慧认为，在任何意义上"穷人的生活是艰难的……我们很难赚到钱，所以我们这些邻近的人，必须互相帮助和团结起来"[28]。埃米尔·普拉（Émile Poulat）由此总结了"基督教民主"意识形态的民众基质。这个模式在许多方面值得注意，因为

---

[1]　Minitel 是法国于 1982 年建立的国家网络，早于互联网。通过键盘输入和根据屏幕上的黑白文字进行操作，用户可以用它收发邮件、查找信息、在线购物、聊天等等。2012年，它由于技术落后、运行费用昂贵等原因退出历史舞台。——译注

除了严格意义上的基督教民主之外，我们还可以听到几个世纪以来托马斯主义社会学说的回声，这对形成一种共同的象征体系并非没有影响。因此，除了社会历史分析之外，我们还应重视社会人类学的维度，强调存在于邻近和团结之间的密切联系。从某种意义上说，事物的力量使互助迫于现状而得以存在，但这并不是一种纯粹的无私：当我需要支持的时候，我总是可以（再次）获得我曾付出的支持。[1] 然而，在这样做的过程中，每个人都被纳入了一种联系的过程，一种有利于集体机体（corps collectif）的参与过程。

这种紧密的联系也是隐蔽的。实际上，在我们谈论自己的个人、家庭或职业的幸与不幸时，所使用的都是一些隐晦的语言。这种口传性（oralité）就像谣言一样，具有一种内在的功能：它划定了这种共享可以发生的领地范围。这里没有异乡人的位置；如有必要，我们还可以提醒新闻媒体、公共当局或各色好奇的人们："脏衣服要在家里洗，家丑不可外扬。"这种涉及轻微犯罪的生存反应，其实同样适用于那些快乐的活动或时刻。事实上，具有各种调性变化的习惯用语、共享的秘密，是所有社会本能的基本黏合剂。格奥尔格·齐美尔在研究秘密社会时就已经以一种极端的方式展示过它，而我们也可以在有关传统医学的研究中发现它——这种研究表明，只有集体机体才能治愈个体机体。[29] 这是一个有趣的隐喻，正如我们所知，这种医学把每一个机体都看作一个整体，且必须以整体进行治疗；但是，还必须指出的是，这种整体观点往往会由于"个体的整个机体依赖于整个共同体"这一事实而得到进一步加强。这个简短的描述使"互助"（entraide）一词有了充分的意义——它不仅仅是指睦邻关系的机械作用。事实上，正如我们在这里所理解的那样，互助是

---

[1] 所需的支持可以用"之前"或"之后"付出的支持交换而来。——译注

有机视角的一部分。在这个视角中，所有的元素通过它们之间的协同作用加强了整个生命。因此，互助是一种动物性反应，是社会生存意志的"无意识"反应；它是一种活力论，根据"内藏的知识"，这种活力论知道**独一性**（unicité）才是对抗死亡的最好方式；在某种意义上，这也是对死亡提出的挑战。让我们把所有这些都留给吟唱的诗人吧！

> 与万物合一！
>
> 听了这些话……艰难的命运退去，
>
> 死亡离开了生物的圈子，
>
> 世界从分离与衰老中恢复过来，
>
> 愈发美妙耀眼。

——荷尔德林，《希佩里翁》（Hypérion）

　　这种共同力量的集体感觉，这种建立了持续性的神秘感受性，使用的是一些非常琐碎的载体。虽然这里不可能对它们进行分析，但它们都是一些谈话的地点，或者更普遍地说，是一些交际（convivialité）[1] 的地点，比如夜总会、咖啡馆，或其他一些属于"开放区域"的公共空间。在这里，你可以与他人进行交谈，且一般来说是与他异性（altérité）进行交谈。我们从社会关系的神圣性（sacralité）这个概念出发，而这个概念在言语的流通中获得了最好的体现，而言语的流通常常伴有食物和饮料的流通。我们不要忘记，强调信徒之间的联结以及与上帝的联结的基督教圣餐礼，只是

---

[1]　在法语中，"convivialité"（宴饮交际）来自于拉丁文"convivium"（宴会），而后者又源自"con"（共同）和"vivo"（生存）。马费索利在使用"convivialité"时融合了交际、共餐和共生的含义。——译注

世界上所有宗教中普遍存在的共餐（commensalité）的成功形式之一。由此因袭而来的事实是：当我在咖啡馆或餐桌上对别人说话时，我实际上是在对神说话。这使我们再次回到我们曾多次表达过的看法：神性、社会整体和邻近是相互联系的。[30] 各种形式的共餐只是这种复杂联系的可见表现。然而，值得记住的是，神性源自日常现实，它是通过共享简单而例行的动作逐渐形成的。从这个意义上讲，惯习或习俗将有助于使所有社会本能的伦理维度得以具体化和**现实化**（actualiser）。

我们只需要记住，习俗作为集体感受性的一种表达，使严格意义上的一种日常的出神成为可能。贯穿在日常生活中的饮酒、说话、闲聊可以使人"走出自我"，从而创造出一种作为部落主义的黏合剂的特殊气氛。正如我们所看到的，这种"出神"不应该被减缩为一些特定类型的极端情况。当然，"狄奥尼索斯式"代表的是性乱交，以及其他情感的或节日的欢腾；但它同样也可以使我们理解共同观点、集体信仰或共同**信念**的产生。简而言之，这些"记忆的集体框架"——借用莫里斯·哈布瓦赫的表达——允许人们强调其经历，即"经验流"（courants d'expérience）[31]。除了纯粹知性的"知识"（un savoir）以外，还有一种包含了感性维度的认识（une connaissance）。这种认识，从最接近其词源意思的角度来讲，使"相伴而生"（naître avec）[1] 成为可能。这种具身化的认识根植在一个值得我们进行专门分析的习俗大全之中。这就使得我们有可能理解"空谈"（palabre）一词的当代调性变化，它的各种仪式曾经在传统村庄或传统共同体的社会平衡中发挥重要作用。不难想象的是，随着技术的发展，城市部落的增长势必有助于一种效仿古代广场仪式的

---

　　[1] 这里马费索利玩了一个文字游戏，把法语"connaissance"一词拆分成"con"（共同）和"naissance"（出生）。——译注

"数字化的空谈"的重演。我们将不再像人们最初认为的那样，需要面对宏大计算机和与邻近现实断联的危险；相反，得益于"微观的"个人计算机或有线电视的存在，我们正在面临逐步扩散的口传性的无限衍射。Minitel 在法国的成功必须从这个意义上解释。在许多领域，如教育、休闲、工作合作、文化等，这一进程所产生的邻近交流形成了能带来我们可以想象到的所有社会影响的网络。[32]

　　首先，大众传媒的发展与壮大导致了资产阶级文化的瓦解，而资产阶级文化是建立在对少数特别的对象和态度的普遍性和价值化之上的。现在的问题是，大众传媒的持续壮大和它所导致的庸常化是否会使它们更接近庸常生活。从这个意义上讲，它们是在重新投入某种以口传性为基本载体的传统文化。在这一过程中，当代媒体不仅要展示伟大的文化作品，还应呈现日常生活的影像，以发挥各种形式的公共言论的作用——通过神话确保一个既定的社会整体的凝聚力。这个神话，正如我们所知，可以有各种各样的类型；但就我而言，我认为存在着一种横向贯穿了整个社会生活的神话功能。一个政治事件就像一个微不足道的小小事实，一位明星的生活就像一位地方精神领袖的生活，在某个特定时刻，它们都能呈现出神话的维度。在对大众传媒进行思考时，费尔南·迪蒙（Fernand Dumont）以一种微妙的方式强调，无论具体的内容是什么，大众传媒都主要是"提供流言蜚语和日常话题，就像过去一样……过去我们经常谈论的是牧师或记录员，现在我们谈论的是电影明星或政客"[33]。对我们这些知道如何听取发生在办公室、工厂、校园里的谈话的人来说，这句话的恰当性不能不令人感到惊讶；即使是在街边小店里的"吹牛"，对于社会观察者来说，也是非常具有启发性的。我甚至倾向于更加激进地认为，在媒体的逻辑中，它们**仅仅是为了**交流，就像是古代的哲学议论、中世纪的宗教布道或现代的政治演讲一样。

在这些不同的形式中，内容（contenu）对于一些人来说当然是不可忽略的。而正是因为它可以增强一种参与了更大群体的、"走出自我"的感觉，它才对大多数人来说是有价值的。从这个意义上讲，我们会更加关心作为背景的容器（contenant），是它创造出一种氛围，从而产生了联结。不管怎样，最重要的是，这使共同情感的表达成为可能，使我们能够在与他人的共融（communion）[1] 中认识自己。我们必须观察地方电视台或地方电台的增多是否会促进这样的感受性。无论如何，这都是一条并非毫无根据的可能的假设，它足以表明习俗的重要性。通过使邻近可见，习俗分泌出一种"黏合剂"，把一个特定的共同体黏合在一起。在"被有线电视网连接起来"的街区中，甚至在拥有有线电视的建筑物中，我们都有可能会体验到与那些构成传统社会的部落或氏族的价值观相差不远的价值观。

因此，通过赋予"交流"这一术语最强烈的含义，即它构成社会现实，而不是什么次要事物，习俗可以被视为交流的一种特殊调性变化。当邻近价值观随着自上而下的组织结构及其社会表征的饱和（重新）走到台前时，这种调性变化便获得了其重要性。我们甚至可以说，在钟摆运动中的这一阶段，交流方面更为突出，因为它不是为了任何形式的终极目的而存在，而只是为了自身而存在。在强调交流（它的唯一目标就是交流本身）和超越**批判**的态度（批判的态度与更加工具性、更加机械性、更加讲求操作性的社会倾向有关）之间存在着直接联系。在以交流活动为主导的情况下，世界

---

[1] "communion"一词源自拉丁文"communis"（公共的、通用的），指彼此来往而相知、相遇、相结合的状态；在基督教中，"communion"亦指共同进餐的圣餐仪式，信徒借此与上帝融为一体。马费索利在本书中同时运用了这两种含义。——译注

被如其所是地接受了：这指的是我建议称作"社会直接经验"的东西。因此，我们便可以在习俗和交流之间建立起联系。这个被如其所是地接受的世界当然是在我们应当慎重对待的自然的"直接经验"的范围之内的，后者属于可逆过程的一部分，并因此是生态学的观念；但它同样也是在每个人在结构上都会依靠的社会的"直接经验"的范围之内，这就使人们有机地介入到了他人之中。这就是习俗的主题让我们想起的、我在这里称作是部落主义的东西：**个人**（personne）比**个体**（individu）更重要；前者不仅需要在全部的舞台上扮演自己的角色，还必须按照非常明确的规则扮演角色。这是一种倒退吗？也许吧！——如果我们将个体的自治视为所有社会生活都不可逾越的地平线的话。但是，除了人类学向我们证明这无论在时间上还是空间上都不是普遍的价值以外，我们可以同意的事实是：即使在西方世界，个体化原则（*principium individuationis*）也越来越多地受到了质疑。诗人或小说家们的感受性（例如，参照贝克特的戏剧）可以作为这种趋势的晴雨表；或者，从更加经验的角度来看，我们可以从遍布我们社会生活的各种群体态度中找到这种趋势的证据。最后，值得注意的是，虽然某些国家并没有将个体主义作为其发展的基础，但是这些国家目前也表现出了不可否认的**活力**，而且这种活力似乎对我们产生了持久的吸引力。日本就是这样的一个国家；此外，我们还可以加上巴西，虽然看起来似乎有些矛盾。我们不妨把这两个国家作为原型；它们的"气氛"本质上都是仪式性的，它们的基本结构都是"部落"（如果不想让人过于惊讶，也可以称之为有机集群）；前者是当前的，后者是潜在的，二者都是集体想象物的吸引力极点——无论是从存在的角度来看，还是从经济、文化或宗教的角度来看。

这里不是要把它们作为已完成的模型，而是要表明，作为**自治**

原则（principle d'autonomie）——不管我们以怎样的方式称呼它（自我管理、自生系统等等）——的替代选择，我们假定存在着一项基于调整、基于适应、基于与社会和自然的他异性的有机联系的**他治原则**（principle d'allonomie）[1]34。这一原则与形塑现代性的行动主义模型背道而驰。在目前的假设下，这一原则本质上是习俗性的，它以一种前瞻性的方式重新投入我们曾认为是已经被超越了的传统价值观。事实上，在"世界的除魅"（韦伯的 *Entzauberung*）之后，我假设我们正在目睹一个名副其实的**世界的复魅**（réenchantement du monde），我将尝试追溯其中的逻辑。简单地说，对于分裂成部落的群众或聚合成群众的部落，这种复魅将共同体验的情感或感受性作为其基本黏合剂。我想回到这场讨论最开始的时候，回到荷尔德林在宁静的内卡河畔作出的具有预言性的沉思。诗人将共同情感，即作为共同体黏合剂的"nationel"[2]，与"古代神灵的影子——他们再次造访了这片尘世……"联系了起来。当他转身回到幽静的小道上时，他发现这条小道也为这些神灵所淹没。这同样发生在埃兹的一条孤寂的乡间小路上。另一位"疯子"[3]尼采，则在这里体验到了狄奥尼索斯的突然侵入。他的幻觉不亚于真正的预知：

> 你们这些今日的孤独者，你们这些离群索居者，有朝一日当成为一个民族：从你们这些自己选出来的人群中，当有一个特选的民族成长起来——再从中产生出超人。

我们自己的哲学家小径（*Philosophenweg*）将经过拥挤着无数带

---

[1] 这是对来自外部的法则的服从。
[2] 指抽象的人民。
[3] 荷尔德林与尼采均精神错乱。——译注

薪休假者的海滩、充斥着消费者怒吼声的百货商店、弥漫着狂热气氛的体育赛事，以及毫无明显目标、只是在街上无聊闲逛的聚集的人群。在很多方面，狄奥尼索斯似乎完全淹没了所有人。由他推动的部落呈现出一种骚动不安的模糊性：它们并不轻视最先进的技术，但是仍然有些野蛮。这或许就是将要到来的后现代性的标志。尽管如此，现实原则一方面劝诱我们接受这些部落，因为它们就在那里；另一方面却又在提醒我们，在很多历史时期，正是野蛮使一些垂死的文明获得重生。

注释

1. 参见 G. Durand, "Le Retour des immortels", in *Le Temps de la réflexion*, Paris：Gallimard, 1982, pp.207, 219。关于"美学范式"，请参见拙著 M. Maffesoli, *Au creux des apparences*（1990），Le Livre de Poche, 1995；也请见 T. Adorno, *Notes sur la littérature*, Paris：Flammarion, 1984, p.210 中关于"个体主义掩体"（le bunker de l'individualisme）的内容。

2. P. Brown, *Le Culte des Saints*, Paris：Cerf, 1984, p.72.

3. 参见 A. Berque, *Vivre l'espace au Japon*, Paris：PUF, 1982, p.54。关于统一服装的例子，请参见 F. Valente, "Les Paninari", in *Sociétés*, Paris：Masson, n° 10, sept. 1986。关于"东方化"，请参见 P. Le Queau, *La Tentation bouddhiste*, Paris：DDB, 1998。

4. M. Weber, *Économie et Société*, Paris：Plon, 1971, 例如 pp.475—478。

5. M. Perniola, *Transiti*, Bologna：Cappeli, 1985.

6. É. Durkheim, *De la division du travail social*, Paris：Alcan, 1926, p.70 强调了我这方面的内容。

7. M. Halbwachs, *La Mémoire collective*, Paris：PUF, 1968, p.78；关于"跨个体的意识形态"（l'idéologie trans-individuelle），参见 J. Freund, *Sociologie du conflit*, Paris：PUF, 1983, p.204。

8. G. Durand, *La Foi du cordonnier*, Paris：Denoël, 1983, p.222；参见 Elizabeth Teissier 关于占星术的博士论文 [巴黎第五大学当前与日常事物研究中心

(CEAQ)[1]。我们可以讨论卡巴拉的"转生"(transmigration)，这是我们在此阐述的整体论观点的一部分。在这方面，可参见 G. Scholem, *La Mystique juive*, Paris：Cerf, 1985, p.215, 253 sq.。

9. A. Berque, "Expressing Korean Mediance", colloque *The conditions and visions of Korea's becoming an advanced country*, Seoul, sept. 1986. 在此，我们还必须提到埃德加·莫兰的出色分析，他的 *La Méthode*, 3, *La Connaissance de la connaissance/* 1, Paris：Seuil, 1986 让那些最诚实的批评者感到了不安。关于"环境的观念"，参见 J.-F. Bernard-Becharies, in *Revue française du marketing*, 1980/1, cahier 80。

10. 转引自 A. Medam, *Arcanes de Naples*, Paris：Ed. des Autres, 1979, p.202。

11. A. Berque, *Vivre l'espace au Japon*, Paris：PUF, 1982, pp.167, 169.

12. 在我刚刚写完成这几页时，出现了一份非常锐利且有着全新视角的分析：J.-L. Nancy, *La Communauté désœuvrée*, Paris：C. Bourgois, 1986。关于"形式主义"(le formisme)，请参见拙著 M. Maffesoli, *La Connaissance ordinaire*, Paris：Klincksieck, 1985。关于"部落主义"和"技术"，参见论文 F. Casalegno, *Cybersocialités*, Paris V, juin 2000。

13. 请参见 B. Souvarine, *Staline*, *Aperçu historique du bolchevisme*, Paris：G. Lebovici, 1985, p.44 一书中对此展开的卓越而博学的分析。

14. F. Venturi, *Les Intellectuels*, *le peuple et la révolution*, Paris：Gallimard, 1972, p.230. 此外，参见 P. Tacussel, *Charles Fourier*, *le jeu des passions*, Paris：DDB, 2000。

15. L.-V. Thomas, *Rites de mort*, Paris：Fayard, 1985, pp.16, 277. 同样值得注意的是，让-吕克·南希在 J.-L Nancy., *op. cit.*, p.42 sq. 中把共同体与死亡联系了起来。关于仪式的周期性和悲剧性方面，请参见我的著作 M. Maffesoli, *La Conquête du présent*（1982）, *rééd.*, Paris：DDB, 1998。

16. G. Le Bon, *Psychologie des foules*, Paris：Retz, prêf. A. Akoun, 1975, p.42.

17. 不管那些浮光掠影的知识分子会怎么想，"狂欢-出神"在社会学传统中是一个永恒的主题；例如 M. Weber, *Économie et Société*, *op. cit.*, p.565、K. Mannheim, *Idéologie et Utopie*, Paris：Rivière, 1956, p.154；当然，我们还应该参考 É. Durkheim, *Les Formes élémentaires de la vie religieuse*, Paris：PUF, 1968, rééd. Le Livre de Poche, 1991。我也会提到拙著 M. Maffesoli, *L'Ombre de*

---

[1] 可以咨询当前和日常事物研究中心（CEAQ）的研究：http://www.univparis5.fr/ceaq 或 ceaq@univ-paris5.fr。

Dionysos, *contribution à une sociologie de l'orgie* (1982), rééd. Le Livre de Poche, 1991。

18. 当然，我必须提到 L. Wirth, *Le Ghetto*, Paris：Champ Urbain, 1980。关于奥匈帝国的大都市，请参见 W. M. Johnston, *L'Esprit viennois*, Paris：PUF, 1985, pp.25—28。关于芝加哥学派的工作，请参见 U. Hannerz, *Explorer la ville*, Paris：Minuit, pp.62—67, 91。

19. 请参见 G. Rist, "La Notion médiévale d'*habitus* dans la sociologie de P. Bourdieu", in *Revue européenne des sciences sociales*, XXII, 1984, p.67, pp.201—212；又如 M. Maffesoli, *La Connaissance ordinaire*, *op. cit.*, p.224 et notes 60 et 61。

20. G. Simmel, "Problèmes de la sociologie des religions", in *Archives des sciences sociales des religions*, Paris：CNRS, 1974, n° 17, pp.17, 21；以及 P. Watier, *G. Simmel, la sociologie et l'expérience*, Paris：Klincksieck, 1986。

21. 我在我的书里多次提及 "地下集中" 这一概念，而有关这一概念的灵感来自 M. Halbwachs, *La Mémoire collective*, *op. cit.*, pp.130—138；关于欧文·戈夫曼对这个问题的分析，请参见 U. Hannerz, *Explorer la ville*, *op. cit.*, p.271 sq.。

22. 关于恐惧（*tremendum*），请参见 R. Otto, *Le Sacré*, Paris：Payot, 1921；关于民间宗教，亦可参见 M. Meslin, "Le Phénomène religieux populaire" in *Les Religions populaires*, Presses Université Laval, Québec, 1972。

23. P. Brown, *Le Culte des Saints*, trad. A. Rousselle, Paris：Cerf, 1984, p.118. 关于当代的 "依赖"，在没有分享其众多或悲观或乐观的分析之前，我想引用的两本广博的书是 M. Bolle de Bal, *La Tentation communautaire, les paradoxes de la reliance et de la contre-culture*, Bruxelles, Université de Bruxelles, 1985 和 *Voyages au cœur des sciences humaines. De la reliance*, L'Harmattan, 1996。

24. 帕洛阿尔托学派目前在法国非常有名，我们很容易找到贝特森（Bateson）和瓦兹拉威克的著作，这些作品大多是由瑟伊（Seuil）出版社组织翻译并出版的。请参见 Y. Winkin, *La Nouvelle Communication*, Paris：Seuil, 1982 提供的摘要。边留久在其 A. Berque, "Expressing Korean Mediance", *op. cit.* 一文中使用了 "跨主体性" 一词。关于街区，参见 K. Noschis, *La Signification affective du quartier*, Paris：Librairie des Méridiens, 1983 和 F. Pelletier, "Lecture anthropologique du quartier", in *Espace et Société*, Paris：Anthropos, 1975, n° 15。

25. E. Morin et K. Appel, *New York*, Paris：Galilée, 1984, p.64. 关于 "人类学轨迹"，我自然而然地会想起吉尔贝·迪朗的经典著作 G. Durand, *Les Structures anthropologiques de l'imaginaire*, Paris：Bordas, 1969。

26. 索邦大学的 CEAQ 专门从事这类研究。我以学术杂志《社会》(la revue *Sociétés*，Paris：Masson）所刊登的研究成果为例，该杂志第 8 期的主题是"旅游"，第 7 期的主题是"烹饪"；而 H. Strohl，"L'électroménager"，in *Sociétés*，n° 9 则在第 9 期发表了。

27. 请参见 J.C. Kaufmann，*Le Repli domestique*，éd. Méridiens Klincksieck，1988。关于网络及其形式化，请参见 U. Hannerz，*Explorer la ville*，*op. cit.*，pp.210—252。关于一般意义上的日常，请参见 M. Maffesoli，*La Conquête du présent*（1982），rééd. DDB，1998。

28. E. Poulat，*Catholicisme*，*Démocratie et Socialisme*，Paris：Casterman，1977，p.58.

29. 在这个意义上，可参见 E. De Rosny，*Les Yeux de ma chèvre*，Paris：Plon，1981，p.81 et 111 中的非洲案例。关于谣言及其功能，请参见 J.-B. Renard et V. Campion，*Légendes urbaines*，Payot，1992。

参见 G. Simmel，"Les sociétés secrètes"，in *Nouvelle Revue de psychanalyse*，Paris：Gallimard，1977。

30. 在这方面，对公共场所的研究仍有许多工作要做。CEAQ 目前正在进行一项由斯特凡娜·于贡（S. Hugon）指导的对"酒吧"的研究。然而，我们还可以参考 C. Bouglé，*Essais sur le régime des castes*，Paris：PUF，1969，p.47 和 U. Hannerz，*Explorer la ville*，*op. cit.*，p.249 sq.；同样可以参考 J. M. Lacrosse et *alii*，"Normes spatiales et Interactions"，in *Recherches sociologiques*，Louvain，vol.VI，n° 3，1975，p.336，特别是其将酒吧作为"开放区域"（régions ouvertes）进行研究的内容。

31. M. Halbwachs *La Mémoire collective*，*op. cit.*，p.51 sq..

32. 我们在此可以参见 M. De Certeau et L. Giard，*L'Ordinaire de la communication*，Paris：1984（Rapport du ministère de la Culture）；同样，针对更加专业的领域，我们可以参见 P. 戴尔马的博士论文 P. Delmas，*L'Elève terminal*，*enjeux sociaux et finalité des nouvelles technologies éducatives*，Université Paris VIII，1986 和费德里科·卡萨莱尼奥的博士论文 F. Casalegno，*Cybersocialités*，Paris V，juin 2000，以及李尚吉的博士论文 S.G Lee，*Médias et expérience de l'espace public*，Paris V，1999。

33. 费尔南·迪蒙关于大众文化概念之起源的研究，载于 *Cultures populaires et sociétés contemporaines*，Presses de l'Université du Québec，Québec，1982，p.39。我们还可以通过阅读他的 F. Dumont，*L'Anthropologie en l'absence de l'homme*，Paris：PUF，1981 受益。

34. 边留久在 A. Berque，*Vivre l'espace au Japon*，Paris：PUF，1982，p.52

中分析过日本的这种他治原则。关于巴西习俗仪式的重要性，参见 R. Da Matta，*Carnavals*，*bandits et héros*，Paris：Seuil，1983。关于一般意义上的巴西，参见 J. Machado，*Le Brésil*，*pays du présent*，Paris：DDB，1999。

第二章　地下的势力

一、活力论方面

涂尔干有一句名言，看似平庸，却十分明智："如果生存能够持久，那是因为在通常情况下，人们毋宁生存也不要死亡。"[1]

很多知识分子都不能理解这种强大的生存意志（势力）：尽管有着各种各样的强制，或者正是得益于这些强制，它才能持续不断地滋养着社会机体。仔细研究知识分子的这种理解困难已经毫无用处，但在另一方面，即便不去问"为什么"，我们至少也要知道"是什么"使这一问题不再可以被忽视。我们还是留在庸常性的范畴内吧！尽管这只会激怒学界的特里索丹们（trissotins）[1]——他们徒劳地扮演着科学家的角色，以掩饰其思想上令人难以置信的庸俗。一些艺术史学家指出，历史上存在着一些"触觉艺术"占主导地位的时期和"视觉艺术"占主导地位的时期，或者说存在着应当"近距

---

[1]　莫里哀戏剧《女学究》中的人物，是一位夸夸其谈、充满学究气却毫无真才实学、意图通过迎娶权贵女儿达到目的的伪才子。——译注

离观看"的艺术和必须"置于一定距离"才能够欣赏的艺术。正是在这种二分法的基础上，威廉·沃林格（Wilhelm Worringer）阐述了他在抽象和移情（*Einfühlung*）之间的著名对峙。简言之，所有移情在表达上都是直觉的，在结构上都是有机的；或者从艺术意志（*Kunstwollen*）的观念来看，移情涉及群众以及可以驱使群众的集体力量；总之，这样的移情涉及值得我们特别注意的**活力论**。[2]

很明显，我们必须把这种分类看成一种原型；也就是说，它并非以一种纯粹的形式存在：它是一种"非现实"，其唯一功能是要揭示当下的"现实"情况。

因此，为了回答我们刚刚提出的问题，在距离占主导地位的"视觉时期"过后，即在词源学上可以称为"**理论**时期"（*theorein*：看见）[1] 的时期过后，我们正在进入的是一个"触觉时期"。在这一时期，唯有邻近才是最重要的。用更加社会学的术语来讲，我们在这里发现了从全球性到地方性的转向，发现了从作为积极历史主体的无产阶级到不对未来负责的民众的过渡。这迫使我们不得不考虑权力问题（即政治问题）在其投射功能中的饱和，以及深刻驱动了大量分散的共同体的**势力**的涌现。这些共同体尽管只是微小的碎片，但仍能通过一种区分性的建筑术使彼此联系在一起，以我所说的"冲突性的和谐"来表达自己。[3] 我们必须在这种图式的框架内重视对于活力论的考虑，即存在的是生命，而非虚无。让"分离"、异化及作为其表达的批判态度见鬼去吧！现在，重要的是分析生命的"宣言"，即全社会的生存意志，它甚至以一种相对主义的方式，成为"近距离观看"日常生活的支持。

让我们再一次回到我对狄奥尼索斯这个象征性人物所作的图式

---

[1] "理论"（théorie）的词源为希腊语"*theorein*"，意为"看见"。——译注

上。在我看来，"势力"从未停止在其中发挥其作用。它的行动要么是秘密的，要么是不引人注目的，要么是公开的。当它不表现为叛乱、节日、暴动或人类历史上的其他激烈时刻等欢腾形式时，就会秘密地在一些小宗派或先锋派里高度集中，或者以较低的强度隐匿于共同体、网络或部落之中。总之，它们会隐藏在为自身、而非为某种终极目的而活的日常生活的微小事实之中。[4] 这是神秘主义或诺斯替教派的传统，与批判主义或理性主义的路线背道而驰；但是，从古老的"诺斯"（gnose）到普林斯顿的诺斯（la gnose de Princeton）[1]，途中经由波姆（Jakob Böhme）和卢瓦西（Alfred Loisy）的神秘主义 [5]，从对感觉和道德的清创术，到另类医学（médecines douces）[2]，再到当代对占星术的探索，有一条主线始终贯穿其中，这就是势力。如果我们可以将这样的精神态度称作是"狄奥尼索斯派的"（dionysienne），那么我们就可以把更加感官性的角度称作是"狄奥尼索斯式的"（dionysiaque）；然而，这两者都建立在经验优先的基础之上，建立在一种深刻的活力论的基础之上，一种对宇宙各元素的有机性的或多或少明确的看法的基础之上。政治的饱和、价值的变动、进步主义神话的崩塌、质的卷土重来、对享乐主义的重视、对宗教的持续关注，以及影像对社会的重大影响——许多在过去被我们完全束之高阁的问题，在我们目前的日常生活（广告、电视）中越来越具有侵略性，而所有这些问题又都是以我们所说的不可抑制的**势力**为背景的。这是一种很难解释的力量，但是我们可以在社会本能的各种表现形式中，在一个被认为是处于危机的世界中充斥着的狡计、矜持、怀疑主义、讽刺和悲剧性的笑话中看到它的影响。

---

[1] 普林斯顿的诺斯是 20 世纪 60 年代于美国普林斯顿、哈佛等学府发起的学术运动，它以哲学和科学神学为发展目标，驳斥机械论和实证主义。——译注

[2] 又称替代医学，指任何能产生医疗效果、但并非源于现代科学方法的医疗实践，例如自然疗法、顺势疗法等等。——译注

事实上，真正的危机是权力的危机，这主要在于它的自上而下性和抽象性。我们必须认真对待这种发生在**外在权力**和**内在势力**之间的对峙，而它正是对前面提到过的美学二分法（视觉-触觉）的社会学转译。这种钟摆运动能够使我们理解问题是如何在事物回归的螺旋式循环中（重新）出现和消失的。在此，我们可以提到一位典范性的学者塞莱斯坦·布格莱（Célestin Bouglé），他在他所处的那个时代（理性主义世纪之初）、那种环境（法国实证主义学派），仍然能够坚持强调并非严格来自西方学术传统的内在性质。因此，在他对种姓制度的细致分析中——我们会反复提及这一分析，他注意到"种姓之地"可能是狄奥尼索斯神话的摇篮，并明确地指出，在希腊世界（我们可以说是这一世界的继承人）的"充满现实的存在"和就印度教而言只是"令人失望的幻觉"的存在之间，存在着一种平衡运动。这样的怀疑主义概念会以一种"肉欲的气息"，有时甚至会以一种"野蛮的气息"表现出来；因此，他超越了陈腐的意见，并不禁强调，非行动主义（而不是被动性）也可以是具有活力的。我们不可能在这里详细展开这个问题，但是我们可以像布格莱一样坦率地承认："进行安排的理性"（raison ordonnatrice）可能会与"不断扩大的想象力"（imagination amplificatrice）相对抗，而无论如何，二者各自都具有其自身的丰富性。[6]

当然，我们可以把这个想法外推，超越狭隘的"人种"框架，赋予我们在这里感兴趣的社会人类学维度。今天发挥影响力的**势力**，其实可能对一直吸引着我们的东方思维或东方生活方式并不陌生。当然，这些东方思维或东方生活方式并不像曾经的欧洲模式或当今的"美式生活方式"那样拥有垄断地位；但是，它们可以以不同的方式返回到（已经进入过的）跨文化构成之中，而这样的跨文化构成势必会重新引发传统与现代性之间的辩论。在这方面，日本在当代想象物领域中的地位是一个明显的标志；在我看来，如果不去考虑日本人所注重的精神，包括对传统的强烈责任感，以及贯穿了集体生活各种调性变化的仪式等等，我们就无法理解日本人在工业方面的强劲表现和活力。在高效的企业经营者们的衣柜里，三件套的西装与和服相得益彰。在这里，我们可以再次重申：我们正处于一种"积极寻根"的状态。[7]

因此，当我们对社会的终结感到惋惜（或是庆贺，它们是同一回事）时，就有必要以正确的常识和清醒的头脑回想一下，这种某一社会形式的终结和政治的明显饱和，能够产生一种**生命本能**（instinct vital），而这种生命本能的火焰是远未熄灭的。事实上，在用来解释活力论的种种爆发时，灾变论（catastrophisme）仍然显得非常辩证（黑格尔主义），过于线性（实证主义），且十分基督教化［耶稣再临（parousie）］；实际上，活力论的种种爆发是所有相关群体或"部落"不断发酵的结果，这些群体或"部落"对距离它们最近的、集体存在的方方面面承担着责任。这就是多神教。但现实往往是这样：知识分子们，或者更确切地讲是社会学家们，总是在"事后"才能够理解这一点！

我们不妨冒险地使用一些隐喻，如远古的凤凰——一种形式的衰落总是可以召唤出另一种新形式的诞生。之前所讨论的"扩大的想象力"能够让我们明白，历史的或政治的单一价态的消逝很可能会成为重新投入自然母体的时机。我已经指出了这个过程：从无所不在的经济学转向正在推广的生态学，或者用法兰克福学派的话来说，从作为对象（Gegenstand）的自然转向作为对手（Gegenspieler）的自然。在这方面，环境保护运动（不论是否已经构成政党）的兴起、有机食品和素食主义的流行、各种各样的自然主义时尚都将是有益的线索。在我的思考框架中，所有这些都不是无用的迂回，而是重要的参考因素，它们常常能够避开那些灾变论的支持者，除非后者将它们化约为单纯的政治成分。我们可能会想到恩斯特·云格尔（Ernst Jünger）和他对矿物的迷恋，也可以参考诗人雅克·拉卡里埃（Jacques Lacarrière）用饱含力与美的语言对大地女神复苏的描绘：

> 我总能在神话和珊瑚之间找到某种相似之处：在一个共同的、有生命的躯干上……它随着世纪的推移而越来越矿化……鲜花结为蓓蕾，触角形成分枝……简而言之，口述的、瞬息即逝的赘生物不断地延长了门（*phylum*）[1] 的深海冲动。
>
> ——雅克·拉卡里埃，《希腊之夏》(*L'Été grec*)，普隆，
>
> 巴黎，1976 年，第 148 页

这本可以与亨利·米勒（Henry Miller）的《马洛西的大石像》(*Colosse de Maroussi*) 相媲美的书，以同样的风格展开下文。它通过呈现自然界的树木甚至矿物，和以神话为线索的生命迸发之间的紧密联系，来描述世界的复魅。其中所讨论的门特别提醒我们，尽管文明终有一死，甚至瞬息即逝，但它们赖以扎根的基质是不变的，至少在社会学家看来是这样。记住这句陈词滥调是明智的，因为我们的"自我中心主义"常常会使我们忘记这一点。

这样一来，理解我所说的"全社会的持久性"就成为了可能。这是一个有点野蛮的术语，勾勒了群众的抵抗能力。这种能力不一定是有意识的，也可能是内藏的；从某种程度上讲，它甚至像是一种矿物，比政治的变迁更为持久。我敢说在民众当中存在着一种"来源可靠的知识"，一种"有保障的方向"，它使群众成为了一种海

---

[1]　生物分类等级之一，仅低于界，高于纲。——译注

德格尔式的**自然实体**（entité naturelle），并远远超越了历史或社会的各种调性变化。这是一个看上去有些神秘主义的看法，但只有它才能解释在经历了大屠杀和战争、迁徙和消亡、辉煌和衰落之后，人类动物（l'animal humain）是何以继续生生不息的。既然我们不再害怕谩骂和指责，既然理论上的恐怖主义不再能使思想上的冒险（甚至是我们冒险性的思想）陷入瘫痪，那么，对于社会学家而言，对这一全面的、整体的观点进行严格的分析就是恰当的，这一点在我们学科创立之初就得到过确认。因此，对于各种不可抑制的活力论的承认，可能就是接受此种观点的必然结果之一。毫无疑问，我们应该在此方向上进行更加详尽的调查研究[8]；它足以表明，在歌德的"*Natur-Gott*"即"自然神"之后，这种活力论已经成为对 20 世纪至关重要的深层心理学的一部分。

　　这在荣格的研究方法中是显而易见的，他的丰富性今天正在被（重新）认识，但同时也位于弗洛伊德运动的边缘，反而是"生命的组织原则"成为了格罗德克（Georg Groddeck）的工作核心。根据研究他的一位评论家的说法，格罗德克总是会表现出"对在自然界和人类之中都存在的自然（physis），即自发成长、实现未来的极大兴趣"[9]。如果我是在精神分析传统的背景下引用格罗德克的，一方面是因为他受到了尼采这位我们至今仍在探索其现实性的思想家的启发，另一方面是因为那句给予格罗德克重要启示的格言：自然能治愈，医生能治病（*Natura sanat, medicus curât*）。这句格言是目前正在全世界范围内推翻社会构型的替代运动的基础。此外，我们必须认真评估我所说的**势力**的恰当性。可以想象，这种自然直接经验中的"完成"、树木或不断持续的增长必然会对社会直接经验产生影响。通过重新发现大自然母亲的美德，我们重新投入了整体性的感觉。这其中存在着一种可逆性，而不是某种单方面的支配。这使我们可以声称，所有将自然视为对手的群体都是替代性的力量，它们不但预示着某种社会类型的衰落，还同时在召唤着某种不可抗拒的重生。

当然，我们在妊娠期（*in statu nascendi*）所看到的重生完全是混沌（cahotique）、无序而欢腾的。但我们知道，自涂尔干以来，欢腾就被认为是具有前瞻性、注定得以延续，有时甚至得以制度化之物的最可靠的指标。对于巴什拉而言，这样的麋集（fourmillement）[1] 就是"原始意象"(image première)；他还进一步指出，在 17 世纪，"'chaos'（混沌）一词（还被）拼写为'cahot'（同伙）"。这种极具启发性的联系让我们意识到，混沌创造了世界，随后创造了微观世界，而微观世界即是社会直接经验。而攒动（grouillement）[2] 是动物化（animalisation）的符号，也是活力（animation）的符号。10 吉尔贝·迪朗曾对此进行过详尽的说明。我们今天所能够观察到的攒动亦具有强烈的自然内涵，它可以被理解为势力或生存意志的表达，而这两者又均是活力之门的因果。于是，有位德国的精神分析学家说："污泥不是死亡，而是一切的开端。"(*Kot ist nicht Tot，es ist Anfang von allem.*)

我们不妨更确切地说，虽然大型体制结构和激进主义结构——从作为必要中介的政党到作为历史主体的无产阶级——正在衰落，但另一方面，被我们最通常称作"基础共同体"的事物正在蓬勃发展。这些共同体本质上都是建立在一种**邻近**现实的基础之上的，自然则是这种邻近现实的完成形式。齐美尔极为敏锐地指出，"对自然的情感依恋"或"对势力的迷恋"一定能转化为宗教，美和强大（la

---

[1] "fourmillement"原指大群的蚂蚁（fourmi），引申为"麋集；挤动；万头攒动"。——译注

[2] "grouillement"原指在混乱的人群中到处乱跑，就像蚂蚁一样。这种骚动不仅显示了人动物化的一面，也显示了充满活力的运动本身。此处翻译为"攒动"，意指"拥挤着前进"。——译注

grandeur）^[1]之间也形成了最严格意义上的"**共融**"¹¹。在这里，宗教是一种联结的纽带；而它之所以得以联结，是因为存在着并肩协力，存在着物理上的邻近；因此，与历史的"外延"——它建立在巨大的、越来越非个人性的整体的基础之上——相反，自然偏爱的是"内涵"（*in-tendere*，即向内延伸）以及作为其前提的所有投入、激情和温暖。这里对自然和由它所分泌的"宗教"的漫不经心的提及，只是为了表明，在 19 世纪所强加的对物质生活和精神生活的专断分割之外，以及由此而来的对自然科学和精神科学的专断分割之外，我们正在重新发现一种具有前瞻性的整体观点。

有许多科学家（物理学家、天体物理学家、生物学家）都在积极地参与这一修正工作。甚至有一些人，例如诺贝尔奖得主弗里乔夫·卡普拉（Fritjof Capra）和生物学家鲁珀特·谢尔德雷克（Rupert Sheldrake），都以道家思想和印度教思想论证他们的假设。同样，物理学家让-埃米尔·沙朗（Jean-Émile Charron）还尝试证明"在物理学中，精神与研究是分不开的"。由于缺乏这方面的能力，我当然无法加入这场辩论。但在另一方面，我可以反过来以一种隐喻的方式来运用这些分析，从而更好地说明这种活力论或势力在社会直接经验中的运行轨迹。我特别要讲到"黑洞"，也就是恒星因密度的急剧增加而在我们的时空中死去，继而"在一个新的时空里"，在一个被沙朗称为"复杂时空"（espace-temps complexe）的时空里重生。¹²为了回应那些对社会结构的传统模式的衰落感到好奇的人，让我来打一个形象的比方吧！我们可以认为，正是社会本能的密度，也就是我刚刚提到过的"内涵"（*in-tendere*，即向内延伸），使社会本能进入另一个时空，并使它能够在那里自由运动。这种密度始终存

---

[1]　同样意指"权势"。——译注

在，也正是它在不同维度中的经验、它所有具体化中的经历、它所具有的与传统智慧相反的感觉或激情，构成了所有社会聚合的基础成分。一般来说，这种密度是通过散布在整个人类历史中的代表团或代表（全体大会、理事会、直接民主、初期的议会等等）来表达的。然而，随着时间的推移，由于制度不可避免的僵化，我们看到了越来越多导致断裂的分离。此时，这种"密度"将流亡到另一个时空里，等待寻找新的表达形式。这是因为，借用恩斯特·布洛赫（Ernst Bloch）运用于其他现象的术语来说，在一种制度及其民众基础之间，总是存在着"共时的非共时性"。因此，在我们民主国家，一些美丽灵魂所说的"反议会主义"或许只是一种疲倦，它面对的是赋予公共生活活力的"权力驱力"（libido dominandi），或者只被当成仍然有趣的戏剧表演的政治游戏的饱和。

然而，撇开那些以其幼稚游戏为生的人，我们仍然有必要自问"这些社会本能的'黑洞'的重要性"。这至少有一个好处，那就是会迫使我们把注意力转移到这个我们学科经常被忽视的基础之上。让我们从天体的建筑转到构成了我们城市的建筑吧！在对此的反思中，吉洛·多弗莱斯（Gillo Dorflès）从许多美学家那里汲取了灵感，认为不存在"没有内部空间"的建筑。此外，他还扩大了争论的范围，指出这种内部空间性具有重要的人类学（洞穴、壁龛、庇护所）和心理学根源（母亲的乳房、子宫、消化器官）。对超现实主义者和情境主义者已经充分说明的"迷宫"或吉尔贝·迪朗所说的"空洞"（creux）[1] 的反思突出了这样一个事实，即任何一种形式的构建都必须有一个"内部"范畴。[13] 这种关于建筑的说法可以外推到社会本能的建筑术上。这也是我自己多年来研究的中心假设：一种**地下集**

---

[1] 内部的空的空间。——译注

45

中的必要性。当代的建筑师或城市规划师重新发现了对失去的空间的渴望，对广场、地下通道、柱廊、天井等等的渴望，而这只是对"空洞"的不可或缺需求的建构主义摹写。我曾指出：在成为我们所知道的"世界"(monde)之前，"宇宙"(*mundus*)是一个洞，人们将献给神的牺牲者、被家长抛弃的孩子以及垃圾投掷其中[14]；简言之，它就是所有赋予城市意义的东西。

有一件事实（它对当时的城市规划师来说可能微不足道，但对之后却不无影响）值得一提，它使与许多来自格勒诺布尔(Grenoble)的朋友们［如韦尔迪隆（C. Verdillon）］的讨论变得活跃起来。当格勒诺布尔市政当局决定建造"新城"(Villeneuve)，即一个城市新生活方式的实验室时，它要求城市规划师必须设计一条连接公寓和电梯的长长的"过道"，以及为人们提供碰头场所的"走廊"。结果，这些地点就变成了穿堂风、慢跑者和恐慌的场所。同样，他们还顺应法律的规定，设计了一些"社交平方米"(mètres carrés sociaux)，也就是除了社会教育设施之外，在每条过道的尽头都安排了一个用于聚会、社团或研讨的空房间。事实上，这些房间很快就以一种非正式的方式被占用，成为了举办没有多大意义，甚至与传统道德相悖的活动的场所。但无论是哪个地点，我们都通过推测或想象认为，某种不寻常的事情正在这里发生，而这些事情对于任何集体生活来说都是必要的。世界是肮脏的（*Mundus est immundus*）。"社交平方米"就是这样一个允许交流、谩骂或间接感受他人生活的肮脏之处。当然，好景不长，这些自由之地最终被挂了门锁，还被委托给了社会管理员们。多么令人伤感的结局啊！

但除却这一轶事，我想强调的是，借用齐美尔的表达，"群体的秘密行为是相对于外界的"[15]。不同时代都已或多或少表明，这种群体秘密行为是全社会得以持久的根源，也在偶然的衰落之外，保证了门的延续。需要进一步指出的是，它本质上是一种理念型，并不以纯粹的形式存在，而且它也很少由"主角们"自己表现出来，这是很正常的。然而，正是这种"秘密"让我们能够衡量一个社会整体的活力。事实上，正是通过保护变革的进程、密谋的动机，或者更简单地来讲，正是通过保护面对某种特定权力（政治的、国家的、象征性的）时所表现出的被动抵抗和显目的"矜持"（quant-à-soi），共同体才得以建立。无论是爆发的共同体还是沉默的共同体，都意味着一种暴力，而我们对这种暴力的基础性仍然关注甚少。而这，也就是**势力**的问题。

综上所述，我们可以说，"活力论"不乏使人感到震惊，而且无论如何，它都是理解没有确切性质的生活**势力**的可能性的条件，而我们只有在抛弃知识和权力的看守们通常所具有的评判性（或规范性）态度，才有可能把握这种活力论。朱利安·弗罗因德（Julien Freund）在谈到人群的易变性（versatilité）时，建议将这一特性归入"否定的范畴"；也就是说，它既不积极，也不消极，它可以"同时是社会主义者和民族主义者"[16]。如果转译成我自己的话来讲，即人群位于"空洞"之中，它既是"空"本身，也是**势力**所在的地方。如果我们拒绝了把群众转化为无产阶级（历史主体）的同一性逻辑，人群就有可能依次或同时是乡巴佬（beaufs）人群和反抗人群、种族主义人群和慷慨无私人群、天真人群和狡黠人群。从哲学上讲，这是不完整的，**因而**前景广阔。只有不完美才是生命的标志，完美是死亡的代名词。正是在其多样性之中，在其欢腾之中，在其无序性或偶然性之中，在其感人的天真之中，民众的活力论才能够引起我们的兴趣。正是这种"无"（rien）赋予了"全"（tout）实质，因此，这种"无"可以被相对主义地看作是衰落的一种替代方案；而与此同时，它也敲响了丧钟：为现代性而鸣。

二、社会的神性

民众**势力**的另一个方面值得我们自问，那就是"社会的神性"。这个术语被涂尔干用来描述作为任何社会或联合体之基础的聚合力量。同样，我们也可以使用"宗教"一词，如果这个词是指把我们联结形成共同体之物的话。这个词语，与其说是一种属于信仰范畴的内容，不如说是一个容器；也就是说，它是一个共同母体，是支持"共在"的基础。在这方面，我将引用齐美尔的定义："宗教世界的根源在于个体与其同类人或同类群体之间的关系的精神复杂性……这些关系构成了传统意义上最纯粹的宗教现象。"[17]

这里不存在宗教社会学的问题；而且，一旦涉及宗教复兴的问题，该领域的专家们便会陷入沉默。我将小心翼翼地不去侵犯他们自己的对象，而只是停留在宗教情感的朦胧性，即"星云"之中。此外，这也是有意为之的，它使我们能够注意到严格意义上的宗教发展（特别是其非体制性表现），注意到想象物和象征的重要性，所有这些都能够促使轻率或有成见的人对非理性主义的回归进行讨论。

首先，我们可以说，对自然范畴（自然主义）的重新投入和我们今天所观察到的世界的复魅之间存在着某种联系。除了在神学的反思中都能找到其支持者的去神秘化（démystifications）、"去神话化"（démythologisations）以外，作为社会"嗅探器"的社会学家不能不考虑那些促使机缘、命运、星宿、魔法、塔罗、占星、自然崇拜等越来越受重视的各种因素。甚至可以肯定，我们在法国所知道的那些带有赌博性质的大众游戏（乐透、刮刮彩、赛马、国家彩票）

也都具有同一性质。以上都是值得具体研究的话题，这无可非议。实际上，我们不妨回顾一下涂尔干的"社会学基本假设"："一项人类的制度不能建立在错误或谎言的基础之上，否则它无法持续下去。如果它并非基于事物的本性，它就会遇到……不可战胜的阻力。"[18]这段箴言同样适用于我们的主题。常识、经验观察、新闻报道都认为宗教现象正在大量增长。因此，是时候着手研究这些现象了，既不过分夸大它们的影响，也不对它们进行先验的判断。

首先，这些现象反映了各行各业内都普遍存在的态度。对于"群氓"而言，这些现象都是可以理解的；对于知识分子而言，即使需要谨小慎微，但谈论一下自己的星座运势，或在自己的脖子或手腕上佩戴护身符，也不再是什么不恰当的做法了。至于其他的社会阶层，目前的研究也会得出诸如此类的现象。我来讲一则轶事：最近，在一场聚集了许多高级公务员（以及主教、学者、占星家等"上流人士"）的晚宴上，我与一位知名的占星师进行了长时间的交谈，她列出了许多来自不同政治阵营的政治家，说他们都是她的客户。另外，我还在被要求保密的条件下倾听了某位省长——一位理性的人，如果这世上真有这样的人的话——向我解释他所感受到的一种魔法般的战栗。当每周的"乐透"摇号开奖时，这种战栗就像一剂猛药一样紧紧地包裹住他。当然，为了给自己留条后路，他是让自己的司机代为购买这些天命彩票的。以上都是些奇闻轶事，但无论这些事实多么微不足道，正是它们通过连续的沉淀，同时构成了个体存在和集体存在的基础要素。另一方面，它们所着力强调的是与自然或宇宙环境的另一种关系，而不是我们已经在纯粹理性主义思想下习以为常的那种关系。当然，这种不同的关系对我们与他人之间的关系（家庭的、办公室的、工厂的、街头的）并非没有影响，因为确实是我们对"（被抛入）世界的存在"的体验和表现方式决定了他们的调度；在这里，我指的是对这些情境的管理，这种管理一级接一级地构成了存在的联结。因此，如果我们可以把这说成是"世界的复魅"的话，那实际上是因为它是不言自明的。这种自然主义、这种纵容是值得强调的，它使讨论社会的"直接经验"成为可能；或者，根据阿尔弗雷德·舒茨（Alfred Schütz）的表达，它使**"视为当然"**（*Taken for Granted*）[19] 成为可能。我们属于，也尽己所能地参与这个悲惨的、不完美的，却比"无"要可取的世界。这样一个悲剧性的视角，更多地基于对现状的接受，而非基于对变化（改革、革命）的要求。有人说这是一种宿命论，这当然是部分正确的；然而，与将对立的个体置于竞争状态的（盎格鲁-撒克逊式的?）行动主义相反，这种将个体整合进自然母体的（地中海式的?）宿命论强化了集体精神。让我明确指出，尽管人类或社会的"神性"（源自费尔巴哈，途经孔德和涂尔干）是社会思想的一个关注点，我们仍然可以画出一条与某种神秘主义传统平行的直线，为此，我们必须要在"大整体"中消融自我。这种态度指的是前面讨论过的自然主义，同时也是小群体（圣餐、情欲或高尚的结合、宗派、教会等等）的构成基础，而这些小群体与我们今天所能观察到的事物并非没有关系。[20] 我们不应忘记，最能描述这一过程的神学表达——"诸圣相通"（la communion des saints），就主要基于参与、联系和类比的观念，而这些观念似乎非常适合分析那些不能被化约为理性维度或功能维度的社会运动。像罗歇·巴斯蒂德（Roger Bastide）这样注定要发挥重大作用的伟大的社会学家，也曾用"树状进化"（évolution arborescente）[21] 的视角讨论过宗教。这样一来，除了这里所唤起的自然主义意象以外，我们还接触到了有机联系的元素（形成树的树枝）、环与连接、在更大的整体中彼此相连的共同体的观念。有一个古老的圣经意象，即神话中"万物合而为一"（où tout ensemble

fait corps）的耶路撒冷，它可以用来象征即将到来的天堂里的共生
（convivialité）。我们是否可以从以上观念外推出它们或建立出它们与
民众的**势力**之间的联系？在我看来，这样的做法是合理的，特别是
由于宗教的本质特征——它虽然可以有不同的调性变化，但仍是不
可触知的。它总是具有超越性，无论是位于来世的超越性（宗教），
还是一种"内在的超越性"（超越了个体的群体和共同体），都不会
改变这种情况。因此，与那些哀悼伟大的集体价值观的终结和缩回
（rétrécissement）个体、并错误地将这些现象与日常生活日益增长的
重要性相提并论的人相反，我恰恰假设存在网络中小群体的大量增
加是一种崭新的、正在发展的新趋势。这是一种同时基于宗教（re-
ligare，重新捆扎在一起）精神和地方主义（邻近、自然）的部落主
义。既然法国大革命所创立的个体主义文明行将结束，我们也许就
将面对一个"流产的实验"（罗伯斯庇尔）——卢梭所倡导的"公民
宗教"（religion civile）。这一假设当然不是没有根据的，特别是正如
埃米尔·普拉所言，在整个 19 世纪和 20 世纪之初，它不乏被一些
思想家所关注，如皮埃尔·勒鲁（Pierre Leroux），当然还有孔德、
卢瓦西、巴朗什（Pierre-Simon Ballanche，他认为"人类将被召唤，
成为天堂里的第四者 [1]"）等人 22。如果借用拉梅内（Lamennais）所
使用过的一个术语，他的"民众神论"（démothéiste）[2] 可以帮助我们
理解部落主义的势力，或者经济–政治的分析者们所不能理解的那种
社会本能的势力。

　　我们知道，涂尔干始终沉迷于宗教纽带："一个超越了其所有成
员，却没有什么超越它的社会，如何能够**保持长久**？"埃米尔·普
拉的这个漂亮的说法很好地概括了内在超越性的主题。仅凭因果关

---

[1]　除圣父、圣子、圣灵之外的第四者。——译注
[2]　作为神的民众，或者说，"社会的神性"。

系或功利主义不足以解释人们联合的倾向，但有一种黏合剂可以确保联合的持久性，尽管它会涉及利己主义和个人利益。也许我们可以从共享的情感中寻找源头。根据时代的不同，这种情感可以建立在距离较远，并因此强度较低的理想之上，也可以建立在距离较近，并因此强度更低的目标之上。在后一种情况下，它不能被统一化，更不必说被合理化了；此时，它的爆发只会带来更明显的宗教色彩。因此，"公民宗教"很难适用于整个国家，却可以在地方层面很容易地被大量城邦（如古希腊）或特殊群体体验到。在那一刻，它所产生出的团结就有了具体的意义。从这个意义上说，由全球化和生活方式（有时还有思想方式）的均一化所造成的某种未分化状态，可以与某些被少数人强力投入的特殊价值观齐头并进。因此，我们见证了大众媒体的快速增长、服装的标准化、快餐食品的侵略，同时还有地方通信（私人电台、有线电视）的发展，个人时尚、地方产品和食品的兴趣，等等；而在这些特定的时刻，我们把自己的存在重新占为己有。正是这些事实表明，技术的进步并不能抹去［宗教（re-ligion，即重新捆扎在一起）的］联系的势力，有时还会成为促进势力发展的因素。

正是因为我们可以观察到的抽象现象、自上而下的价值观、经济的或意识形态的庞大结构已经饱和，我们无需为此展开任何形式的争论（争论只会导致对其的过分强调），就能聚焦于眼前的目标，聚焦于真正共享的情感；也就是说，聚焦于所有那些构成这个世界的、如习俗、仪式等被我们认为是**如其所是**（视为当然）的东西。

正是这种邻近赋予了所谓的"社会的神性"以意义。"社会的神性"与任何教条主义或制度模式毫无关系；它重新投入了异教徒的情感，无论历史学家是否乐意，这种情感在人民群众中从未完全消失。就像同为家庭团聚的因与果的拉尔神（les dieux Lares）[1] 一样，我们在这里所谈论的"神性"，能够在冷酷无情的大都市里重建能让我们共同取暖的最后的晚餐厅（cénacles），即社会本能的空间。人口学家告诉我们，大都市（更确切地说是特大都市）的快速发展，用一个众所周知的词语来说，只可能促进"城中村"[2] 的创立。阿方斯·阿莱（Alphonse Allais）[3] 的梦想已经实现，大城市已经变成乡村。在那里，街区、贫民区、教区、行政辖区以及居于其中的各种各样的部落，已经取代了过去的村庄、农舍、公社和边远地带。但又由于人们的聚集需要围绕一个守护性的形象，因此我们所崇拜和歌颂的守护神就被各种各样的大师、当地名人、足球队或者更加朴素的宗派所取代。

"共同取暖"（se tenir chaud）是一种适应或者驯服环境的方式；否则，环境就会成为我们的威胁。在城市地区进行的经验研究指出了这种现象。在对赞比亚的一个城市的城市移民现象所引发的社会变迁的分析中，贝内塔·朱尔-罗塞特（Bennetta Jules-Rosette）注意到这样一个事实，即在共同体的重新组织和成长过程中"有些居民一直是积极的参与者"。她继续说道："大部分居民所共有的最显著的特点，就在于他们都是非洲原住民教会的成员。"事实上，正是这种参与使他们成为共同体中最明显的次级群体 23。因此，城市的变迁很可能与急速的去基督教化有关；然而，这也会促进宗教调和主义，尽管结果仍未可知。

[1] 古罗马的家庭保护神，需要每天祭拜，并作为家庭中的永久事物随家庭搬迁时移动。——译注

[2] 这里的"城中村"（les villages dans la ville）主要指构成城市的各种或真实或象征性的共同体，与我国城市化进程中由农民转居民后仍在原村落居住而演变成的"城中村"不同。——译注

[3] 阿方斯·阿莱（1854—1905），法国著名幽默作家，其作品主要集中在现代生活的荒谬性上。——译注

在一部拥有令人震惊的现实性的、关于"宗教的社会学概念"的著作中，认为"宗教信仰是所有社会现象中最原始的"的涂尔干，在表明旧有的理念或神都已终结之后指出，我们必须"在统治我们集体生活表面的道德寒意之下，感受我们社会所承载的温暖之源"；而这样的"温暖之源"，正位于"民众阶层之中"24。这一论断与我们的下列判断完全符合（越来越多的研究者也开始认同这一诊断）：城市生活的去人性化正在分泌出可以在其中分享激情或情感的特殊聚集体。我们不要忘了似乎极具现实性的狄奥尼索斯式的价值观，它不仅涉及性，还涉及宗教情感，两者都是激情的调性变化。

"社会的神性"还具有一种次要的适应功能，它在某种程度上讲也是一种保存功能。因此，我们可以在反抗爆发的过程中大量地发现这种功能的存在。我在"衔尾蛇革命"（révolution ourobore）[1] 的概念中论及过这个主题25，表明在革命现象中，始终存在着强烈的宗教层面，尽管在之后它往往会被定性为纯粹的政治现象。这在法国大革命中是显而易见的，1848 年的欧洲革命也是如此。亨利·德曼（Henri de Man）也表明，布尔什维克的革命并非没有受其影响。德意志农民战争（*Guerre des paysans*）可以被视为这一现象的一个典型，布洛赫也曾在他的书里对此做过一个令人叹服的分析。此外，正是在这个问题上，曼海姆毫不犹豫地谈到了"狂欢—出神的能量"，它们"扎根于……灵魂深邃的生命层面"26。如果不是为了表明在爆发与缓和之间存在着恒定的往复运动，并且这个过程恰好同为宗教纽带，即激情的共享的因与果，那么，我们还有什么必要去参考那些欢腾的时刻呢？事实上，正是由此，宗教才被理解为所有社会生活的母体。27

---

[1] 衔尾蛇（ourobore）指吞食自己尾巴的蛇（有时是龙），象征着进化的封闭循环。——译注

宗教是一座熔炉，共在的各种调性变化在其中成形。理念的确在日益衰老，集体价值也日益饱和，但宗教情感则总是在一遍又一遍地分泌着"内在的超越性"，而这使我们有可能借助人类的各种遭遇来解释社会的持久性。正是从这个意义上讲，它就是我们在这里所关注的神秘**势力**的一个元素。

我曾经说过，出神的态度严格来说应该被理解为走出自我。实际上，我们刚刚谈到过的持久性，本质上基于"存在人民、群众"这一事实。勒庞毫不犹豫地谈到了"人群对个体的道德说教"，并对此给出了一些例子。[28]这是天主教神学家们非常熟悉的事情。对于他们来说，与"有信仰"相比，"这种信仰在教会框架中的表达"更为重要。以卫道士的语言来讲，我们可以说，对于他们来说，"法庭的裁决"(for extérieur) 或者教会的良心要比"内在的良心"(for intérieur) 更重要。以我更熟悉的语言，即我之前在讲到所谓"伦理的非道德主义"时所使用的理论化语言来讲，无论是什么样的情况和道德定性，如我们所知，都是短暂的、局部的，因此情感的共享才是全社会的真正黏合剂。它可以导致政治局势的动荡、时不时发生的抗议、争取生存权利的斗争，还有争取支持的罢工；此外，它也可以在节庆时刻与日常平庸生活之中表现出来。在所有例子中，它都构成了一种**精神气质**，使我们在经历了大屠杀和种族灭绝之后，仍能够突破万难、保存自己，并在政治沉浮中幸存了下来。这里，这种"**民众神论**"(démothéisme) 被夸大（和歪曲）了，但是在我看来，如果想要理解针对构成社会生活的各种强制形式所形成的非同寻常的抵抗，这种夸大就是必须的。如果将我们的假设再往前推进一步，那么基于刚才的讲述，我们就可以对那句经典格言"一切权力来自神"(Omnis potestas a deo) 稍作改变，即用"民众"(populo) 来代替"神"(deo)。因此，对于试图理解社会本能的活力论的社会学家而言，关键就有可能是"一切权力来自民众"（*Omnis potestas a populo*）。实际上，这就是社会人类学能够具有前瞻性（且不说预言性）的地方：在相互构成的大量社会小群体中的社会结构，使人们得以避开权力体制，或者至少能使权力体制相对化。这是人们从多神论中汲取到的重要经验，关于它的分析已有不少，但它至今仍能为我们提供极其丰富的研究路径。更具体地来讲，我们可以想象全球化进程中的权力：有两个或三个大国，它们在竞争和共享其经济的、象征性的势力范围，并通过原子弹对其他国家进行威吓；而在它们之下或之外，会出现各种利益集团的激增、单一势力范围的形成，以及彼此对立的理论与意识形态的增长，等等。也就是说，一方面是同质性，另一方面是异质化。或借用一种旧的观念来说，这里体现了"法律国家"（pays légal）与"真实国家"（pays réel）的普遍二分法。目前，大多数政治学家和社会观察者都会否认这种观念，这尤其是因为它与 19 世纪的实证主义和辩证法思想所构建的分析图式相抵触。然而，如果我们有能力去解释一些迹象 [indices，它与"食指"（index）一词同源]，例如大规模脱离政治或工会的现象，"活在当下"所表现出的越来越强的吸引力，关于政治游戏是表演性的还是或多或少利益性的思考，对新的经济、知识、精神或生活冒险的投入，等等，所有这一切都让我们认为：正在诞生的社会本能对（我们仍然所处的）旧"政治-社会"世界并不负有任何责任。

在这方面，科幻小说是一个具有启发性的例子：在技术哥特式的外衣下，我们不难在其中发现跟我们之前所说的与从众主义相对的异质化与傲慢。[29]

正是通过这种与自上而下的权力相对的自治化，社会的神性才能获得表达。实际上，如果避开未来社会"应当如何"的问题，我们可以去献祭一些地方的"神"（爱情、商业、暴力、领地、节庆、劳作、食物、美等等）。自希腊罗马时代以来，这些神的名字可能发生过许多变化，但是它们所具有的象征功能却未曾改变过。正是在这个意义上，"真实的"存在被重新占有了，成为我所说的"民众势力"的基础。群体、小型共同体、亲和网络和邻里网络，带有一些自信与固执，以一种可能有些动物性的方式，也就是以一种更多地表达生命本能而非批判能力的方式，更加关注邻近的社会关系，这与自然环境状态下的情形是一样的。**因此，即使我们似乎被遥远的经济-政治秩序所异化，我们也可以确保对自己邻近存在的主权。**这就是"社会的神性"的最终结果，同时也是持久性的秘密所在；也正是在这个秘密之中，在邻近之中，在微不足道的（逃离了宏观终极目的的）事物之中，社会本能才能够发挥出其控制作用。我们甚至可以说，权力只能在与这种主权保持足够近的距离时行使。这里的"主权"概念可以用卢梭的契约观点来理解，他赋予其一种一致主义（unanimiste）的、颇具田园诗风格的维度。[30]

我们也可以把这种状态看作是"冲突性的和谐"。在这里，通过行动-反馈的影响过程，群体尽可能地调整着构成自身的自然因素、社会因素和生物学因素，从而确保其稳定性。系统论或者埃德加·莫兰的研究都确切地表明了这种观点的现实性和恰当性。因此，民众与主权之间的联系是完全有根据的，即使这对许多人来说只是一种修辞。另外，不论是通过起义和暴力行动，还是通过民主途径、沉默和弃权、轻蔑的无知、幽默讽刺，民众都可以用这些数量众多的手段来表现其主权的势力，而全部政治艺术都是为了确保这些**表达**不会过分膨胀。

抽象的权力有时也能取得胜利。如果我们提出拉博埃西（La Boétie）的问题："自愿奴役"（servitude volontaire）的基础是什么？答案当然就在这种内藏的自信之中——社会机体知道，从长远来看，任何制度形式（贵族制、僭主制、民主制等等）中的君主都依赖于民众的裁决。如果说权力与个体或一系列个体有关，那么势力就是门的特性，是连续体的一部分。从这个意义上讲，势力也就成为了所谓的"社会的神性"的特征。一切都被归结为一个时间上的先存性（antériorité）的问题。在我们提及民众的势力、主权和神性时，借用涂尔干的表达，就相当于承认"法律源于习惯，即生活本身"[31]，或者说"习惯构成了国家的真正基础"。在这位广为人知的实证主义者的笔下，活力论的优先性值得我们重视；当然，也正是这种反思使他得以强调宗教纽带在社会结构中的重要性。这当然是一个需要被现实化的普遍想法，但它也承认了活力论（自然主义）和宗教之间的内在联系构成了一种真正的推动力，不仅推动着民众的行动，还保证了民众的持久性和**势力**。鉴于目前民众的交流、休闲、艺术和日常生活等正在迫使一种新的社会形势出现，这种反思就显得愈发重要。

三、民众的"矜持"

当我们审视人类历史遭遇时，我们可以说，作为个体和群体之间的相互调整的政治是一种不可逾越的结构。在这个问题上，我们只能同意朱利安·弗罗因德所说的"政治的本质"（Essence du Politique）。不过，即便这一本质是永久性的，它也同样在不停地运动。也就是说，政治存在着各种各样的调性变化。根据当时不同的情境和主导价值，政治秩序在社会游戏中具有不同程度的重要性。当然，这种重要性在很大程度上取决于统治者的态度。借用帕累托社会学思想中的表达，只要在统治者与群众之间存在着"生理纽带"，某种可逆性就会持续发挥作用，即使没有达成共识，至少还有交换与合法化[32]。这种现象绝不是例外——从古代的领袖到现代的家长式雇主，途经安敦尼王朝[1]的平和统治和某种教会民粹主义，始终存在着一种特定的权力，其首要基础是领袖**负责**制。[33] 他们需要对自己的权威负责，也必须对饥荒、自然灾害、经济或社会的混乱状态作出回应。一旦他们所保证的平衡状态不再起作用时，他们所具有的象征性功能就会终止或破裂。

在这里，我们不可能进一步阐释这条研究思路。我之所以把它指出来，是为了揭示其中所具有的一种民众**势力**的形式，即"矜持"（quant-à-soi）。事实上，正是当可逆的秩序不再存在（且对这一情况的分析当然无法还原为道德考量）时，我们就会看到自愿退后态度的发展。

为了能够理解这种态度的发展，我们不妨再次参考我们当中的许多人（鲍德里亚、希尔曼、马费索利）从天体物理学中援引来的"黑洞"隐喻。我们知道，在一本不太科普的"科普书"中，物理学家让-埃米尔·沙朗清楚地表明：黑洞是一颗恒星，其密度不断增加，形成了另一个空间。[34] 他说，这是"一个新的宇宙"。通过类比（许多人拒绝使用这一方法，然而它对于我们学科来说不无裨益），我们可以提出这样一条假设：在某一历史时期，当群众不再与统治者互动，或者说当**势力**与权力完全分离时，我们就会目睹到政治世界的消亡和社会本能秩序的开始。此外，我认为这是一个由饱和推动的钟摆运动——一方面，直接或通过代表的参与占据了主导地位；另一方面，则是对于更为日常的价值的强调。在后一种情况下，我们可以说，社会本能是能量的储藏库；在政治中，这种能量往往传

---

[1] 罗马帝国的一个王朝，统治时期为公元 96 年到 192 年。——译注

播进入公共领域。

另外值得注意的是，一般而言，这种对公共投入的保留与实际生活秩序中的"耗费"（物质享受、享乐主义、及时行乐、身体、阳光）是密切相关的。而在资产阶级的生活方式中，我们能够观察到的却恰恰相反：谨小慎微、生存（中的）经济学，以及在公共秩序（经济、公共服务、鼓舞人心的伟大意识形态……）中的能量耗费。这种生活方式正在取得胜利。

无论如何，正是在这种背景下，我们必须重视一系列的事实，这些事实都在强调人们对于一般性的、抽象的公共事务越来越不感兴趣。实际上，这些"沉默的大多数"只是由或并列或相交的群体、网络构成的乌合之众，它不再能以自身之外的抽象的共同问题来界定，也不再能以实现某种目标——成为无产阶级（社会变革的动力），或成为带有先天的结构性污名的对象（即必须被领导或保护的、羸弱和／或幼稚的群氓）为特征。在这两极之间，存在着许多意识形态和行动，而（保守派、革命派、改革派的）政治家、公职人员、社会工作者、经济负责人仍然参与其中。实际上，这里的辩论已经出现在了任何地方。实际上，根据政治秩序饱和的假设，让政治分析家和评论家们备受烦扰的民众的态度，可以解释为一种以潜在的方式存在着的人类学式的缄默无言（réticence），它关注的是那些会准时地表达自身、效力强弱取决于地点和时间的权力。为了以一种极端的方式理解这种现象，我们可以参考那些像兰佩杜萨（Lampedusa）在《豹》（Le Guépard）中所描绘的西西里岛那样正是因为遭受过多次侵略，才能够保留其独特性的地方。正是因为他们知道要屈从逢迎、运用狡计，他们才保住了自身独特性的生机。再如布格莱对印度的分析："各种各样的当权者都尝试过统治这些数量庞大的民众：他们看到了……帝国之间的交替和土邦数量的激增。

但有一点是不变的，那就是所有这些政府……似乎都只停留在印度教世界的表面之上。它们从未到达过……它的深邃之处。"当这位社会学家解释说由于种姓隔离的存在，控制"真实"国家绝无可能的时候，这则文本的现实性愈发凸显。他给出了一句值得玩味的评语：印度教徒因此"可以被任何人征服，但不会被任何人同化或统一"[35]。尽管这会让布格莱在地下不得安宁，但我们还是可以将这句话探索性地外推，指出群众的"不驯服"(non-domestication)，即他们对于各种统治的最坚实防御，首先建立在**多元性**的基础之上。在印度的例子中，它可能是种姓制度；对于西西里岛来讲，它可能是构成这座岛屿的各个"区域"或"家族"的地方主义力量；在我们的社会中，它可能是构成我们特大都市的各种网络、亲和群体、利益群体和邻里纽带。不论在哪个例子里，最重要的都是对抗**权力**的**势力**，尽管前者为了不被后者所摧毁，可能会提前做好伪装。如果参考历史上的例子——我们很轻易就能发现更多例子，我们可以说，那些目前只是隐约可察的事物，那些只能看到其"妊娠期"的事物，势必会在未来的几十年里清楚地显现。每当韦伯所讲的这种"价值的多神论"再度出现时，它和极少数只有足够勇敢的研究者才能经受住的周围的从众主义氛围一样[36]，总是会引起美丽灵魂们的强烈担忧。此时，我们正在目睹统一的制度或结构的相对化过程。我们没有理由为此感到不安，因为恰恰相反，这种多神论所引发的欢腾通常是社会生活各领域重新焕发活力的最可靠迹象，无论是在经济、精神或智识生活方面，还是在社会本能的新形式方面。我们还能观察到一条显著的普遍规律，即政治的退出有助于揭示我们刚刚提到的活力。实际上，这种退出是对人们正在保护或保存的生命本能的重新激活。在所有神话和宗教中，只有像圣经中的撒旦那样的恶魔形象才会拒绝臣服。尽管有时会是毁灭性的，但撒旦的形象仍然会继续地发挥着它的基础性作用。正是在这种意义上，恶魔形象与民众"**势力**"联系在了一起。我曾在其他地方指出过，社会机体中总有一种"恶魔的智慧"在起作用，我们至少可以部分地将退出和拒绝属于结构的能力归因于这种"恶魔的智慧"。我们可以观察到，即使是在工人运动诞生和组织之初的 19 世纪，工人运动就表现出了共产主义、无政府主义、合作主义、乌托邦主义等众多政治倾向，这些倾向中的每一种都能够无限细分下去。这意味着什么？这意味着没有任何当权者可以声称自己垄断了政治意识形态。正如埃米尔·普拉准确指出的那样："人民群众或多或少地保持了自己的那部分矜持……这样一来，他们就能对上层阶级'以彼之道还施彼身'。"[37] 我要补充一点：即使某些上层阶级的成员声称自己会以民众的名义发声，或者期望自己能够领导民众（其实是同一件事），但民众永远不会完全信任那些"不是我们"的人，因为从远古的记忆中我们可以知道，那些在权力驱力的驱使下、依靠民众获得权力的人，总会以看似最为合法的理由，去实践一种与民众的意愿相去甚远的"现实政治"(*realpolitik*)。

在这个主题上，我们可以无限延伸下去；但是，我们只要指出"矜持"远比对这样或那样的政党或政策的暂时或表面上的遵从顽强就够了。就我而言，这种"矜持"是一种**人类学结构**，它能通过沉默、狡计、斗争、被动、幽默或讽刺，有效地抵御那些希望主宰或取悦民众的意识形态、教诲和主张，尽管它们在这方面并无太多区别。矜持并不意味着我们一点都不关心政治（或政治家的）游戏；相反，我们之所以会关心政治，恰恰是因为它被视为了"游戏"。我曾提议把这称作是"美声唱法式的政治"(politique de Bel Canto)，即内容是什么并不重要，只要歌唱得好听就可以了。我们知道，今天的政党越来越关注"传达信息"，而不是精心地雕琢信息。我们不可能去延伸这个问题，它可能只是民众相对主义的一种表达。为了回应脱离和退出的现象，我们需要注意这一比喻。我们对话的更多的是激情，而非理性；在聚会上，综艺节目也要比政治人物的演讲更重要，即便是后者也经常满足于沦为好莱坞明星式的角色。

考虑到这一点后，人们才可以理解"假装"（comme si）如何成为可能，尽管他们对政治推销员的行动和诚意的思考完全不会减少。在我关于日常生活的书中，我已经展示了"两面性"（duplicité）范畴的重要性：这种琐碎的两面性游戏在我们的生活中有着深刻的体现[1]。正是在这个框架内，人们可以领会到"假装"的态度是**势力**的一种表现形式。总之，两面性使生存成为可能，让我们记住尼采的下面这句格言吧！

> 每一个深邃之物都喜爱佩戴面具……每一个深邃的灵魂都需要一个面具。我还要说：在每一个深邃的灵魂周围，都会生长出、绽放出一个面具。

这句话不仅适用于孤独的天才，也适用于集体的才能。考虑到这一点，我们就需要把一种本体论式的活力论引入社会学。由此，我们才能够理解农民的狡计、工人的嘲弄，以及更笼统意义上的各种"随机应变"（systèmes D）。所有这些态度都不可言传，但是都表现出了对一切制度化事物的结构性的不信任，以及对生活不可抑制一面的肯定。然而，由于不可能公开地表达这种不信任和生存意志，所以人们就运用了维持表面服从的"反常"[perverse（per via，即迂回）]程序。

这是一种古老的人类学魔法结构，我们仍然可以在具有顽强生命力的迷信仪式和实践中发现它。我们一边参与，一边保持距离。

---

[1]　见拙著《征服当下》（*La Conquête du présent*），第 138—148 页。

正是由此，这些仪式从技术的角度总结了人类的暧昧性，即人类可以同时是智者（sapiens）和疯子（demens）。通过将其应用于另一个对象上，埃德加·莫兰用"美学参与"[38]一词清楚地表示了这个两面性游戏。于是我们可以认为，民众对像《达拉斯》（Dallas）这样的肥皂剧的痴迷就是这种游戏深入人心的表达。如果这种"美学"态度能够对电视、艺术或学校等象征性权力起作用，那么它就没有任何理由不能用于政治领域，哪怕它只适用于我们曾说过的表演性或戏剧性的方面。在给这样或那样的议员、政党投票的同时，我们也可能会深深地确信，这对经济"危机"，也就是通常所说的"不安全感"或"失业率的增长"不会有任何改变。但是，通过"假装"，我们如魔法一般地参与了集体游戏，而这场集体游戏也在不断地提醒我们，像"共同体"这样的事物可以在过去、现在和将来存在。它兼具美学和嘲讽、参与和保留。最重要的是，它造就了"民众是权力的源泉"这一神话般的断言。这种美学的游戏或情感是集体上演的，是为个人，也是为精心策划演出的权力而上演的。与此同时，它亦提醒了权力，这只是一场游戏，有一些限制是不能够被打破的。群众所谓的易变性（一票投左派，一票投右派）可以从这个意义上被解释，且经常会以较为极端的方式表现出来。所有的政治思想家都仔细思考过这种现象。这种易变性像一把真正的达摩克利斯之剑，是游戏的永恒领导者，这是因为它困扰着依据它来决定自身的战略和战术的政治家的思想；换言之，它实际上是一种在严格意义上决定了权力的势力的调性变化。孟德斯鸠的一段话很好地总结了这一观点："人民往往是行动得太多，或是行动得太少。十万只手臂有时候可以推翻一切，但是十万只脚有时候只能像昆虫那样前进。"[1]这

---

[1] 孟德斯鸠：《论法的精神》，第一卷，第二章，第二节。

样一来，被动性和能动性就成为可以在某种程度上逃避逻辑推理的东西。从纯粹理性的角度来看，我们不能信任民众。朱利安·弗罗因德就基于一些历史事实很好地展示了民众在战争、暴乱、派系斗争、革命等等极端情况中表现出的明显的暧昧性。[39] 事实上，从我在此阐述的观点来看，被我们称作"群众的偶然行动"的东西实际上是一种真正的生命本能的表达，就像战场上的战士用之字形路线避开权力的子弹。

我们可以参照意大利的一个极具象征意义的人物形象——普钦内拉（Pulcinella），以将民众的易变性比作其对自身对立面的统一："我的命运是成为一个随风倒的人：仆人和反叛者、白痴和天才、勇者和懦夫。"某些神话版本甚至把他描绘成雌雄同体的形象，抑或是贵族的子女和／或庶民的后代。可以肯定的是，他体现了绝对的两面性（double，*duple*），这种两面性允许他逃离各种政治的操纵与复原。当然，这个形象起源于人口稠密、生机勃勃的那不勒斯城，并不是没有原因的。[40]

此外，他永久的模糊性表现为对权力，或者说对所有的体制（不论是政治还是家庭）、经济和社会的形式的嘲弄。如果继续外推，我们可以说，在这种态度下，人们并不像政治组织那样从正面对抗自上而下的权力，而是运用狡黠和迂回的方法。为了重新采用一种情境主义的表达，而不是"用异化的方法对抗异化"（官僚主义、政党、好战分子、延迟享乐），人们使用了嘲弄、讽刺、取笑等地下策略，来破坏那些来自外部的抽象秩序所希望的标准化或驯化过程。就我们的社会而言，对道德的驯化会导致我所说的"社会无菌"（asepsie sociale）[1]，后者会导致众所周知的伦理危机和社会解体。

---

[1] 见拙著《极权暴力》（*La Violence totalitaire*），第146—167页。

然而，讽刺恰恰抑制了驯化的全面性。从酒神的女祭司们对聪明的国王彭透斯（Penthée）的狄奥尼索斯式的大笑，到在当代捷克斯洛伐克重新现实化的好兵帅克的痛苦的微笑，有一长串的人都表现出了不遵从的态度。这当然令试图统治民众身体的当权者尤为恼火，但是他们也非常清楚，为了使这种统治持久，就必须伴有对民众思想的控制。但是，即使讽刺中的矜持是一种次要的方式，也会在统治的逻辑中留下一道裂缝。俏皮话、无稽之谈、小册子、歌曲和其他大众文字游戏，乃至所谓"舆论"的爆发，都能用来衡量这道裂缝的发展情况。不论是从长期来看还是从短期来看，民众的这种防御机制从来没有在一个时代或国家未取得过积极的效果。例如，在近年来的法国或美国，我们已经看到它的效果，这可能来自丑闻的爆发带来的不可避免的政治影响，也可能来自逐渐侵蚀当权者合法性的信誉丧失。让我们迅速指出，正如人们在 18 世纪后期的法国或在 20 世纪初的俄国所看到的那样，这种具有颠覆性的讽刺气氛通常发生在巨大的革命动荡之前。

吉尔贝托·弗雷雷（Gilberto Freyre）在他关于巴西社会的形成的杰出著作中，给出了很多被他称作是"民众的狡黠"(malice populaire）的例子；举例来说，在这样一个肤色具有重要意义的国家，我们可以听到一些绰号和双关语，它们突出了"贵族家庭的黑人特征"以及一系列强调这些人酗酒、贪财、好色等的特征。[41] 我们不能完全确定它们是否就是道德主义的反应，但如果只是从象征性上来讲，这无疑是一种将权力相对化的方式。特别是在最后一个例子中，一切都被归罪于统治阶级人性的败坏和脆弱，不论他们表现出了怎样的意识形态。

由此，我们发现了一条对民众**势力**进行的预先思考的基础性假设——活力论假设，或者说将自然（*phusis*）的全部动力学应用到社会层面的自然发展假设。笑声[1]和讽刺都是生命的爆发，甚至（或尤其）是在生命正在被剥削和统治的时候。嘲讽也着重强调，即使在最困难的情况下，我们也可以反对或赞同那些负责人，以重新占有自己的存在，并尝试以一种相对主义的方式享受自己的存在。这是一个极为悲剧性的视角，它与其说是为了改变世界，不如说是为了适应和修补世界。虽然我们确实不能改变死亡（一种极端性的异化形式），但是我们可以习惯它、欺骗它、软化它。

因此，讽刺和幽默自然会引发节日一面的出现，但我们很容易忘记的是，悲剧也是其中的一个重要元素。用乔治·巴塔耶的术语来说，"耗费"（dépense）既概括了民众天生的活力论，也概括了权力可笑的一面（参见倒置机制、愚人节等等）。然而，这种"耗费"不过是一种表达讽刺、嘲笑或幽默的极端方式，它也是近乎制度化的。与此同时，它也是那些没有在权力的游戏和秘密中耗尽的社会能量的原因与结果。柏拉图只对精英感兴趣，而不关心普通人。他甚至认为，为了避免民众被权力诱惑，他们需要由一种"明智的享乐主义"来统治，这是"通向满意生活的最可行指南"42。许多暴君和各种各样的当权者都听取过这一忠告，他们为群氓提供了数量充足的"游戏"来使他们保持相安无事。有人曾正确地指出，各种各样的表演、体育节目或其他能够舒缓公众情绪的电视节目仍在发挥这种作用。伴随着众所周知的"温和的极权制"，《数字和字母》（les chiffres et les lettres）[2]取代了血腥的竞技游戏。这一话题并不错，但是它并没有考虑人类存在"既是这，又是那"的结构暧昧性。产生于启蒙运动，并在我们学科的批判性视角中仍占据主导地位的"非黑即白"，没有能力去把握在所有社会存在中都发挥着深刻作用

---

[1]　各种别有含义的笑。——译注
[2]　一档非常著名的法国电视节目。——译注

的价值冲突。然而，我们相信社会学的丰富性就蕴含在这里。在这方面，社会学家亨利·列斐伏尔（Henri Lefebvre）所做的精辟分析值得我们注意。作为这一批判视角中最负盛名的代表性人物，他也不得不强调"日常生活的双重维度：平庸而深刻"。在一个有些过时的说法中，尽管这会减弱其发现的重要性，他仍必须承认"在日常生活中，异化、拜物、物化……都会产生影响。同时，需求（**在一定程度上**）成为欲望，便会遇到物件，并将之占有"[43]。在引用这段话时，我首先要强调的是，社会存在的多义性不可能减少，其"**势力**"也正是基于这样一个事实：它的每一个行动都同时是某种异化和某种抵抗的表达。它是庸常和例外、忧郁和兴奋、欢腾和缓和的混合体。这一点在游戏领域尤为明显：它既可以被"商品化"，也可以是一种真正的集体情感可以重新占有生存的地点。我在之前的每一本书里都解释过这一现象。在我看来，这是民众的基本特征之一。这一特征或多或少是明显的，但其含义远远超越了继承自犹太-基督教的**分离**（séparation）概念（善-恶、上帝-撒旦、真-假）；它表明，事物都是有机的，它们都会以不同的方式形成其独一性。在此方面，除了传统文化节日以外的乡村节日、民间聚会，甚至是围绕着特定"地区"的农产品的节日聚会的增多，都能对我们有所启发。在旅游旺季举办的葡萄酒节、蜂蜜节、坚果节、橄榄节等的庆祝活动，实际上都是高度商业化的；但它们也在展示所有这些来自大自然及其馈赠的事物的同时，加强了集体的纽带。在魁北克，人民节日协会（société de Festivals Populaires）甚至可以用一系列以鸭子、野鸡、蓝莓、苹果等等为主题的聚会来标注一整年的时间。在重演自然循环的同时，这也强化了魁北克自身的集体情感。

这就是为何"耗费"即使如一些愤世嫉俗者所言是商业化的或补偿性的，也是抵抗和势力的迹象。追求日常的快乐、活在当下、享受当下的果实、捕捉生活中的美好等等，都是每一位尚未脱离日常生活的分析者在当下社会生活中穿插的任何情境或事件中都能观察到的东西。"劳动阶级成员一直是日常生活中的享乐主义者。"理查德·霍加特（Richard Hoggart）在他的书中发表了这句中肯的评论，并给出了许多例子。他指出，这种享乐主义与我们对那些"以民众幸福为上"的政客的不信任直接相关。我们意识到他们的承诺具有虚幻性，并因此用怀疑与讽刺来迎接他们的行动。"每一天都会有人死去"，因此，我们要反对那些总是想着明天或为明天而活的人，并确定当下的权利的重要性，即使这些权利可能是不稳定的。正是这种从生活的严酷现实中产生的相对主义哲学，支撑着民众的矜持和享乐主义。[44]

注释

1. É. Durkheim, *Les Formes élémentaires de la vie religieuse*, rééd. Le Livre de Poche, 1991.

2. 参见 W. Worringer, *Abstraction et Einfühlung*, traduction française Klincksieck, Paris: 1978, pp.13—14 中的艺术史演变。

3. 参见 M. Maffesoli, *Essais sur la violence banale et fondatrice*, 2ᵉéd., Paris: Librairie des Méridiens, 1984。

4. 我在 M. Maffesoi, *L'Ombre de Dionysos* (1982), Paris: rééd. Le Livre de Poche, 1991 中使用了这个"过多"(hyper) 和"过少"(hypo) 之间的平衡运动。这主要归功于吉尔贝·迪朗，特别是要参见他的文章 G. Durand, "La notion de limite", in *Eranos*, 1980, Jahrbuch ed Insel, Frankfurt am Main, 1981, pp.35—79。

5. 可以参见 A. Faivre, *Eckartshausen et la théosophie chrétienne*, Paris: Klincksieck, 1969, p.14, 或者参见埃米尔·普拉对卢瓦西的调查 E. Poulat, *Critique et Mystique*, Paris: Le Centurion, 1984, 还可以参见 E. Teissier et H. Laborit, *Étoile et molécules*, Paris: Grasset, 1992。

6. 参见 C. Bouglé, *Essais sur le régime des castes*, 4ᵉéd., Préface L. Dumont, Paris:

PUF，1969，pp.154—156，191。我同样参考了 A. Danielou，*Shiva et Dionysos*。

7. 这是我 1973 年在格勒诺布尔的博士论文题目，我将它作为 M. Maffesoli，*Logique de la domination*，Paris：PUF，1976 一书的要点。

8. 关于活力论，请参见 M. Maffesoli，*L'Instant éternel*，Paris：Denoël，2000。

9. 参见 Lalive d'Épinay，*Groddeck*，Paris：Éd. Universitaires，1984，p.24。该书的第 125—134 页列出了极好书目清单。

10. 参见 G. Durand，*Les Structures anthropologiques de l'imaginaire*，Paris：Bordas，1969，p.76 sq. 中的分析，以及他从 G. Bachelard，*La Terre et les rêveries du repos*，Paris：Cotti，1948，pp.56，60，270 中引用的内容。

11. 参见 G. Simmel，"Problèmes de la sociologie des religions"，traduction française in *Archives des sciences sociales des religions*，Paris：CNRS，n° 17，1964，p.15；参见 P. Watier，*G. Simmel，la sociologie et l'expérience*，Paris：Klincksieck，1992。

12. 参见 J.-E. Charron，*L'Esprit，cet inconnu*，Paris：Albin Michel，1977，pp.65—78，p.83。

13. 参见 G. Dorfles，*L'Intervalle perdu*，traduction française，Paris：Librairie des Méridiens，1984，p.71 sq.，还可参见 G. Durand，*Les Structures anthropologiques de l'imaginaire*，*op. cit.*，p.55。关于情境主义和迷宫，参见 *Internationale situationisme*，Amsterdam，Van Gennep，1972。

关于迷宫，我本人在意大利的热那亚编辑过一本小册子：Doct. Polycop. UER d'urbanisation，Université de Grenoble，1973。

另外，关于洞穴对解释那不勒斯活力的重要性，还可以参见 A. Medam，*Arcanes de Naples*，Paris：Éd. Autres，1979，p.46 和 J.F. Matteudi，*La Cité des cataphiles*，Librairie des Méridiens，1983。

14. 参见 M. Maffesoli，*La Conquête du présent*，pour une sociologie de la vie quotidienne（1979），rééd. DDB，1998，chap. III，«L'espace de la socialité»，pp.61—74。

15. G. Simmel，"La société secrète"，in *Nouvelle Revue de psychanalyse*，Paris：Gallimard，n° 14，1976，p.281.

16. J. Freund，*Sociologie du conflit*，Paris：PUF，1983，p.214.

17. G. Simmel，"Problèmes de la sociologie des religions"，in *Archives des sciences sociales des religions*，*Paris*：CNRS，n° 17，1964，p.24.

18. É. Durkheim，*Les Formes élémentaires de la vie religieuse*，5ᵉéd.，Paris：PUF，1968，p.3，rééd. Le Livre de Poche，1991.

19. 关于社会的"直接经验"，参见 M. Maffesoli，*La Violence totalitaire*，Paris：PUF，1979。

参见 A. Schutz, *Collected Papers*, t. 1, 2, 3, Amsterdam, Éd. Martinus Nijhoff。

20. 关于这个主题，请参见 J. Zylberberg et J.P. Montminy, "L'esprit, le pouvoir et les femmes...", in *Recherches sociographiques*, Québec, XXII, 1, janvier-avril 1981。

21. R. Bastide, *Éléments de sociologie religieuse*, p.197, 转引自 C. Lalive d'Épinay, "R. Bastide et la sociologie des confins", in *L'Année sociologique*, vol.25, 1974, p.19。

22. 参见 E. Poulat, *Critique et Mystique*, Paris：Éd. du Centurion, 1984, pp.219, 230, 以及作者对 Ballanche：*Essais de Palingénésie sociale* 和 Lamennais：*Paroles d'un croyant*, note 26 的参考。

23. B. Jules-Rosette, *Symbols of change*：*Urban transition in a Zambian community*, New Jersey, Ablex Publishing, 1981, p.2. 关于调和主义宗教在累西腓（Recife）这样的大型城市地区中的重要性，参见 R. Motta, *Cidade e devoçâo*, Recife, 1980。

24. K. Mannheim, *Idéologie et Utopie*, Paris：Éd. Rivière, 1956, p.157 sq. 关于爆发-缓和的主题，参见 É. Durkheim, *Les Formes élémentaires de la vie religieuse*, Paris：PUF, 1968, rééd. Le Livre de Poche, 1991。

25. 如果我们想更准确地描述关系的层次、所有社会生活的层次、所有社交生活的层次、所有社会本能的层次的话。

26. M. Maffesoli, La *Violence totalitaire*, Paris（1979）, rééd. DDB, 1999, chap. II, pp.70—115；E. Bloch, *Thomas Münzer*, *théologien de la révolution*, Paris：Julliard, 1964.

27. É. Durkheim, *La Conception sociale de la religion*, *dans le sentiment religieux à l'heure actuelle*, Paris：Vrin, 1919, p.104 sq., 转引自 E. Poulat, *Critique et Mystique*, op. cit., p.240 引用。CEAQ 正在进行的研究强调了城市宗派的这种共生（共同取暖）。我们还可以参见以下定义："我们把宗教元素称为情感元素，它们形成了社会关系的内部和外部方面。" 见 G. Simmel, *Problèmes de la sociologie des religions*, *op. cit.*, p.22。

28. G. Le Bon, *Psychologie des foules*, Paris：Retz, 1975, p.73.

29. 对此，请参见 L.-V. Thomas, *Fantasmes au quotidien*, Paris：Méridiens, 1984 这本优秀著作，另可参见 M. Maffesoli, *La Conquête du présent*, Paris：rééd. DDB, 1998, "Le fantastique au jour le jour", pp.85—91.

30. É. Durkheim, *Montesquieu et Rousseau*, *précurseurs de la sociologie*, Paris：Librairie Marcel Rivière, 1966, pp.40, 108.

31. 例如，可参见 J. Freund, *Sociologie du conflit*, Paris：PUF, 1983, p.31 中的阐述。

32. 关于群众与精英之间的关系，请参见 E. A. Albertoni，*Les Masses dans la pensée des doctrinaires des élites*（Mosca-Pareto-Michels），in *Doctrine de la classe politique et théorie des élites*，Méridiens-Klincksieck，1987 中所作的分析。

33. 关于这个主题，请参见 E. Poulat，*Catholicisme，Démocratie et Socialisme*，Paris：Casterman，1977，p.121 中对教会进行的分析；或请参见 E. Renan，*Marc Aurèle*，Paris：1984，chap.11，p.40 中对教会进行的分析。

34. J.-E. Charron，*L'Esprit，cet inconnu*，Paris：Albin Michel，1977，p.216.

35. C. Bouglé，*Essais sur le régime des castes*，4^{e}éd.，Paris：PUF，1969，p.140. 关于西西里岛，请参见 M. Maffesoli，*Logique de la domination*，Paris：PUF，1976 中的分析。

36. 例如，可以参见 M. Augé，*Le Génie du paganisme*，Paris：Gallimard，1983；也可参见 D. Jeffrey，*Jouissance du sacré*，Paris：Armand Colin，1998。

37. E. Poulat，*Eglise contre bourgeoisie*，Paris：Casterman，1977，p.131. 关于矜持，参见 M. Maffesoli，*Essais sur la violence banale et fondatrice*，2^{e}éd.，Paris：Librairie des Méridiens，1984，chap. III. p.139。关于"恶魔的智慧"，参见我的文章 "L'Errance et la conquête du monde"，*ibid.*，p.157。

38. E. Morin，*L'Esprit du temps*，Le Livre de Poche，1984，p.87. 关于电视，参见 D. Wolton，*La Folle du logis*，Paris：Gallimard，1983。

39. J. Freund，*Sociologie du conflit*，Paris：PUF，1983，p.212 sq.

40. 参见 A. Medam，*Arcanes de Naples*，Paris：Éd. des Autres，1979，p.84 et 118 sq. 中关于普钦内拉的评论和参考文献。

41. G. Freyre，*Maîtres et esclaves，la formation de la société brésilienne*，traduction française，Paris：Gallimard，nouv. éd. 1974，par ex. p.253.

关于颠覆性的笑声，请参见 M. Maffesoli，*Essais sur la violence banale et fondatrice*，Paris：Librairie des Méridiens，2^{e}éd. 1984，p.78。

42. 参见 E.R. Dodds，*Les Grecs et l'irrationnel*，Paris：Flammarion，1959，chap. VII，Platon，l'âme irrationnelle，p.209 + citation de Platon，note II，p.224 中的分析。关于当代闲暇的分析，请参见 J. Dumazedier，*Révolution culturelle du temps libre*，Paris：Klincksieck，1992。

43. H. Lefebvre，*Critique de la vie quotidienne*，t. II，Paris：l'Arche éditeur，1961，pp.70—71。这些段落表现出了作者的尴尬，因为现实与他的先验判断并不一致。

44. R. Hoggart，*La Culture du pauvre*，traduction française Éd. de Minuit，1970，p.183. 这本书的重要性再怎么强调也不为过，因为它的作者正是来自书中所描述的背景。

第三章 抵抗社会关系的社会本能

一、超越政治

一般而言，知识分子会在缺席的情况下（*in absentia*）接近一个主体，进行调查，然后提出诊断。因此，我们的学科对大众良识（"最糟糕的形而上学"，恩格斯如是说）有着天然的不信任。这种不信任并不新颖，且深深地植根在文人们的集体记忆之中。这当然存在两方面的基本原因：一方面，民众 [1] 不知羞耻地专注于其生活的物质性方面，既不伪善，也不在乎其正当性。也就是说，民众关注的是与其邻近的事物，而非遥远的理念或延迟享乐。另一方面，民众逃离了对数字、度量、概念等的宏大幻想，而这些幻想一直都属于理论化过程。我们可以用塔西佗的话来对此进行概括："大众没有分寸"（*Nihil in vulgus modicum*）[2]；或借用西塞罗的有力表达来说，大

---

[1] 我当然是把民众作为一种"神话"来思考的（参见本章注释1）。
[2] 塔西佗：《编年史》（*Annales*），第一卷，第二十九节。

众是"最凶残的动物"（*immanius belua*）[1]。我们很容易就能够在此意义上添加更多对于大众的意见，而所有这些意见都或多或少委婉地指责了大众的畸形——大众不会让自己被轻易地装进一个定义之瓶里。

与这种"西塞罗主义"一脉相承，我们可以看到涂尔干对"自发社会学"（Sociologie spontanée）的恐惧，或者布迪厄对大众知识的文化混杂语（sabir culturel）或概念混杂的蔑视。1 对于知识的管理者来说，所有异质性或复杂性的秩序都会令人厌恶，就像它们同样会使权力的管理者感到担忧一样。如果参考柏拉图和他对劝诫君主的渴望，我们就会明白，知识和权力间的亲密关系确实可以追溯到很久之前。

然而，某些特定方面肇始于现代性。法国大革命给政治生活带来了根本性的变化，也给知识分子在政治生活中被要求扮演的角色带来了根本性的变化。用尼斯比特的分析来说，"政治现在成为了一种智识的、道德的生活方式"。我们可以详尽地讨论这件事实，不过无论如何，这都是 19 世纪到 20 世纪所有政治思想与社会思想的基础。但与此同时，这也解释了为什么我们今天几乎不可能理解任何超越政治领域的事物。对于社会科学的倡导者来说，人民或群众是一个保留的对象和领域。这是它的存在和正当性的理由；但与此同时，公正冷静地谈论这个问题又是非常困难的。先验的教条主义和先入为主的思想比比皆是，根据"应当如何"的逻辑，它们将努力使群氓成为"历史的主体"或其他值得赞扬且文明的实体。从蔑视到抽象的理念化只有一步之遥，但这亦并非一个不可逆转的运动；也就是说，如果这个主体没有被证实是一个"好的"主体，那么我们将会回到对其的最初评估上。这是一种"只承认那些总能被带回国家秩序的社会范畴"的社会学。2

---

[1]　西塞罗：《论共和国》（*République*），第三卷，第四十五节。

　　的确，就其本身的模糊性和残暴性而言，民众在那些习惯以计划（向前投射）来衡量一切的政治知识分子笔下只可能是贬义词。充其量，这样的民众（及其思想、宗教、生活方式）会被视为一种无力"成为他物"(être autre chose）的迹象，而这种无力也因此必须得到纠正。[3] 实际上，我们可以尝试把这条批评应用于我们自己，看看我们的特征是否正是这种无法理解民众的无力！大众是没有固定形态的，它可以同时兼具粗野和理想主义、慷慨和吝啬；简而言之，大众是矛盾的混合体，它和生机勃勃的其他所有事物一样基于矛盾的张力。难道我们不可以把这种模糊性视为如其所是吗？在某种程度上可以说是混沌和不确定的大众，却以一种近乎意向性的方式，把持续存在作为其唯一的"计划"。考虑到自然和社会的强制性，这个"计划"并非不重要。

　　我们不妨换一个视角。我们可以用马基雅维利的话来说，我们应当注意公共广场的思想，而非宫殿之中的思想。这种关注从未消失过。从古代的犬儒主义者到 19 世纪的民粹主义者，很多哲学家和历史学家都有过这种关注。有时人们甚至会宣称，"村庄的观点"比知识分子的观点更为重要 [4]；而在我们今天的特大都市里，"村庄"正处于蓬勃发展之际，它的观点也正在愈发显现出一种刻不容缓的重要性。这不是什么一时之念、一厢情愿或者痴人说梦，而是一种符合时代精神的必然性。我们可以这样总结：正是那些来自"地方"、领地、邻近处的事物决定了我们的社会生活。一切都来自"地方性知识"，而非投射性的、普遍性的真理。这无疑需要知识分子"成为"其所描述的事物的一部分；也就是说，活着为什么不做一个"现代民粹派"(narodnik moderne) [5]，做一个日常认识的倡导者与观察者呢？不过，它还有另一个同样重要的结果，那就是能够知道如何能够清晰地表明贯穿整个政治生活和社会生活的人民主线的持久性。

这如果不是说历史和重大政治事件首先是由民众创造出来的，那还能意味着什么呢？本雅明在他关于历史哲学的著作中就注意到了这一点。古斯塔夫·勒庞也以其独特的风格指出，国王不是圣巴多罗买（Saint-Barthélemy）大屠杀或宗教战争的起因，罗伯斯庇尔或圣茹斯特（Saint-Just）也同样不需要对所有的恐怖事件负责。[6]这其中可能会存在一些加速过程，以及这些人被视为历史必要载体的名人效应，当然也不乏客观原因的作用，但这些原因当中没有一个是充分的。它们都只是某种特殊能量的汇聚所需要的基本元素。这种特殊能量尽管有着各种各样的名称，如"欢腾"（effervescence，涂尔干）和"德性"（*Virtu*，马基雅维利），但还是一种难以界定的东西。然而，正是这种"难以言说的东西"（je ne sais quoi）起到了黏合剂的作用。只有在我们剖析了这样或那样的行动的客观原因之后，客观原因才会清楚地显示出它的冷漠、可预见性和不可避免性；我们也才会发现，最首要的决定性因素是字面意义和比喻意义上的"狂热的群众"。目击者埃利亚斯·卡内蒂（Elias Canetti）对维也纳法院大楼——在那幢大楼里，杀害工人的警察被无罪释放——的火灾事件[1]作出了精彩的描述："四十六年过去了，我仍然能够从骨子里感受到那天的情绪。从那时起我就知道，我再也不需要去阅读任何有关攻占巴士底狱期间发生的事情了。**我成为了群众的一部分，我完全融入其中，我对群众所做之事没有丝毫抵触……**"[7]我们很容易就能够看出，共同情感之火是如何熔铸出一块紧密而坚固的整体的，即每个人是如何融入那些拥有自治权和特殊动力学的整体的。

我们还可以举出很多这样的例子。这些例子可以是极端的，也

---

[1] 指七月起义或维也纳法院大楼火灾事件（Wiener Justizpalastbrand），是 1927 年 7 月 15 日维也纳右翼反对党在左派政府执政期间发起的游行示威与暴力事件。抗议者因不同意对警察的无罪判决，烧毁了该市的法院大楼。——译注

可以是极其普通的；然而，它们都强调了一种严格意义上的"出神"经验的存在；这种"出神"经验在革命群众或政治群众的运动中建立了共在。当然，这种经验很少被归因于计划的逻辑。因此，不论它看上去如何，我们一直讨论的能量，即全社会象征主义的原因和结果，都可以被视为一种我们经常能在穿插于每一个体和共同生活的遭遇中发现的**地下集中**。

在《意识形态与乌托邦》（*Idéologie et Utopie*）一书中，曼海姆总结出了如下观点："历史具有一种直觉的、灵感的来源，而实际的历史本身只是不完全地反映了这种来源。"[8] 这是一个神秘的，甚至有些神话般的观点，但它的确为我们揭示了具体社会生活的诸多方面。此外，神秘主义的本质要比人们想象的更加群众化，至少从其根源来说是显然如此的。从词源学的意义上讲，它指的是一种联结的逻辑：它使内行人彼此联结起来，是一种宗教（重新捆扎在一起）的极端性形式。

我们应该记得，马克思把政治定义为宗教的世俗形式。因此，在我们所讨论主题的框架内，略微夸大一些说，认为人类历史的平衡运动中对神秘宗教观点的强调会使政治投入相对化，是极其荒谬的。前者把支持"共在"作为首要任务，后者则重视行动及其完成。有不少流行的例子可以说明这一假设（尽管这对理解时代精神毫无用处），我们可以回顾深深根植于群众之中的神秘主义思想，它们会反复、经常显露，以对抗意识形态或官方政策等既有国家制度形式。诸如此类的思想引起了自发性与邻近性，使群众得以或消极或积极地进行反抗。[9] 这意味着神秘主义正如我曾说过的那样，是一个民众储藏库，在那里，除了个人主义以及由它投射出来的行动主义之外，还有一些集体经验和集体想象物得到了巩固，这些经验与想象物的协同作用形成的**象征整体**（ensembles symboliques），从其最强烈的意义上就是全社会生活的基础。[10] 这与将谨小慎微、向往精神生活的主观主义和经济-政治征服中的客观主义联结起来的强直性（tétanique）关系无关。更恰当地来说，象征整体应该被理解为一个母体；在这个母体中，世俗直接经验的各种元素以一种有机的方式相互渗透和丰盈，产生出一种值得专门分析的、不可抑制的活力论来。

当然，需要明确的是，这里所讨论的宗教空间在正式基督教传统中理解宗教的通常方式无关。这尤其体现在两个要点上：一方面涉及宗教与**内在性**（intériorité）之间通常保持的一致，另一方面涉及宗教与**救赎**（salut）之间在原则上建立的关系。这两方面可以概括为在个体与神灵之间建立了一种特殊关系的个体主义意识形态。事实上，就像希腊的多神论一样，我们可以想象一种宗教概念，它首先强调的是共在的形式，即我所说的"内在的超越性"，这是对黏合小群体和共同体的能量的另一种称呼方式。[11] 当然，这是一个隐喻性的观点，它使我们能够理解政治的退出是如何与这些小的"说话的神"(dieux parleurs，彼得·布朗) 的发展同时进行的，而后者正是当代部落数量激增的原因和结果。

即使是以暗示性的方式，我们也应该指出的是，如果说基督教传统从正式的教义上呈现出救赎论和个体主义的性质，而它的民众实践则是共生的。在这里，我们不可能深入这个问题，但是只需要指出，民众对朝圣、圣人崇拜和其他各种迷信形式的宗教情感在教条化为信仰之前，首先是社会本能的表达就够了。与教义的纯粹性相比，基础共同体更加关注共同的生活或生存。天主教会并未落入这个陷阱，它近乎故意地避免自己成为一个纯粹的教会。一方面，它反对希望将其拖入该逻辑的异端 [如多纳图斯派（donatisme）]；另一方面，对于那些想要遵循"福音派劝告"(conseil évangéliques)

生活的人，它又保留了司祭、僧侣和隐士生活方式中"缺席"(mise à l'écart) 的一面；而对于其他人，天主教会亦坚定地保持着一种多元主义的维度，有时甚至接近于对道德或教义的松懈。我们可以从导致路德反抗的赎罪券以及引起帕斯卡尔（Pascal）不满的宫廷耶稣会的仁慈当中看到这一点。这种"多元主义"(multidiniste) 的观点可以与上文中的储藏库概念联系起来，它使群体成为集体生活这种神圣的贮藏物的成因。[12] 从这个意义上讲，民间宗教确实是一个象征集合，它允许并加强了社会纽带的良好运行。

作为消遣，我将提出一条社会学的第一"法则"：社会结构的各种模式只有在与为它们提供支持的民众基础保持一致时才是有效的。

这条法则对教会有效，也同样对教会的世俗形式，即政治有效。埃内斯特·勒南（Ernest Renan）有言："没有民众，教会就无法持续下去。"[13] 我们可以根据这一句话来理解散布于人类历史上的各次没落时期。与民众基础脱节会导致整个制度变得空洞且毫无意义；但反过来，从我们的观点来看，这亦有力地表明并强调，如果社会本能可以在特定的制度或政治运动中及时地构建自身，那么它将会超越它们一切。如果用一个矿物学概念来打比方，这些制度或政治运动都只是一些"假晶"(pseudomorphoses) [1]，它们将自己置于一个能够使自己幸存的母体之中。正是这种持久性让我们感兴趣，也说明了今天我们在周围所看到的大规模政治脱离和加速的社会解体之间没有任何相关性；恰恰相反，这是重新焕发活力的迹

---

[1]　一种矿物以另一种矿物的外观出现的现象。——译注

象。这种持久性正是神性的标志，它不是一个自上而下的、外在的实体；恰恰相反，它是世俗现实的核心，是世俗现实的本质和未来。在这方面，我们可以参考德国社会学的经典术语，如滕尼斯提出的"共同体"（Gemeinschaft）与"社会"（Gesellschaft）之间的对峙，或韦伯提出的"共同体化"（Vergemeinschaftung）与"社会化"（Vergesellschaftung）之间的对峙。

两对表达的前项所确定的共同体精神气质指的是一种共同的主体性、一种共享的激情，而任何与社会有关的事物从本质上讲都是理性的，只存在着价值理性和目的理性的区别。韦伯在他的一篇著作中指出，所有"超出拥有特定目的的联合体框架"的社会化都会"产生出超越自由意志所确立的目的的情感价值"。此外，他还指出，一个共同体可以朝着某种合理性或终极目的迈进。因此，在有些时候，"一个家庭群体就像一个共同体，但在另一方面，由于某些成员是被剥削的，他们就会将其视为一种'社会化'"[14]。由此，韦伯强调，可能存在着从一种形式到另一种形式的演化或逆转。我们很好理解，共同体维度意味着创始时刻；对于基于"亲属群体"和"信仰团体"的城市来说，这一点尤为明显。因此，我们应当把自己的注意力集中于这一运动及其建立基础之上。实际上，在构成社会结构的组合中，这个元素或那个元素的位置变化，甚至是其饱和度的变化，都能够导致重要的性质差异。因此，一种特殊形式的结束可以帮助我们理解另一种特殊形式的复兴。

除了我刚才提到的宗教和共同体之外，还有另外一个值得关注的概念——民众。这个术语可以在没有任何特定意图的情况下使用，就像我们可以在最简单的意义上使用"社会"一词一样；我们还可以表明，它可以指一系列政治秩序的替代性实践和表达。这正是当下的"民粹主义者"试图做的事情。在它的各种表达中，19 世纪俄国的民粹主义最能说明问题。它拥有过自己的荣耀时刻，拥有过自己的思想家，拥有过自己众多的经济-社会成就，但显然，人们（特别是列宁）太过迅速地认为这就是真正的社会主义，即科学社会主义的青春期。当然，至于农民公社，马克思主义在教条主义僵化的过程中对此犹豫不决；在这里，我总是会引用 1881 年 3 月 8 日马克思写给薇拉·查苏利奇（Véra Zasulic）的那封著名的信件，从中我们可以清楚地看到马克思对当时活跃在俄国的民粹主义的犹豫态度。事实上，我们可以认为，对于工人运动的"威权主义"传统（马克思主义、列宁主义和斯大林主义）以及把它们理论化的人来说，民众的现实本身是完全陌生的。因为与"非威权主义者"（无政府主义者、联邦主义者）相反，威权主义者的观点本质上是政治的。顺便说一句，现在，无论是改革派还是革命派的无产阶级的捍卫者，都在许多地方掌握着权力，我们也都知道他们对民众施加了什么卑劣伎俩！[15]

民粹主义远不止是强制命令的对象——它不是一个尚未成熟的愚蠢孩童。我们可以假设它代表了一种预言形式，或者其他一些类似的东西，如一间将经济-政治的重要性相对化的实验室。通过强调基本团结、共同体的效果和公社神话（俄国著名的村社），且有时通过声称政治机器将有利于共同体的发展[16]，民粹主义者对于那些在今天以自治或微观社会的观点来思考当下和未来的人来说，可能是非常有用的。在试图理解当今经济的特征——小企业、合作社的发展时，我们应该记住这种民粹主义的观点。简而言之，我们必须理解这种从普遍经济学（économie généralisée）向普遍生态学（écologie généralisée）的转变。相较于控制世界、自然和社会，这种普遍生态学更愿意专注于实现以生活质量为首要基础的集体社会。

这与在 18 世纪末和 19 世纪初**阶级**（或无产阶级）逐渐取代民

众的时代精神联系了起来。这一与历史学和政治学的流行相关的过程，目前已是广为人知。与此同时，我们一方面越来越意识到界定一个阶级的困难，另一方面也认识到自己总是在"事后"才把这样或那样的行动和斗争归因于工人阶级或以充分的阶级意识行动的无产阶级。[17] 然而，在大多数时候，这种性质只适用于与政治机构所实行的策略相关的斗争，其余的斗争则将视情况被称为挑衅、妥协、背叛、阶级合作等等。我们可以把工人阶级越来越少地遵守强加给他们的各种命令这一事实，和我们所能够观察到的、对于一种确定历史发展方向的信念的明显减弱作一比较。年轻一代的口号"没有未来"（*no future*），以一种不太生机勃勃的方式，在社会整体中激起了回声。人们可能会想，求助于过去的历史（民俗、对民间节日的重新投入、对交际活动的恢复、对地方性历史的迷恋）是否并非一种能够摆脱定向的、进步的历史的独裁，从而活在当下的方法？可以肯定的是，通过避开人类进步富丽堂皇的步伐，即我刚刚提到过的拒绝未来，我们就可以恢复民众的贵族性质。这不是一个文字游戏——它突出了民众贵族性的一面。

与政治秩序相比，民众的这种贵族主义具有多种形式。一方面，它包括对各色政治人物的蔑视，不论倾向如何。我已经分析过这种民众的"矜持"。大量轶事、妙语和常识性的评论都证明了这一点 [18]，我们没有必要再去展开它。另一方面，我们可以注意到民众的**易变性**。这种易变性与"矜持"相对，是一种特殊形式的傲慢：面对那些被权力驱力所驱动的人，我们会想他们能给我们提供什么、他们在哪些方面是对我们有用的。在这里，我们能够发现一种之前提到过的世俗宗教——以一物换一物（*do ut des*）：我为你投了票，你就得回报我。但与此同时，这也表明了群众对政治深深的不遵从。他们的兴趣完全在于自己能够从中贴到多少现。

与此同时，这种傲慢的易变性也是抵御所有权力的盾牌。历史学家和社会学家均指出过，民众是如何先崇拜，接着就把他们所崇拜的各种各样的导师或价值统统烧毁。这样的例子比比皆是。我们可以说，同样的事情还发生在意识形态和信仰身上，它们会在某个时间段里获得极高的颂扬，但是用不了多久就又会被同一批人羞辱。[19] 我们与其为此感到愤慨，不如就把它看作是一种基础性的相对主义，这种相对主义与同形成真正团结关系的"邻近"关系不大的统治实体形成了鲜明对比。在遥远理想和计划的夜空下，不论黑猫白猫都变成了灰色的，它们都在为明天的一切可能性高歌。

我已经指出过持续生活的神圣责任。这是一种内藏的知识，一种有几分动物性的知识，一种使群众知道如何抵抗的知识。实际上，我们所说的易变性很可能是一种忽略事实性和局部性而保持其本质的方式。领袖间的战争及其戏剧化并非不重要，尤其是作为一种表演；但它首先是**抽象的**，且在大多数情况下，它并不如我们想象的那样能造成或正面或负面的影响。如果说政治的角色在于激发活力，并因此需要舞台的宏大、作用的持续和服装的华丽，那么民众的角色就只在于生存，也就是说，必须保持存在。因此，我们可以根据这种职责来理解他们的脱身之计和出尔反尔：它们都是**具体**的。如果沿着我的观点更进一步，我就能说，如果不受太多顾忌或次要情绪的拖累，**作为群众的民众**（le peuple en tant que masse）就负有战胜日常死亡的**重要职责**。毫无疑问，这个任务需要不断的努力和大量的能量积蓄。以上就是民众贵族性的根源。

回到我之前在《极权暴力》第一章中提出的**权力**与**势力**的二分法，我将在这里用一个文字游戏提出社会学的第二法则：

权力可以并应该承担对生活的管理，而势力则必须承担起

生存的责任。

当然，这有些文字游戏的意味（这是制定法则所必需的）。我所说的"生存"指的是能够同时建立、超越和保障生命的东西。根据卡内蒂的表达，生存位于"势力的中心位置"[20]，它意指一种我们从未完全相信过的与死亡的永久斗争，无论这种死亡是严格意义上的自然死亡，还是由任何经济–政治秩序中的"计划"因素所分泌的致命强制。我们可以将这种势力与玛那（*mana*）或其他超越个体或特定小团体的集体力量的表述进行比较。就我而言，我将把势力与本雅明所说的"最极端的具体"(concret le plus extrême)，即日常生活联系在一起。面对这些由无和全、血和肉所构成的遭遇，对于在这方面已经知道自己可以依靠什么的集体记忆而言，政治的历史不具有丝毫的可靠性。

是遭遇（les histoires）而非历史（l'Histoire），可能是一个可以解释社会的持久性的奇妙诀窍。在政治秩序之外，一些大的文化实体已经持续了数个世纪。就我们而言，希腊文化、拉丁文化、阿拉伯文化和基督教文化都是建立在一种内在势力的基础之上的，这种内在势力总是一次次地重新更新、巩固和复兴那些权力倾向于分解、僵化并最终摧毁的东西。这里涉及一种集体的生存意志，需要社会观察者们给予更多的关注。齐美尔就指出，为了理解一项政治决定，我们必须审视决策者的整个生活，并"考虑到生活中许多与政治无关的方面"。

这样一来，为了理解物种的"生存"这个总是被不断更新的基础性决定，我们就更有理由去知道如何超越简单的政治终极目的性的狭窄框架。所有人的生活都是顽固的、不可抑制的，且都把我们推向了这种生活。我们是否应该像吉尔贝·雷诺（Gilbert Renaud）

所说的那样，把它视为一种"抵抗驯化的、桀骜不驯的社会本能"[21]的表达？无论如何，我都会说，这是一个在20世纪末不能不回答的问题。

二、自然的"家族主义"

与可能难以接受的情况相反，在我看来，个体与政治之间存在着一种密切而又有些反常的关系。事实上，这两个实体是现代性的重要两极。我曾对此做过解释：个体化原则是随资产阶级而兴起的整个政治–经济和技术–结构组织的决定性因素。涂尔干无疑是这一进程中最伟大思想家之一，他就曾断言："国家的作用绝不是消极的。它的目的在于确保社会状态所允许的最充分的个体化。"[22]国家作为政治秩序最典型的表达，可以保护个体免受共同体的侵害。有趣的是，那些在20世纪60年代最具超政治（ultra-politiques）思想的人，也就是那些宣称"一切都是政治"的人，也以同样的信念，甚至是以同样的宗派主义，肯定了个体主义的必要性。对于他们来说，并不存在根本上的变化，只是存在着不同侧重方面的差异。

因此，将政治的终结与个体的退出或所谓自恋的回归相提并论是错误的。这是一个短视的观点。实际上，我会假设政治形式的饱和与个体主义的饱和是密切相关的。因此，关注这一事实是思考民众的另一种方式。至于年轻一代的从众主义、群体或"部落"中对相似性的迷恋、时尚现象、标准化的文化，直至并包括我们所谓的外表**中性化**（unisexualisation）等等，所有这些都可以让我们宣称，我们正在目睹个体观念在越来越不易区分的群众当中的衰退。群众与（个人、民族、性别）身份的概念无关，而后者是资产阶级最重要的成就之一。在我看来，对这一事实的社会人类学基础的研究，会让我们对群众与政治之间的二律背反式关系有所了解。

话虽如此，我们必须表明群众确实已经存在，是共在的一种调性变化，并倾向于支持政治计划（"政治"和"计划"这两个词是同义反复）所遗忘或否认的要素。首先，我们可以非常迅速地强调身份的多变性和混沌性。用帕斯卡尔的话来说，真理因时间和空间的界限而异。韦伯的一句话很好地总结了这一点："从社会学的角度来看，身份不过是一种相对且浮动的状态。"[23] 韦伯在这里敏锐地指出，根据不同的情况和对不同价值的侧重，与自己、他人和环境的关系是可以改变的。当然，我们知道，"身份"既关系到个体，也关系到其所属的群体：只有当个体身份存在时，我们才能发现民族身份。事实上，不论属于哪一种调性变化，身份首先都是对成为某种被限定之物的接受，也就是说要服从"成为这"或"成为那"的命令。这是一个通常发生在人类或社会发展进程后期的过程。实际上，在创始时期占主导地位的，往往是多元化的可能性、欢腾的状态、众多的经历和价值，即所有那些可以表现出人类或社会的青春期特征的事物。就我而言，我会说这是一个最好的**文化**时期。另一方面，在发展个人或社会的个体性时必须做出的选择，即他要消除各个方面的欢腾和多元化这一事实，通常会产生我们所谓的**文明**。正是在这个由责任道德所主导的第二个阶段，政治获得了蓬勃发展。

我在这里依据的是德国思想中的一个经典二分法，诺贝特·埃利亚斯（Norbert Elias）曾对此进行过很好的总结[24]：无论是哪种社会结构，在自我开化和最终确定之前，都是一种真正的文化鼎沸，其中每个事物都会与其对立物同时在场。文化鼎沸是攒动、残酷和爆裂的，但同时也充满了未来的可能性。我们可以利用这个比方来说明群众是如何自给自足的：它不投射自身，不最终确定自身，也不"政治化"自身；相反，它经历着多重的情感和经验的旋涡。因此，它是主体衰退的原因和结果。用我自己的"行业黑话"来说，它是狄奥尼索斯式的精神错乱。目前有许多或多或少明确的例子都证明了这一点。在这些时刻，一种天赋、身份和个性均被抹去的"集体灵魂"（âme collective）被创造了出来，但这并不妨碍这个欢腾的实体成为一个可以真正重新占有的地点。每个人都具有"我们"这个整体的性质。与自相矛盾地建立在"我"和遥远的基础之上的政治相反，群众是由"我们"和邻近组成的。生活中各种遭遇的发展也表明，说话主体通常用的是"我们"这一人称代词。[25] 因此，"欢腾"的共同体既可以是个体的衰退，也可以是个人的重新占有。

在这里，我们接触到了个人（personne）和个体（individu）之间的区分，这是来自马塞尔·莫斯的经典区分。如今，法国的路易·迪蒙（Louis Dumont）和巴西的罗伯托·达马塔（Roberto Da Matta）都对此有着非常深刻的认识。从我们的角度来看，我们可以说，个体在"法律上"当然是自由的，他可以订立契约，是平等关系中的一部分。这是计划的基础；或者更确切地说，这是投射性态度（即政治）的基础。与个体相反，个人依赖他人，接受社会直接经验，是有机整体的一部分。简而言之，个体具有功能，而个人扮演角色。[26] 这个区分很重要，因为它表明，随着钟摆运动，社会聚合的形式既可能优先考虑政治，也可能优先考虑我一直建议称为"社会本能"的东西。至于群众，它就像我们曾说过的那样，是"畸形的"，当然属于第二类范畴。

然而，这种"畸形"是值得我们注意的，因为它让我们得以强调群众的一个不可忽视的方面，即群众与自然和自然范畴之间的关系。上文曾提过的文化鼎沸、欢腾和爆发，都意味着混沌和非文明，都在重新强调那些文明总是试图否认的自然元素。本雅明在一则小寓言中指出，识别相似之处的天赋，在他看来就像是一种"想要变得与其他人相似的古老冲动"的残余。这种相似，可以是与人的相似，也可以是与家具、衣服、公寓等的相似。[27] 由此，我们便可以看到这种建立在"我们"、人们和群众基础之上的**相似性原则**（principe de similitude）是如何成为自然世界与社会世界之间的中介的。因此，在宇宙和社会之间，以及在整个社会的内部，都不会再有分离；相反，我们现在要面对的，则会是所谓的**自然的文化化和文化的自然化**（la culturalisation de la nature，et la naturalisation de la culture）。

正是在这里，我们找到了从众主义的起源，找到了我们正重新开始在社会生活中衡量其影响的情感的重要性，找到了在当下生态主义气氛中表现出来的一种本体活力论。

在我看来，这种对模仿和从众主义的关注，这种我刚刚讲过的活力论，即这种正在涌现的、有些神秘的"联系"，可能正是人民群众的基本特征之一。如果沿用上文中个体与个人的区分，我们可以说正是扮演众多角色的异质的个人对统一的个体作出了回应。

我们可以认为这种个人只是一个处于永久失衡状态的**凝结物**（condensation），它只是门中的一个元素。

事实上，对个人的复数性 ["我即他人"（je est un autre）[1]] 的诗意性评价和后来的心理学观察，在社会人类学上，确实都可以被解释为一种牢不可破的连续体的表达。只有当我们与一个群体有联系时，我们才具有价值。很显然，这种联系是真实还是虚幻的并不重要。我们不妨回想一下普鲁斯特（Proust），在祖母

---

[1] 法国诗人阿蒂尔·兰波（Arthur Rimbaud，1854—1891）的诗句。——译注

去世之后，他在想象中把祖母的特质转移到他的母亲身上。通过接受祖母的形象并与之同化，他的母亲承担起了这个需要世代相传下去的角色。这位小说家运用他的感受性，展示了死亡如何成为坚不可摧的生命力的一部分。社会学的帝国主义绝不会像哈布瓦赫那样承认"我们实际上从不孤单……因为我们总是可以感觉到有很多人在我们之中（en nous）"[28]。记忆或集体记忆，无论是公共的、私人的，还是家庭的，都可以使得一个街区、一座城市，以及其他有生活沉淀过的一些**地点**成为适合居住的地点。这样一来，群体和个人之间就可以建立起一种反馈，这种反馈当然是有机的，而不是根据政治秩序的理性对等所建立的。埃内斯特·勒南就曾展示了对于第一批基督徒来说，共同体的力量——就我而言，我会使用"势力"这个术语——建立在一些"伟大创始者"（*Megala Stoikeia*）的基础之上。最早的教堂就是建立在他们的坟墓周围的。彼得·布朗接着指出，这样一处圣所被简单地称作是"地点"[le lieu（*o topos*）]，且这些地点逐渐构成了围绕着地中海运行的真实网络。无论是以宗教形式还是世俗形式，这种奠基性的实践在人类历史遭遇中都是时常可见的。除了城市或乡村里具有纪念意义的古迹（宫殿、教堂和各种各样的纪念碑）以外，所有的纪念仪式也都表达出了这种反馈。从古代雅典城的阿伽劳洛斯（Aglaure）[1]崇拜，到基督教仪式的礼仪年历（calendrier liturgique），再到当代所有的民族节日，同样的纪念过程一直在发挥着作用：我们只是作为身体而存在。在对布列塔尼（Bretagne）的一个村庄的基督教情况进行分析时，社会学家伊夫·朗贝尔（Yves Lambert）提到了一个特别具有启发性的仪式。仪式中，牧师在谈到

---

[1]　代表了雅典城的女神。

最近去世的人时，还编排了这样一场演出——他以**同等数量的**村里儿童代表那些当年去世的人。[29] 没有哪个例子比它更能说明门这一观念的丰富性和重要性了。社会想象物正是围绕着它构建出了一连串的遭遇，并由此构建出了自身。

通过这些极端的例子，我们应该可以看到，所有群体是如何在简单意义上建立在个体的超越性的基础之上的。这就是促使我谈论**内在的超越性**的原因，即这不仅超越了个体，还从群体的连续体中喷涌而出。这是一个神秘主义的视角，可以与其他一些精神分析的神秘主义相提并论，就像格罗德克，他的活力论根源是广为人知的。"我们通过本我来体验生活"，"本我是一种力量"，或者"自我只不过是一种技巧，一种为本我服务的工具"……我们还可以增添很多这样的例子。[30] 这足以说明，这里的"本我"可以用一种隐喻性的方式完美地描述我们所研究的群众、民众和群体，它是一种只在我们相信时才会行动的力量，或换言之，自我是由它来赋予意义的，它拥有我们能够在当代小群体中找到的一切要素。而且，这种外推使我们能够指出存在于这些实体与自然秩序之间的紧密亲属关系，它体现出了在实践和意识形态构造上均超越了个体主义的东西。

集体记忆无疑是描述我刚刚谈到过的象征系统和参与机制的一种很好的表达。当然，这个术语可能有点陈旧过时，但它准确严谨地强调了这样一个事实：正如不存在个体的"绵延"一样，也不存在所谓的独一思想。我们的意识只是一个交汇点，是在一种特殊的平衡中相互交错、吸引和排斥的各种思想流的结晶。即使是最教条主义的意识形态构造，也是永远无法达到完全统一的完美案例。因此我们可以说，个人思想就是遵循"集体思想倾向"[31] 的思想。这已被当代理论物理学和生物学领域的研究者以各自的方式所证实。例如，鲁珀特·谢尔德雷克使用"必然路径"（Chréode）一词来描述在彼此相距遥远的实验室中出现的相似或相近发现的共时性。这些研究者从不同的假设开始，却拥有着同样的"时代精神"。他们因此形成了一个群体，尽管它只是一个大致的、充满冲突的群体。我们也可以用同样的话形容构成社会本能的集群，每个集群都以自己的方式，从地球的各个角落挑选出不同的元素，构建出自己的意识形态和野史（petite histoire）。这些元素有可能从地点的传统那里借鉴而来，也有可能完全相反，截然不同于那些传统；然而，它们的集合会展现出一些相似性，这些相似性将构成一个可以产生并强化特殊表现形式的母体。

看来，正是这种提出问题的方式，似乎使人们有可能越过社会科学中经典的"驴桥"（pont aux ânes）[1]：历史遭遇是由个体来决定，还是由未分化的群体来决定？或换言之，是由天命的"伟人"来决定，还是由群众的盲目行动来决定？一面是理性和它的光芒，另一面是本能及其危险的幽暗。我们可以想象出一条中间道路，即一种特殊的"社会形式"[32]，它使"怎样做"和"怎样说"成为了个体行为与强制结构之外的东西。"集体记忆"（莫里斯·哈布瓦赫）和"惯习"（马塞尔·莫斯）可以是一种由原型与各种意向性共同组成的形式，这种形式不仅能适应这些原型，还能以某种方式栖居于原型之中。这就是群体精神、氏族精神之间的协同或并置作用催生出的时代精神。

正是这种永久性的关系，这种"个人的生命历程经验在总体的生命历程经验中得到了修正和扩展"[33]的根本的"关系主义"（relationnisme），带领我们通往共同生活。互动和主体间性创造出与

---

[1]　源自法国谚语"驴桥在此，笨驴莫过"，这比喻只会吓到笨蛋的困难和门槛，它可以区分了解及不了解的人。一说源自欧几里得《几何原本》中等腰三角形两底角相等的定理，据说中世纪的大学以此"驴桥定理"来作为学习门槛。——译注

其构成元素在性质上并不相同的事物。因此，集体记忆在简单意义上可以用来揭示个体的行为、意图和经验。它确实是一个真正的交流领域，是共同体的原因和结果。因此，看似最具个体性的思想，只是社会聚合的基础——象征系统中的一个元素。思想在其纯粹工具性或理性方面进行个体化，就像是在其理论层面上进行切割与区分一样；另一方面，通过整合到有机的复杂性之中，也就是通过让步于情感、激情和非逻辑，同一种思想将会有利于共在的交流。第一种情况将使政治的发展成为这些不一致的元素聚集起来的因素，而第二种情况可能会使人们强调群体或部落的优越性，使他们不会将自己投射到远方或未来，而是要活在最极端的具体，即当下之中。这就是政治饱和及其支撑——个体主义的最简单、最具前瞻性的表达。在它们的位置上，我们看到集中的、空间紧密的交流结构正在取代它们。这些亲和集群重新投入了一种古老的人类学结构，即"扩大家庭"（famille élargie）。这是一种在尽可能邻近的情况下进行激情和冲突的协商的结构。在不提及血缘关系的情况下，这一集群与随着自然主义的回归而重生的门的观点非常吻合。我们可以说，贯穿了我们特大都市的网络恢复了互助、共生、共餐、专业支持，有时甚至还有以罗马氏族的精神为特征的文化仪式在起作用。[34] 无论我们给这些集群起什么名字——亲属群体、家庭群体、次级群体，还是同龄群体，其中都始终存在着一种部落主义，只是根据时代的变化，它所受到的重视程度并不相同。可以肯定的是，今天我们发现的部落主义也十分活跃，不论是在我们居民区的地窖里，还是在乌尔姆街（Rue d'Ulm）[1] 的场所里，它都占据着一席之地。

当代的一些研究，如迈克尔·扬（Michael Young）和彼得·威

---

[1] 巴黎的一处知识分子聚集区，巴黎高等师范学校坐落于此。——译注

尔莫特（Peter Willmott）关于大城市邻里间社交活动的研究，或者埃马纽埃尔·雷诺（Emmauèle Raynaud）关于"次级群体"（groupes secondaires）多样性的研究，都证明了群体精神的持久性。[35] 群体精神是互动和可逆性的原因与结果，而这两者无疑又是对政治生活来说最为陌生的元素。因此，我们只有在互动和可逆性之中才能找到社会本能正在采取的当代形式。

总之，建立在理性、计划和活动基础之上的政治秩序的经济学，正让位于一种同时整合了自然和邻近的有机（或整体论）秩序的**生态学**。

虽然这种变化可能会在许多方面引起不安，但是我们已经不能再否认它的现实性。涂尔干把次级群体比作使个体融入"社会生活的总洪流"的动力。这一比喻非常适合。社会和自然的活力论中不难发现欢腾，尤其是在价值和信念尚不稳定的某些时期。次级群体很有可能以不同的形式分布在社会机体之中，并用它们的存在表明了高度文明的现代性的终结，且准确地勾画出了正在诞生的全社会的形式。

注释

1. Z. Yavetz, *La Plèbe et le prince*, *foule et vie politique sous le Haut-Empire romain*, Paris：Maspéro, 1983. 可参见该书中所涉及的大量有关群众的怀疑的引文，如第25页。还可参见 M. De Certeau, *Arts de faire*, Paris：10/18, p.116 和 F. Bourdieu, *Esquisses d'une théorie de la pratique*, Genève, Droz, 1972, p.202. 现在，我们饶有趣味（遗憾）地看到，布迪厄这位相信自己什么都知道的社会学家为了蛊惑人心，改变了自己的观点，开始关注并跟踪他一向所

蔑视的民众的零星反抗。此外，在接受这种作为"神话"的民众概念的同时，我认为我们还必须赋予其以索雷尔（Georges Sorel）所赋予它的意义。参见 J. Zylberberg, "Fragment d'un discours critique sur le nationalisme", in *Anthropologie et société*, vol.2, n° 1。F. Dumont, "Sur la genèse de la notion de culture populaire", in *Cultures populaires et sociétés contemporaines*, Presses de l'Université du Québec, Québec, 1982, p.33。

2. R. A. Nisbet, *La Tradition sociologique*, Paris：PUF, 1984, p.54. 也可参见 G. Renaud, *À l'ombre du rationalisme. La société québécoise de sa dépendance à sa quotidienneté*, Montréal, Éd. St-Martin, 1984, p.182。

3. 请参见 P. Brown, *Le Culte des Saints*, Paris：Éd. du Cerf, 1984, p.32 sq., 它展示了如何从这个角度分析民间宗教。

4. F. Venturi, *Les Intellectuels, le peuple et la révolution*, Histoire du populisme russe au XIX' siècle, Paris：Gallimard, 1972, t. 1, p.50.

5. 这是 E. Morin, *L'Esprit du temps*, Paris：Le Livre de Poche, 1984, p.20 中的表达；关于研究人员的参与，请参见 M. Maffesoli, *La Connaissance ordinaire*, Paris：Klincksieck, 1985 和 *Eloge de la raison sensible*, Paris：Grasset, 1996。

6. G. Le Bon, *Psychologie des foules*, Paris：Retz, 1975, p.88.

7. E. Canetti, *La Conscience des mots*, Paris：Albin Michel, 1984, p.280, rééd. Le Livre de Poche, 1989.

8. K. Mannheim, *Idéologie et Utopie*, Paris：Librairie Marcel Rivière, 1956, p.96.

9. 参见 K. Schipper, *Le Corps taoïste*, Paris：Fayard, 1982, p.27。参考高罗佩（Van Gulik）的研究，我也指出，即使在今天，我们仍然能够发现神秘主义思想在群众中的兴盛：M. Maffesoli, *L'Ombre de Dionysos, contribution à une sociologie de l'orgie* (1982), p.67, rééd. Le Livre de Poche, 1991。

10. 关于经验与象征整体之间的联系，参见 J. Habermas, *Connaissance et intérêt*, Paris：Gallimard, 1976, p.182 中对狄尔泰的引用。

11. 关于内在性和救赎，我遵循 W. F. Otto, *Les Dieux de la Grèce*, préface de M. Detienne, Paris：Payot, 1981. Cf. p.24 et préface p.10 中的分析。

关于由此带来的"说话的神"和群体活力，参见 P. Brown, *Genèse de l'Antiquité tardive*, Paris：Gallimard, 1983, p.83。

12. 关于由民众的宗教感情所引发的"多宗教主义"(multidinisme) 和社会本能，参见 E. Poulat, *Eglise contre bourgeoisie*, Paris：Casterman, 1977, p.21 et 24。另请参见 Y. Lambert, *Dieu change en Bretagne*, Paris：Cerf, 1985, 尤其是"indulgences comme 'mutuelle spirituelle'", cf. pp.206—208 中对民间宗教所作的

精彩描述。

13. E. Renan, *Marc Aurèle, ou la fin du monde antique*, Paris：Le Livre de Poche, 1984, p.354. 对于国家主义的评论，参见 J. Zylberberg, "Nationalisme-Intégration-Dépendance", *Revue d'intégration européenne*, 1979, II, n° 2, Canada, p.269 sq.。

14. M. Weber, *Économie et Société*, Paris：Plon, 1971, pp.41—42, et *La Ville*, Paris：Aubier, 1984.

15. K. Marx, *Œuvres* présentées par M. Rubel, Paris：Pléiade, t. II, p.1451。

F. Venturi, *Les Intellectuels, le peuple et la révolution*, *op. cit.*, 1.1, p.45 描述了这些对于村社的暧昧态度。傅立叶的政治倾向则大不相同。参见 P. Tacussel, *Charles Fourier, le jeu des passions*, Paris：DDB, 2000。

16. 仍见 F. Venturi, *ibid.*, t. 1, p.29。

17. 关于阶级对民众的取代，参见 K. Mannheim, *Idéologie et Utopie*, *op. cit.*, p.60 sq.；对于阶级斗争的批判，参见 J. Freund, *Sociologie du conflit*, Paris：PUF, 1983, p.72 sq.。

18. 参见 M. Maffesoli, *La Connaissance ordinaire*, *op. cit.*, p.167, et *La Conquête du présent* (1982), *rééd.*, Paris：DDB, 1998。

19. 参见 Z. Yavetz, *La Plèbe et le prince*, *op. cit.*, p.38 sq., p.54, 这涉及皇帝的频繁更迭和对罗马皇帝卡利古拉（Caligula）的态度；参见 G. Le Bon, *Psychologie des foules*, *op. cit.*, p.144, 这体现出了对意识形态的同一与易变性。

20. E. Canetti, *La Conscience des mots*, *op. cit.*, p.33, rééd. Le Livre de Poche, 1989.

21. G. Simmel, *Les Problèmes de la philosophie de l'histoire*, Paris：PUF, 1984, p.104, et G. Renaud, *À l'ombre du rationalisme*, *op. cit.*, p.257. 这种把程序性的命题应用到魁北克的社会本能中的做法似乎有着美好的前景。

22. É. Durkheim, *Leçons de sociologie*, Paris：PUF, 1969, p.103. 我还参考了 M. Maffesoli, *La Violence totalitaire*, Paris (1979), rééd. DDB, 1999, chapitres VI et VII, et *L'Ombre de Dionysos*, *op. cit.*, introduction。

23. M. Weber, *Essais sur la théorie de la science*, Paris：Plon, 1965. "Essai sur quelques catégories de la sociologie compréhensive", 1913, traduction française, p.360。

24. 参见 N. Élias, *La Civilisation des mœurs*, Paris：Calmann-Lévy, 1973。

25. 我当然指 G. Le Bon, *Psychologie des foules*, *op. cit.*, p.51 和 J. Beauchard, *La Puissance des foules*, Paris：PUF, 1985。关于生活遭遇和从"我"到"我们"的过渡，参见 M. Catani, *Tante Suzanne*, Paris：Librairie des Méridiens, 1982,

p.12，15。至于"欢腾"这一术语，当然参照埃米尔·涂尔干的解释。

26. M. Mauss，*Sociologie et Anthropologie*，Paris，PUF，1968. "Une catégorie de l'esprit humain. La notion de personne"，L. Dumont，*Homo hierarchicus*，Paris，Gallimard，1967. R. Da Matta，*Carnavals*，*bandits et héros*，Paris，Seuil，1983，p.210 sq. 关于黑手党，参见我的文章 M. Maffesoli，"La Maffia comme métaphore de la socialité"，in *Cahiers internationaux de sociologie*，Paris：PUF，vol.LXXIII，1982。

27. W. Benjamin，*Sens unique*，Paris：L. N. Maurice Nadeau，1978，p.72.

28. M. Halbwachs，*La Mémoire collective*，Paris：PUF，1950，p.2.

29. Y. Lambert，*Dieu change en Bretagne*，Paris：Cerf，1985，p.45. 关于埃内斯特·勒南的分析，参见 E. Renan，*Marc Aurèle*，*ou la fin du monde antique*，Paris：Le Livre de Poche，1984，p.126。关于"地点"(*topos*)，参见 P. Brown，*Genèse de l'Antiquité tardive*，Paris：Seuil，1985，p.15 sq.。

30. 参见 M. Lalive d'Épinay，*Groddeck*，Paris：Editions Universitaires，p.24，40 中的精彩表达。

31. 参见 M. Halbwachs，*La Mémoire collective*，*op. cit.*，p.92。

32. 我在这里受到了格奥尔格·齐美尔的大量启发。参见 G. Simmel，*Les Problèmes de la philosophie de l'histoire*，Paris：PUF，1984，p.74 sq.。参见 P. Watier，*G. Simmel*，*la sociologie et l'expérience*，Paris：Klincksieck，1992。

33. 参见 J. Habermas，*Connaissance et intérêt*，Paris：Gallimard，1976，p.189 sq. 中对狄尔泰的引用。

34. 参见 É. Durkheim，in *L'Année sociologique*，I，pp.307—332；II，pp.319—323 对此的分析。参见 C. Bouglé，*Essais sur le régime des castes*，Paris：PUF，1969，p.36，51。

35. 参见 M. Young et P. Willmott，*Le Village dans la ville*，Paris：CCI，Centre Georges-Pompidou，1983。参见 E. Raynaud，"Groupes secondaires et solidarité organique：qui exerce le contrôle social？" in *L'Année sociologique*，Paris：1983。遗憾的是，后一项研究将公认存在的群体的重要性隐秘地相对化了。

第四章　部落主义

一、情感星云

"我们是灿烂的现实。"(*Noi siamo la splendida realta.*)这句镌刻在意大利南部一个几乎被人遗忘的角落的略显笨拙的句子,很好地概括了社会本能。简单地说,我们可以在这里找到社会本能特有的各项元素:生存的相对主义、日常的崇高性与悲剧性、我们竭力承受的尘世之重。所有这些都表现在了把一切黏合在一起的"我们"之中。我们对现代世界的去人性化和除魅,对由此产生的孤独给予了太多的强调,以至于我们不再能看到正在其中形成的团结网络。

在不止一个方面,社会存在被异化,并被迫服从于一种多形式的**权力**的命令;尽管如此,一种肯定性的**势力**仍然存在,重复着"(总是)重新出现的团结游戏或互惠游戏"。这是一种值得关注的"残余"[1]。简言之,我们可以说,每个时代都会有一种占据着主导地位的感受性类型,这种风格能够指明我们与他人一同建立的关系的特征。这种风格学观点越来越受到重视[彼得·布朗、保罗·韦

97

纳（Paul Veyne）、吉尔贝·迪朗、米歇尔·马费索利] [2]。在这个问题上它可以说明从"**城邦**（*polis*）**到狂欢**（*thiase*）"，或者从政治秩序到融合（fusion）秩序的过渡。两对词中的前项注重个体及个体之间的契约理性联合，而后项重视的则是情感的、感性的维度；一方面是具有自身一致性、策略性和终极目的性的社会关系，另一方面是所有秩序在其中结晶的、局部而短暂的、轮廓难以界定的群众。

构筑社会关系和认识其理论并非易事。而被我们称作是**社会本能**的星云（la nébuleuse）[1] 目前也是如此。这就解释了我们的研究为什么会是近似的、部分的，有时混沌的，就像这些没有任何确定性的聚集体那样。但我要再次强调，我们所研究的内容非常重要；我敢打赌，我们学科的未来本质上取决于我们思考之前提到过的攒动的能力。

就我而言，我认为，对自恋或对个体主义发展的一再重复——这是许多社会学分析和新闻分析的老生常谈——代表了最陈腐的思想。它们唯一的价值就是表现出了知识分子的深刻不安：他们对作为他们存在理由的社会不再有任何了解，却又因此试图以他们所擅长的道德领域和 / 或政治领域的术语来重新赋予社会某种意义。因此，我并不打算负隅顽抗，我只需要——甚至是以相当明确的方式——指出，**他人的经验**（expérience d'autrui）是如何成为共同体的建立基础就够了，尽管它也可能充满冲突。我想明确，我不打算像今天所流行的那样解释道德的混乱，而只是想描绘出融合逻辑的大致轮廓。这里的"融合"是一个隐喻，因为我们可以在群众中看到，它可以在没有传统意义上的所谓对话、交换或其他类似无意义行为

---

[1] "星云"是本书所使用的一个重要隐喻，原指由稀薄的气体或尘埃构成的天体，后转为"模糊的一团，混沌不清"的意思；本书中主要是指情感、感觉等的异质混合，带有无绝对中心、杂乱无章、模糊不清、无法区分等意思在内，表现出聚集性、动态性、暂时性、无序性等特征。——译注

的情况下发生。共同体的融合可以是完全去个体化的，它创造出了一种不需要他者（指政治）充分在场，并能建立一种空洞的关系、即我所谓的**触觉关系**（rapport tactile）的虚线式的联结：我们在人海之中彼此交错、掠过、触碰，建立了互动，产生了结晶，并形成了群体。

我们可以将这与本雅明对傅立叶的"爱欲新世界"（Nouveau Monde Amoureux）的评论相比较：这是一个"道德不再具有任何作用的世界"，一个"激情彼此啮合并在其中成为机械"的世界；用傅立叶自己的话来说，这是一个可以观察到一种无界定、未分化的混合和联合的秩序的世界。[3] 然而，通过连续的沉淀，这些触觉关系创出一种特殊的氛围，即我所谓的**虚线式的联结**（union en pointillé）。为了帮助我们思考，我来打一个比方：在诞生之初，基督教世界是遍布整个罗马帝国的小实体星云，由此引发的攒动分泌出了"诸圣相通"这一重要理论的产生。正是这种既灵活又牢固的联系确保了教会机体的稳固性，而正是这种群体欢腾及其特定精神气质塑了我们所知的文明。可以想象，我们今天所要面对的，也正是"诸圣相通"的一种形式。电子邮件、性爱网络、各种各样的团结形式、体育和音乐集会等等，都是正在孕育的精神气质的迹象。正是它，界定了我们可以称为社会本能的新的时代精神。

我们首先需要明确指出，现象学和理解的传统早已开始着手这个问题。我特别能想起阿尔弗雷德·舒茨，他在他的许多分析中，尤其是在一篇名为《共同创作音乐》（Making music together）的文章中，研究过一种"谐振关系"（mutual tuning in relationship），根据这种关系，互动的个体在"极其强烈的在场"（in vivid presence）中显现自身。当然，这以两个个体面对面的情境为基础，但是通过传染，整个社会存在都受到了这种移情形式的影响。[4] 此外，无论是通过接触、感知还是眼神，这种谐振关系中始终存在着某种感性。正如我们将在后面看到的，感性是认识和体验他者的基础。我们现在可以看到，"情趣相投"（la relation des esprits）就是从这种感性中发展起来的，这也是另一种给理解命名的方式。虽然下面的这个说法显得有些老生常谈，但是我们不必害怕重复它：社会学方法的新奇之处，就在于它是建立在共在的**物质性**（matérialité）的基础之上的。

上帝（和神学）、精神（和哲学）、个体（和经济学）让位给了集群。在这里，人不再被孤立地考虑。即使我们就像我会做的那样，非常重视想象物的普遍性，我们也不应忘记，想象物诞生自社会机体，并反过来在那里得到了物质化。这不是真正的自给自足，而是一种持续的反馈。实际上，所有的精神生活都诞生自某种关系及其行动-反馈活动。整个交流或象征逻辑都是以此为基础的。这就是奥特马尔·施潘（Othmar Spann）所谓的"配对观念"（Gezweiung）。我们可以在父母与子女、师傅与徒弟、艺术家与崇拜者之间看到这样的对偶效应。[5] 我们必须明白的是，这种对偶效应超越了构成它的元素本身。这种超越性是早期社会学观点的特征；我们知道，那时候的社会学痴迷于中世纪的共同体观念。然而，随着获胜的资产阶级将个体主义作为其基本载体，这种共同体模型越来越受到压制，或者仅仅是被用来"反向"地证明现代性的进步性及解放性。不管怎样，社团主义或团结主义的神话始终存在，就像《唐璜》中骑士团长的石像。就连最具实证主义思想的社会学家孔德，也在他的人道教中对此给出了新的形式化认识。我们都知道孔德对涂尔干和法国社会学的影响，但不太为人所知的是，通过威廉·格雷厄姆·萨姆纳（William Graham Sumner）的作品，团结主义神话在美国思想中也引发了共鸣。[6]

在不对此进行扩展的情况下，我们可以指出，团结主义或人道教能够作为我们今天所面临的群体现象的背景。它们主要涉及的都是同一性逻辑[1]。在两个多世纪以来一直占据着支配地位的经济秩序、政治秩序和社会秩序中，这一逻辑一直都是核心要素。然而，即使它目前还在继续发挥作用，但它的巨轮已经完全没有效力了。因此，为了能够把握在当今各种社会情境和社会态度中发挥作用的**共同的情感和经验**，我们有必要采取不同的角度。在我看来，美学的角度最好不过。在词源学的意义上，我将美学理解为共同的感觉能力和体验能力。尽管阿多诺信奉理性主义，但他也指出，美学可以让我们"捍卫现实中被同一性限制所压迫的非同一性"[7]。和下面的描述相比，我们没有更好的方法来强调新部落主义的繁盛与欢腾：它以各种各样的形式拒绝认同任何政治计划，它不属于任何终极目的，其存在的唯一理由是对在场的集体生活的关注。只要参考关于青年群体、亲和圈子或小型工业企业的研究和专著，就足以证明这一点。此外，为了加强对谐振关系的前瞻性的认识，我们还需要对计算机通信网络进行进一步的调查。

政治人物、宗教人士和记者们对日益增长的去个体化的各种抱怨，都可以视为"超独一的"（supra-singulière）或"超个体的"（supra-individuelle）现实的迹象。除了规范性的判断之外，我们还必须知道如何从这些线索中获得各种各样的结果。根据20世纪70年代的心理学实验，保罗·瓦兹拉威克（Paul Watzlawick）谈到了一种"与群体达成一致的强烈而坚定的欲望"。目前，这甚至不再是一个欲望问题，而是一个我们沐浴其中的氛围问题。在加利福尼亚进行的群体实验已经成为日常生活中的一个普遍现实。欲望曾经需要诉诸一个作为其持有者的主体，但今天，情况不再是这样了。对从众性的关注是群众化的一个结果；在这个过程中，集群们以随机和

---

[1]　即现代性逻辑，与之对应的是后现代性的"认同的逻辑"。——译注

偶然的方式产生了。我之前提到过的共在的"物质性"，可以通过在群众-部落之间发生的往复运动来说明。我们可以想象，我们面对的不再是主体-行动者（sujet-acteur），而是**客体的嵌套**（emboîtement d'objets）：大的客体-群众就像套娃一样包含了可以进行无限分裂的小的"客体-群体"。

在阐述其同情伦理时，舍勒致力于展示这种伦理不仅在本质上并非社会性的，而且它也不完全是社会性的。它将是一种总括性的形式；在某种程度上讲，它也是一种母体。这次轮到我提出这样的假设了。根据人类历史的钟摆运动，在经历了次要化之后，这种形式会重新走到台前。它将重视情感的功能以及随后的认同机制和参与机制。用舍勒所谓的"同情认同理论"可以解释融合的情况，这些出神的时刻可能是分散的，但也可能构成一个时代的气氛特征。[8] 这种认同理论，这种走出自我的出神，与影像的发展、表演（取其字面意义上和"政治秀"的意义）的发展，当然还有与运动人群和旅游人群的发展，或者简单地来讲，与所有那些无所事事、喜欢在马路上看热闹的人群的发展完全一致。在所有这些情况下，我们都可以目睹到对个体化原则的超越，而这一原则曾经是所有社会组织和社会理论的黄金检验标准。

我们是否有必要像舍勒提出的那样，在情感的"融合""复制"和"参与"之间建立层次关系？在我看来，即使这只是启发性的建议，最好也要考虑到一种"情感"星云，以及人们所具有的狂欢的、我分析为狄奥尼索斯式的倾向。纵情狂欢、着魔崇拜和融合情境自古以来就一直存在，但有时它们会带有某种地方性的风格，并在集体意识中变得突出。也就是说，无论在任何主题上，我们都会一齐激动起来。莫里斯·哈布瓦赫曾谈到过这种"集体的干扰"（interférences collectives）[9]，即我们认为的个人意见，实际上是我们所属的特定群体的意见。因此，这些**信念**的创造全都是从众主义的产物。我们可以在所有的特定群体中发现这种现象，甚至包括声称自己是最超脱的知识分子群体。

这样的"情感"星云可以使我们理解社会本能在今天所采取的具体形式，即群众-部落之间的往复运动。实际上，与 20 世纪 70 年代以加利福尼亚的反文化观念和欧洲的学生公社为力量的普遍情况不同，今天，问题更少地在于如何加入一个团伙（bande）、一个家庭或一个共同体，而更多地在于如何从一个群体迅速地转向另一个群体。这可能会给人以一种原子化的印象，会使人错误地讨论起自恋来。事实上，与传统部落主义所具有的稳定性相反，新部落主义具有流变性、点状聚集和分散性的特点。这也是我们对现代大都市街上情景的描述。慢跑爱好者、朋克、复古风格、BCBG 风格 [1] 和街头艺人，都在向我们展示着这种像连续镜头一般的表演。通过连续的沉淀，所有这一切构成了前面提到过的美学氛围；也正是在这样的氛围中，虽然脆弱，但在那一刻投入了十分强烈的感情的"即时凝结"（condensations instantanées，奥康让-谢雷 [2]）才可能会发生。这样的连续性使我们讨论对个体化原则的超越成为可能。让我来打个比方：在描述美国高速公路及其交通所呈现出的美时，鲍德里亚提到了美国人的奇怪仪式，"他们定期（将车开上高速公路）汇成车流以结束其个体化命运"。对于鲍德里亚来说，高速公路上的车流才是"这里唯一的真正社会，唯一的人类温暖，（是具有）推进力的社会，（是具有）集体强制的社会"[10]。这个比方可以帮助我们深入思考。以一种几近动物性的方式，我们感受到了一种超越个体轨迹的

---

[1] BCBG 是法文"Bon Chic，Bon Genre"的缩写，即好风格与好姿态，是一种巴黎上流社会的时尚文化。——译注
[2] 居伊·奥康让（Guy Hocquenghem）和他的同性爱人勒内·谢雷（René Schérer）的合称。——译注

力量；或者更确切地讲，这种力量使个体融入了一场巨大的芭蕾舞剧，无论其中出现的人物多么随机，他们最终都会形成犹如夜空里的星座那般的群聚；也就是说，各种元素在既无意志、也无意识的情况下，相互协调，形成系统。这就是社会本能的芭蕾舞姿。

社会关系（le social）**的特征**：个体（l'individu）可以在社会中拥有**功能**（fonction），可以在政党、社团或稳定的群体中发挥功能。

社会本能（la socialité）**的特征**：个人 [la personne，即人格面具（*persona*）] 在其职业活动及其所参与的各个部落中扮演**角色**（rôles）。随着个人根据其（性的、文化的、宗教的、友谊的）品位更换舞台服装，他每天都将在"世界剧场"（*theatrum mundi*）的各种游戏中取得一席之地。

下面这句话怎么夸大都不过分：社会本能悲剧性的表面回应了社会关系正剧性的本真。我已经展示了深度是如何在日常生活中藏匿于事物表面的。这就是外表的重要性。我并不是要在这里处理这方面的问题，而只是要简单地指出：外表是社会聚合的载体。从上述意义上讲，美学是一种共同体验和感觉的手段，也是一种认识自己的方式。这是不是一种小美学（*Parva esthetica*）？不管怎样，五花八门的衣服、五颜六色的头发，还有其他的一些朋克表现，都能起到黏合剂的作用。戏剧性建立并巩固了共同体。身体崇拜和外表游戏只有在作为每个人同为演员和观众的巨大舞台中的一部分时才具有价值。用齐美尔和他的感官社会学来解释的话，这是一个"所有人共有"（commune à tous）的舞台。重点不在于个殊的内容，而是在于整体的效果。[11]

表演的本质在于能够以直接或委婉的方式强调社会存在的触觉和感受维度。共在使我们得以互相接触。大多数人的快乐都是人群或群体的快乐；如果不把这种人类学的恒常性放在我们的头脑中，我们就无法理解人们的这种奇怪的聚集冲动。在这里，我将回到威廉·沃林格所提出的抽象与移情之间的二分法上：不仅存在着一些抽象的、理论的、纯粹理性的时刻，还存在着其他一些由参与和"触感"（tactilité）构成的、最广泛的意义上的文化的时刻。在我们的社会中，影像和感性的回归无疑指的是触碰的逻辑。

我们当然应该把民间节日、狂欢节和其他欢腾时刻的重新涌现归为此类，即使它们或多或少都带有一些商业化的方式。罗伯托·达马塔用了一句巧妙而又值得我们关注的话说，在以上这些时刻，"人们自我转变，并发明了所谓的人民或群众"[12]。在这里，"发明"一词应该取其最狭义的含义，即"使存在的东西出现、被找到"（in-venire）。狂欢节的极端性，其达到极致的戏剧性和触感，强有力地揭示了我们在这里试图定义的机制：人群情绪迅速高涨的机制，以及在人群中彼此形成、行动和互动的小结节。表演以其各种调性变化确保了共融功能的实现。"马戏团"（cirque）一词与"圈子"（cercle）一词有着相同的词源；我们也可以以一种隐喻的方式说，它们彼此之间相互加强。我们这个时代的特征正是大量圈子的灵活交织，这些圈子的有机联结构成了社会本能的各种形象。

正是这种马戏团和圈子的戏剧性，这种圈子之间的联系，构成了社会本能的另一个特征，即"**宗教情感**"（religiosité）。我们必须从最简单的意思上来理解这个术语，即"依赖"[reliance，马塞尔·博勒·德巴尔（Marcel Bolle de Bal）]，并参考它的词源之一"*religare*"，即"relier"（重新捆扎在一起）。我不可能就此问题和专家们竞争，因为我的梦想的社会学并没有在宗教事物本身和"类比的宗教事物"（religieux par analogie）之间作区分，我只是想用"宗教情感"这个术语来描述自然、社会、群体和群众之间互动的有机联系。[13]打一个已经使用过的比方，它是一团星云，和所有来来去去的（放射性的？）星云一样，它可能始终存在，且或多或少地影响着集体想象物。我们无法否认它今天产生的确凿影响。

更确切地说，这种宗教情感可以与去基督教运动或其他任何形式的去制度化密切相关。至于原因，在于社会本能正是大型系统和其他宏观结构的饱和。但是逃离制度或至少不关注制度，并不意味着"重新捆扎在一起"的终结——它亦可以投入到别处。这个问题具有很强的现实性，像伊夫·朗贝尔、达妮埃勒·埃尔维厄-莱热（Danièle Hervieu-Léger）这样的社会学家都在致力于此方面的研究。[14] 我还想补充一点，这种宗教情感也可以与技术的发展并驾齐驱，甚至可以被技术的发展所强化。

不管怎样，回到这几页的主要论点上来，我会说，情感与宗教情感之间是有联系的；在这方面，韦伯在《经济与社会》一书中针对"情感共同体"和"共同体的宗教情感"有过专门的论述。在他赋予它们的特征中，其中之一是"接近"（voisinage）[1]，当然还有它们表达出的多样性和不稳定性。[15] 将这种"接近"与支配我们当代部落的邻近性、触觉性和短暂性联系起来，会不会是在滥用解释权？关于今天基督教的新情况，我们可能会谈到"亲和教区"（paroisses affinitaires，达妮埃勒·埃尔维厄-莱热）；我还会把这与我所谓的"选择性的社会本能"联系起来。这是一个可以作为方法论的范式。我们再也不能忽视同情的诸种形式，因为除了因果关系之外，它们也可以使我们对日益复杂的世界具有更加完整的认识。

实际上，我在这里有意勾勒的象征关系，是与叔本华的"生存意志"或柏格森的"生命冲力"相类似的活力论图式的一部分。同样，社会本能和构成社会本能的部落主义在本质上也是悲剧性的：

---

[1] 时间或空间上的接近。——译注

外表、情感、狂欢的主题都表明了有限性和不稳定性；但是，正如路易-樊尚·托马斯所强调的那样，所有的死亡仪式都是为"回到生命的通道上"做准备。[16] 这是社会本能的基本问题，它允许我们思考即将结束之物中的未来。对资产阶级特性固有的一切的失望，不应该掩盖正在形成的那些特别活跃的形式。通过自身的死亡，个体使物种得以永存。我将从《哈德良回忆录》(*Mémoires d'Hadrien*) 中引用一句话：

> 我相信共享每个人的存在是可能的，这种同情将是永生不朽之物中最难以磨灭的一种。
>
> ——玛格丽特·尤瑟纳尔 (Marguerite Yourcenar)

同样，通过超越个体主义的范畴，社会本能使我们能够认识 (connaître，即相伴而生) 正在涌现的社会本能的新形式。

二、"无角色"的共在

综上所述，我们需要记住，社会生活总是由群体来决定的，无论是直接的还是反向的。这是部落主义的社会人类学结构的基础。记住这种庸常性 (banalité) 非常重要。[1] 有些人甚至把中世纪社会

---

[1] 马费索利曾说："我之所以要成立当前与日常事物研究中心 (CEAQ)，就是想提请对'庸常'的注意。'Le banal'（平常物）原指面包，在现在的法语中多指'日常生活'。从前，在法国乡下，每个村子里都会有公用面包烤炉 (le four banal)，它由封建领主每周一次或数次免费提供给辖域内的农民使用。公用面包烤炉的使用日就是'公共面包日'。如今这个时代，'la banalité'有了更多其他的意思；而在过去时代，它就是'本命日'。这就是我随后会讲到的应当'处在日常生活的高度'。马克斯·韦伯也有过类似的观点。"——译注

视为一种有机的组织体系，视为"社会学乌托邦"的模型。由此我们可以举几个例子：我们可以回想起，正是这种中世纪社会为托克维尔分析美国民主提供了背景；勒普莱也同样用它来阐述了"同根家族"（familles souches）的概念。这也同样适用于滕尼斯的"共同体"概念和涂尔干的"中间联合体"（associations intermédiaires）概念。[17] 在我看来，这种对中世纪的怀旧情绪远不止是一种比较材料。它也在提醒人们，我们不能完全抛弃与 19 世纪的实证主义所特有的机械主义和个体主义截然相反的**有机**观点。

据说，马克思非常着迷于 1789 年的法国资产阶级革命，因为这是他心目中唯一成功的革命；他那些以本质上是资产阶级的范畴为基础的著作显示了这场革命的影响。这也许还可以用来形容涂尔干和中世纪研究的关系；也就是说，尽管他是理性和个体在社会中的首要地位的捍卫者，但他实际上也不得不指出情感和共同体的重要性。在我看来，涂尔干对"机械团结"和"有机团结"的区分，特别是他对这个区分的应用，已经不再适用。另一方面，我们也必须强调他确实过于纠缠这些团结的现实性。[18] 这并非无足轻重。实际上，尽管那些自称是社会学的法国学派的创始人的人并没有充分分析过这一点，但是可以肯定的是，对于涂尔干来说，前理性和前个体主义的一致性问题是社会得以且将要建立的基础。因此，他非常重视集体意识或那些特定的时刻（节日、共同行动），特定社会正是通过它们来加强"对自身的感觉"。非常幸运的是，尼斯比特正确地强调了这一点，因为我们常常忘记，这种**共融**（communitas）观点已经超越了经济主义氛围中普遍存在的功利主义和功能主义。

此外，值得注意的是，哈布瓦赫也正是从这个角度来分析群体的持久性的。在他看来，群体并非"个体的集合"，而是其他的东西。他对那些在"学院"（l'École，当然是指乌尔姆街的巴黎高师！）

形成的群体的评论，也同样适用于对任何黑手党的研究。思想的一致性、非个人的关注、超越了特殊性和个体的结构的稳定性——这些群体的基本特征首先都基于共享的情感。在这一分析中，存在着一种有些神秘的去个人化逻辑。这种具有强烈爱欲和激情内涵的"持久群体的非个人性实质"与有机共同体所特有的整体论观点非常契合[19]：一切部分，包括纠纷和功能障碍（dysfonctionnement），都有助于维持整体，我们只需要观察初级群体（家庭、友谊、宗教、政治……）的构造就足以确信这种动力机制的相关性。我们可以在德国社会学（当然是滕尼斯，还有韦伯和曼海姆）中轻易地找到这种对个体主义的超越或相对化。这一点在齐美尔身上也是显而易见的，特别是他从秘密社会中清晰揭示的社会关系的情感和感性维度，以及它们在当代小群体中的蓬勃发展。这个文化事实对于理解我们社会在交流方面的发展至关重要。实际上，对基本结构或社会微观群体的分析，可能会使我们轻视了自文艺复兴以来已经显著增强的个体的角色。这就像寓言里的青蛙[1]，它试图让我们忘记它属于它所处的集合，而不是这个集合中必不可少的基本元素。的确，用柏拉图回答普罗泰戈拉（Protagoras）的话来说，为什么个体是衡量万物的尺度，而他所吃的猪就不是？事实上，在群体中尤为明显的交流的逻辑，或互动，往往有利于这些群体的整体、建筑术和由此产生的互补性。这使我们得以讨论一种集体灵魂，一种涵盖并活跃了整个日常生活的基本母体。

在不担心这些话的简单性和重复性的情况下，我们或许可以通过精确地强调表达当中的矛盾性方面，来讨论一种**自然的社会本能**。事实上，尽管这种表达可以采取侵略或冲突的形式，但仍具有

---

[1]　指法国诗人拉封丹（Jean de La Fontaine）的《想要像牛一样大的青蛙》（*La grenouille qui veut faire aussi grosse comme le boeuf*）。——译注

一种形成集群的倾向。这就是帕累托所说的"结合本能"(instinct de combinaison）或"内在本能"(instinct interne）；根据洛克的说法，这种本能是所有社会的基础。在不评论这种倾向的内容的情况下，我们可以认为，口头和非口头语言的交流共同构成了将个体连接在一起的巨大网络。当然，普遍存在的理性主义观点曾经得出过只有口头语言表达才具有社会纽带的地位的结论。因此，我们很容易就能发现许多逃离这一社会纽带的"沉默"情境。这无疑是个体主义意识形态所产生的推论之一，这种个体主义意识形态从启蒙运动继承而来，并演化成了民众的生活方式、平常或节庆时的习俗以及建立在日常生活深邃处、无需用语言表达的惯习。而当代有关肢体语言、噪音和音乐的重要性以及邻近的研究，一方面加入了联系或建筑术中神秘主义的、诗学的、乌托邦的观点，另一方面也加入了理论物理学对于无穷小的认识。[20] 除了说现实只是一个由同质元素和异质元素、连续性和不连续性所构成的巨大装配物之外，它还能意味着什么呢？曾经，我们指出了某一特定整体的独特特征，即可以分离和突出的特征；但我们也开始意识到，最好还是要考虑到在社会生活中起作用的各种力量的共时性或协同作用。从此，就我们而言，我们发现个体不可以被孤立，而应该通过文化、交流、休闲、时尚等连接到共同体之中；这个共同体也许不再具有与中世纪时相同的性质，但仍然具有相同的形式。而我们应该做的，就是把这些形式清晰地展现出来。根据齐美尔给予我的启发，我提议将这一形式描述为个体间编织而成的"互惠纽带"(lien de réciprocité）。从某种程度上讲，在这种纽带中，行动、情境和情感相互交织，形成整体。于是我们就有了下面两个隐喻：社会纺织的动力学和社会纺织品的静力学（dynamique du tissage et statique du tissu social）。由此，正如**艺术形式**是由大量真实或奇妙的现象创造出来的一样，**全社会的形式**（forme sociétale）也可以由创造日常生活的微小事实特别创造而来。因此，这一过程将共同生活视为一种纯粹的形式，拥有一种自身的价值。这种不可抑制的、坚不可摧的"社会本能的冲动"（*Geselligkeit*）会根据当时的情况，通过政治和历史事件的正式道路或者拥有同样强度的庸常生活的秘密道路来表达自己。

从这个角度来看，生活可以被视为一件集体的艺术作品。而无论这件艺术作品是品位低劣的、庸俗的、胡闹的，甚或是当代大众娱乐的众多表现形式之一，这些看起来都是徒劳且毫无意义的。但不可否认的是，这里依然存在着一个"政治"的社会，一个"经济"的社会，一个无需辞藻修饰的现实。我建议将这种社会共在称作社会本能，它可能是一种"社会化的游戏形式"[21]。在我所钟爱的美学范式的框架内，游戏并不被终极性、实用性、"实践性"（praticité）或我们所说的"现实"所困扰；相反，它使存在**风格化**（styliser），并揭示其本质特征。因此，在我看来，共在是一个基本事实。在任何其他的界定或定性之前，这种至关重要的自发性确保了一种**文化**特有的强大和稳固。随后，这种自发性可以变成人造的，也就是说可以变得**文明化**，创造出非凡的（政治、经济、艺术）作品。但是，即使只是为了更好地（重新）判断新的方向，回到纯粹的"**无角色的共在**"（être-ensemble sans emploi）的形式也是必要的。实际上，这可以作为一种背景，用来揭示在我们眼前重新出现的新的生活方式。新的形势将涉及性经济、工作关系、言语的共享、闲暇、基础集群的团结等等。为了理解这一切，我们需要运用相应的方法论工具，即群体的有机视角。

三、"宗教"模型

在撰写《宗教生活的基本形式》时，涂尔干并没有打算要对澳大利亚部落的宗教进行详尽分析。他的野心是要理解社会事实。韦伯也是如此，他的《新教伦理与资本主义精神》受到了来自社会学或狭义上的宗教史的大量批评。但这当然不是他的目的。更别提弗洛伊德的《图腾与禁忌》了！在每一个例子中，作者都有不同的目标，但他们都试图揭示一种逻辑，即"社会吸引力"的逻辑。[22] 我正是在这个角度上提到了宗教模型。这是一个完美的隐喻视角，因为确实，在所有的专业领域之外，在不希望以任何方式使它们失效的情况下，利用宗教意象来简要把握社会聚合的形式是非常重要的。这种横向比较的观点认为，人类历史起源于共同经历的想象物。尽管词源可能是不可靠的，但是"宗教"（*religare*，即重新捆扎在一起）即"依赖"（*re-liance*，即重新联结）仍是一种理解社会纽带的有效方式。虽然这可能会激怒那些纯粹主义者，但就我个人而言，我坚决支持彼得·伯格（Peter Berger）和托马斯·卢克曼（Thomas Luckmann）的观点："社会学对'现实'的理解介于普通人和哲学家之间。"[23]

此外，当我们考察心态史上的重大停顿时，很容易就能注意到，同为其因果的欢腾，经常会被一些以总体性（totalité）形式存在、且以总体性的角度生活和行动的小宗教群体所接管。政治/理想的分离不再具有意义，生活方式就是为自身而活，这就像本雅明所说的"最极端的具体"；在这里，庸常和乌托邦，需求和欲望，驻足"家庭"迈向无限每天都在游戏着。有人说，古希腊晚期的酒神"狂欢"（thiases）或基督教早期的小宗派是随之而来的社会结构的基础。也许，我们可以同样形容构成我们时代特征的情感–宗教集群的快速增长。因此，我们可以将宗教隐喻的使用比作激光束，它可以最完整地读取给定结构的核心。

所有对狄奥尼索斯崇拜感兴趣的人都指出了他许多方面的独特之处，例如他较晚才进入希腊万神殿。[1] 就我们而言，通过强调他的象征意义，我们可以将他视为他异性的创始范式：一种既在封闭又在开始的事物。在这方面，值得注意的是，酒神狂欢是献给这位独特的、外来的神的宗教集群，具有一种双重功能。与传统的政治鸿沟相反，酒神狂欢是横向的。他们拒绝社会、种族和性别歧视，并继而整合为城市宗教的一部分。[24] 一方面，他们聚集在一起，构成了新的聚合、新的初级群体；另一方面，他们又恢复了新的社会的生命力。这种双重态度是所有基础性事物的核心。这是一个定期重复的程序，它尤其发生在我们观察到意识形态的饱和，或更确切地说是特定**认知型**（épistémè）的饱和时。

对于基督教诞生的时期，埃内斯特·勒南清楚地展示了是最初的小群体孕育了后来的基督教："只有小宗派才能有所奠基。"他把这些小宗派比作"小共济会"，而它们的效力主要基于这样一个事实：成员之间的邻近创造了深刻的纽带，这在彼此的信念之间产生了真正的协同作用。[25] 在一个过于庞大的结构中孤立和迷失（两者相同）的单独的个体及其理念，终究来说没有什么分量；但是，当个体们紧密地、邻近地交织在一起时，其效力就会因"共济会"的其他成员而成倍增长。这样一来，我们可以得出，思想具有其自身的繁殖力；这意

---

[1]　在古希腊，狄奥尼索斯是一位后起且外来的异域之神。其信仰可以追溯至公元前 16 世纪的迈锡尼时代，然而在漫长的游走之后，直到公元前 7 世纪左右，他才最终进入希腊本土诸城邦，为希腊宗教所接纳，与奥林匹斯山诸神一道成为万神殿里的座上客。——译注

味着在 19 世纪盛行的实证主义及其各种变体（如马克思主义、功能主义）受到了极大挑战。的确，现代性中普遍存在的、赞成政治计划和个体的原子化的经济学逻辑，无法把集体想象物的维度整合进来；它最多只是把集体想象物视为一种对精神方面的补充，一位仅供私人使用的多余的"舞者"。这毫不费力地导致了我们所熟悉的"世界的除魅"（*Entsauberung*）在社会理论中取得的辉煌胜利，却没有使我们观察到工人运动中神话（乌托邦）正在发挥的作用。

相反，小群体倾向于在结构上恢复象征性的效力。我们看到了一个具有纤细而牢固的丝线的神秘网络一步步建立起来，这使人们得以谈论文化在社会生活中的复兴。这是这些以具有分裂但严苛的意向性的群体间的联结为基础的大众时代给我们上的重要一课。这就是我所说的"世界的复魅"。

社会学家恩斯特·特勒尔奇（Ernst Troeltsch）对"宗派类型"（type secte）和"教会类型"（type Église）进行了区分。通过进一步拓展这种类型学，或许再通过强调这种区分的明确性，我们可以说，正如存在着一些以"教会类型"为特点的时代一样，还存在着一些属于"宗派类型"的时代。对于后者而言，它更加侧重的是**建制**方面，其特点一方面是共在一直更新的力量，另一方面是对未来的相对化，也就是说在时间的三元组（过去、当下、未来）中给予当下更大的权重。这并非不会造成组织方面的后果：宗派首先是一个**地方共同体**，它如其所是地生活，不需要某种可见的制度性组织。对于这个共同体来说，只要感觉自己是信徒之间无形共融的一个参与者就足够了。这就回到了一个神秘的概念，即"诸圣相通"。因此，宗派是运行在邻近基础之上的小群体，它们只是隐约地、虚线式地融入更大的整体之中。

"宗派类型"另一方面的特点是官僚机构的相对化。宗派里也许会有卡里斯玛式的领导者和精神领袖，但是他们的权力并非基于其理性的能力（神学知识）或教会的传统。这一事实可以削弱他们的权力，也不利于他们的长期统治。这也就是有人会说"宗派里的每件事都是所有人的事"[26]的原因。在这方面，我们也许很难说有一种民主的态度；实际上，宗派是一个分层的有机系统，其中每个人都是群体生活中不可或缺的一部分。正是这种可逆性确保了整体的持续发展动力。由所遵循的授权机制建立而来的结构，也倾向于支持其成员采取漠不关心的态度。另一方面，"宗派类型"使每个人都要对所有人负责。这就不可避免地引发了从众性和从众主义的出现。当下、邻近、参与整体的感觉和责任感都是"宗派群体"中发挥作用的基本特征，而正是这些特征使我们所讨论的群体能够形成"群众"（masse）。的确，只有在存在着一个以长久为目标的、由稳固的权力所指导的僵化结构的情况下，我们才能够理解制度的帝国主义；相反，如果占主导地位的是地方主义，那么它很有可能会容纳以同样原则运行的其他实体。这就产生了联邦主义观念，或至少是共治（cohabitation）的观念，而这样的观念一般是由网络结构所提供的。

与此相关，"宗派类型"的民众基础也同样值得我们注意。从古代晚期到今天，所有分析过该现象的人都同意这一观点。当我们观察自诞生以来前四个世纪里的基督教派别时，这一点尤其明显。众所周知，早期基督教首先吸引的是贫民和奴隶。此外，背教者尤利安（Julien l'Apostat）在镇压基督教时认为，他所面对的只是一些没有受过教育的群体，这些群体不受他认为是哲学家的精英阶层的支持。中世纪的宗派也是如此，而且这一点似乎是不变的。实际上，我们可以说，对神职人员和统治阶级而言，宗派结构总体上是与之对立的，或者至少是无足轻重的。[27]这是根据之前讨论过的邻近思想得出的结论。在对自上而下的权力的从众主义和谨言慎行当中，我们可以发现无政府主义逻辑的一般观点：无国家的秩序。

正是从这个意义上讲，我们可以发展恩斯特·特勒尔奇关于宗派的理念型的主张。它使**网络**（réseau）这一社会形式得到强调：它是无组织但坚固的整体，是不可见却能够作为任何整体之骨骼的东西。我们知道，历史编纂学总体上傲慢地无视日常生活遭遇的温床，只关注少数涌现的结晶（人或事件）。社会科学（政治学、经济学和社会学）也是如此，它们忽视所有**无组织的**东西；更糟糕的是，它们还否认这些东西的重要性。"宗派类型"出于其本身的民众维度，强调了一种群众基督教的存在，它就像地下水一样深深灌溉了可以被定性为教会、宗派或运动的特定组织。[28]当代教会中基础共同体或亲和群体的复兴表明，这种地下水还远未枯竭。但在有些时候，它会为我们所滥用，没有得到悉心的照料；而在其他一些更为"生态"的时期，我们则会意识到它的功劳，尤其是共享、互助和团结的牢固黏合剂。这就是社会本能能够在长期内具有持久性的原因。小群体提供了一种建筑术构造的完整模型，我们可以在其中发现上述特征在所有理论体系化之外的现实化。

我们知道，"行会"的起源可以追溯到宗教的兄弟团体（les confréries），或者是被称为"兄弟会"(les frairies) [1] 的古代教区分支，后者指的是兄弟间的分享。它们的词源特别强调共生，强调家庭团结，强调起源于遥远的氏族分裂的小集群。[29]如今，在被遗忘之后，"行会"其实还存在，只是换了其他的名字；这种基本结构并非没有新的现实性和新的调性变化，但其形式在本质上仍然是宗教的（*reliante*，重新联结的）。

---

[1] 古时指酒宴、欢宴。——译注

　　所谓的"宗派类型"可以被理解为对制度的纯粹理性管理的一种替代选择。随着时间的推移，这种替代选择变得越来越重要。它强调了情感在社会生活中的作用。这将鼓励邻近的游戏和新生事物的热情。

　　正是从这个意义上讲，宗教模型中肯地描述了逃离了任何种类的中心性，有时甚至逃离了合理性的网络现象。我们必须反复申明，当代生活方式不再围绕单一的一极构筑，反而以一种相当随机的方式依赖于各种各样的事件、经验和情境，即所有能够导致亲和集群形成的事物。仿佛超现实主义的"疯狂的爱"(amour fou)、"客观偶然"(hazard objectif) [1] 和情境主义的邂逅、"漂流"那样发生的一切，都正在逐步渗入社会机体的毛细血管之中。[30] 生活作为一件艺术品，不再是少数人的行为，而是一个群众的过程。当然，它所涉及的美学不能被还原为一个品位（或好或坏的美学品位）问题或内容（审美对象）问题。我们感兴趣的是**纯粹的美学形式**：集体感觉是如何被经历和被表达的。

四、选择性的社会本能

　　可以说，只有根据一个时代所持有的他异性观念，我们才能确定给定社会的基本形式。因此，相对应于集体感觉的存在，我们将看到网络逻辑的发展，也就是说吸引和排斥的过程将通过选择来完成。我们正在目睹被我称作**"选择性的社会本能"**(socialité élective)

---

　　[1]　两者皆出自法国超现实主义运动领袖布勒东（André Breton）的作品《疯狂的爱》，强调偶然性也许是外部必然性的表现形式。——译注

的发展。这种机制当然一直存在，但是在现代性中，它被包括妥协和长期目标的政治纠正所缓和，超越了特殊利益和地方主义。相反，日常生活或社会本能（相对于政治和社会）的主题强调社会直接经验的根本问题在于关系主义，它可以以一种更为琐碎的方式转译为个体之间或群体之间的并肩协力。当然，**依赖**本身要比被联系在一起的元素更为重要。这与其说是一个需要实现的目标，不如说是"共在"将要占据上风的事实。用齐美尔的话来说，即是"互相支持、互相伴随、互相敌对"（*fur-mit-gegeneinander*）。因此，我们就看到了我所谓的形式主义社会学（la sociologie formiste）的必要性，这是一种记录现有形式和构型，而不对它们进行任何批评或判断的思维。这种现象学是回应日常生活美学化的一种美学态度。这带来了一种使用来自各个领域和地点的例子的随机方法，它只是一种围绕共同生活（*Zusammensein*）主题的音乐变奏。[31] 然而，我们不应该害怕在各个方面老调重弹、重整旗鼓，因为我们很难用主要从政治的角度发展而来的分析工具来理解一种群体现象；而且，还有一个因素导致了当前的一个普遍错误，那就是我们是站在个体主义复兴的角度上分析政治的衰落和社会意义的丧失的。因此，让我们继续我们的漫步，特别是要继续强调这些集群的情感或"情感型"（韦伯）方面。

我们惊奇地观察到，社会本能在其创始时刻是尤为表达内心情感的。同样的情况也发生在想要与所有人加强联系或想起所有人的共同点的时候。从这个意义上讲，用餐是一种真正的圣礼。"它使看不见的恩典可见。"教义问答如是说。我们可以用更现代的方式说，这是一种卓越的象征技术。从圣餐礼到政治宴会，再到朋友间的"便饭"，这份纪念程序的清单可以很长，它们都可以巩固联盟、消除对立、修复动摇的友谊。在这里，"用餐"是一个纽带的隐喻，这种纽带产生于欢腾时期的小团体内部。从大量的私人崇拜到为新基督教领袖或现代革命者提供保护的小房间的紧密组织[32]，新的社会聚合和替代性价值的诞生都源于我们所谓的网络逻辑，它强调了情感的温暖，或至少表明了它对社会结构或社会客体的重要性。

正如我们一再强调的那样，在政治活动中，这种情感冲动的存在是不可否认的。值得一提的是，它在经济秩序中亦不无作用。这就是塞莱斯坦·布格莱在其关于种姓的论文中的分析。他从与针对同业公会或行会的说法相似的角度出发，表明种姓制度只是中世纪行会的极端"僵化"形式。我们知道这两者分别在西方和印度的工业结构、经济结构中起到过重要作用，而这些作用只有在共生、团结、司法互助等实践，以及其他所有文化的或宗教的表达存在时才能存在。[33] 因此，经济秩序是一切通常被我们归入象征范畴的东西来维持的。这个例子表明，世俗社会是一个整体，将其切片处理将是徒劳无益的；在这个整体中，交际的、节日的、庸常的共在占据着不可忽视的地位。

直至贤人涂尔干以后，人们才认识到了情感的作用。我曾经以他在《宗教生活的基本形式》中对集体欢腾的分析指出过这一点[1]。更加令人惊讶的是他在《社会分工论》中赋予情感的重要地位。由此，以一种有些活力论的方式，他将群体归结为"自成一格的生命之源。（群体）散发出一种热，温暖或唤醒心灵，使他们产生同情……"没有比这更清楚的表述了。他还预测，"情感流露"将会在"未来的法人团体"里占据一席之地。我们几乎可以从中读到对当代网络的分析。可以肯定的是，如果我们不整合这种情感维度，著名的中间体（corps intermédiaires）理论——也许是涂尔干最重要的贡献——将是完全无法理解的。此外，很明显，对群体的强调是对

---

[1]　参见拙著《狄奥尼索斯的影子》(*L'Ombre de Dionysos*)。

个体主义的解构，这种解构似乎在那些自称是涂尔干式的实证主义者的人当中非常盛行。这种个体主义是存在的，这是不可否认的，它使新生的社会学得以解释现代性的特有动力；但与此同时，它又被它的对立面所抵消，或者更确切地来说，它被替代性元素的余效（rémanence）所平衡。事实上，正是这种自相矛盾的张力保证了一个既有社会的紧张力。

我们必须如此理解涂尔干著作中经常出现的活力论。这是对共同体的怀旧情绪吗？也许吧！无论如何，他都强调了这样一个观念：和个体机体一样，社会机体也是一个复杂的有机体，其功能和其功能障碍得到了最佳的配合。由此，他将社会劳动分工和生理劳动分工进行了比较：它们只出现在"已经具有一定凝聚力的多细胞团块中"。如果存在一个有机概念，那它必然是以"血缘关系"和"对同一片土壤的依恋"为基础的[34]；因此，对自发性的诉求，对超越简单契约理性的冲力的诉求，都把重点放在了关系主义之上，放在了作为所有社会整体基本元素的一系列吸引力与排斥力的联系之上。我们知道，被奉为神明的萨德（Sade）侯爵的色情结构，已经被分析为在其所有元素中普遍存在着的一些化学结合。这一极端的隐喻可能会对我们的研究目的有用：爱欲或激情有利于不同元素集为群体，而这要取决于这些元素本身的"价态"（valence）。这种结合可能会出现饱和，随后我们就可以见证到另一种结合的诞生。因此，在自发活力论的领域，我们可以看到，静态的共同体、空间，与动态的群体的诞生和死亡间的合取和/或矛盾张力在运作，二者在这个空间里形成了共同体，并一同生活。关于结构和历史的旧争论正在被关于日常生活遭遇的偶然性和必然性的争论所取代。

以这种方式理解的社会不能被还原为一种理性的机制，反之，它是通过每个个体所属的不同群体的邂逅、情境和经验，在最强烈

的意义上体验和组织自身的。这些群体交织在一起，形成了一个未
分化的团块和一些高度多样化的极点。如果我们坚持活力论的图式，
我们可以把这称为原生质现实（réalité protoplasmique），这些现实是
由营养物质和细胞核紧密结合而成的。这一比方的优点在于既强调
了情感（吸引力-排斥力）在社会生活中的重要性，又表明了情感是
"无意识的"；或者用帕累托的话来讲，是"无逻辑的"。我们必须坚
持这种有机性，因为它就是我们今天所看到的许多被认为是非理性
态度的条件。我们无法给它一个确切的定义（因此我使用了隐喻），
但是通过这团星云，我们可以理解我在过去几年里称为**社会本能**的
事物。

正如我所说的涂尔干思想中的余效那样，我们也可以说，黑格
尔的浪漫主义里存在着一种基于对共同体的怀旧情绪的理论常量。

除了平等主义和社会契约之外，黑格尔还有一种"同心圆"式
的社会观；也就是说，组成社会的不同圆圈相互调整配合，且它们
只有在相互联系时才有价值。因此，在黑格尔看来，国家是一种
"共同体的共融"（communitas communitatum）；首要的并非个体，而
是他们之间的关系。[35] 这种相互连接的想法是值得我们注意的，因
为它强调了情感所起到的并肩协力的黏合作用。从这个意义上讲，
与传统的解读相反，黑格尔的"国家"可能只是一个空集，一种理
论理念，其唯一的功能就是揭示逐步构成整体的各种元素的自发装
配。当然，这个装配产物绝不是统一的，它在许多方面是混沌的，
但它也很好地反映出一个虽不理想，但**还算能够**保持存在的社会。
我们实际上可以说，网络的逻辑和作为其载体的情感本质上是相对
主义的。那么，我们是否就应该像大家所达成的共识那样说，构成
当代群众的群体是没有理想的？也许我们最好要注意到，他们对社
会应当如何这一绝对问题没有什么看法。每个群体本身就是自己的

121

绝对。这就是情感的相对主义，它尤其反映在生活风格（styles de vie）的从众性上。

但这是以众多生活风格的存在，即某种多元文化主义为前提的。这些生活风格以一种冲突与和谐并存的方式相互确认并彼此对立。正是这种群体的自给自足给人造成了一种封闭的印象。然而可以肯定的是，投射态度的饱和，即朝向未来的意向性的饱和，也就是"外延"（ex-tensive），被关系的一种更加"内涵"（in-tensive）和活在当下的性质的增强所抵消。通过增加社会关系的可能性，现代性在一定程度上清空了它们所有的实在内容。这尤其是现代大都市的一个特点；而且我们知道，在已有众多讨论的群居的孤独中，这一过程并非毫不相干。相反，后现代性倾向于在当代特大都市里支持缩回群体和加深这些群体的内部关系。应该理解的是，这种加深绝不是一致主义的同义词，因为冲突确实是其中的一部分。不过，这不是问题的关键，我们只要记住吸引和排斥是**关系主义**的原因与结果就足够了。这一关系主义正是上述"多细胞团块"（涂尔干）或"同心圆"（黑格尔）的载体。自然而然，这种亲和网络的结构与通常作为经济–政治联盟基础的唯意志论预设没有任何关系。

事实上，我们需要意识到的是，我们所描述的"情感"（"情感型"）星云并不意味着一种人文主义甚至人类形态学的偏见。我们知道，我的"迦太基必须毁灭"（*delenda carthago est!*）[1]是指：个体及其各种理论化与这个问题无关；这个个体对正在进行的历史所做的行动也是如此。在以混乱为极点的狄奥尼索斯式主题的框架内，欢腾的群众（乱交、节日的拥挤、体育的狂热）或日常的群众（庸常人群、消费者人群、追随者人群……）都远远地超越了个体化原则

---

[1] 原指罗马共和国政治家老加图（Cato Maior）在元老院作任何讲演时都会以"迦太基必须毁灭"作结，以进行战争宣传。此处指马费索利对下一句话的着重强调。——译注

的特征。虽然说特殊的意向性在互动过程中确实起到了一定的作用，但是这不应妨碍我们将其视为一种社会"形式"，而这一过程是由"众多其存在避开了个体意识的微小渠道"所完成的。齐美尔把这称作是"联合效应"（*Zusammenschluss*）[36]。实际上，虽然我们不可能确定什么是最重要的，但可以肯定的是，群体的优越性和情感的主导性确实使日常生活的密度主要由非个人的力量构成。此外，这也解释了 18 世纪以来一直在反思社会存在的知识分子否认它的原因。

然而，这种日常生活——它的轻浮和它的肤浅——确实是任何形式的聚合都能得以可能的条件。正如我已经说过的，马塞尔·莫斯所恰当描述过的素性和惯习，不仅决定了构成我们的风俗习惯，还决定了我们所沐浴的、就像是营养丰富的血浆一样的环境。但它们是完全有意识的。**它们就在那里**，它们的厚重是命令性、强制性的。我们经历它们，却没有把它们说出来。也许我们不应该害怕说自己过的是有些动物性的生活。这就是当代群众中运作的网络逻辑对我们的提醒。此外，这所导致的非个人化，或者更确切地说是去个体化是可感知的，因为越来越多的情境是根据气氛的概念进行分析的。在许多领域，比如时尚、意识形态、性等等，主导人们脑海的将更多的是朦胧和模糊，将是诸如"méta-""trans-"这样的形容词，而不是同一性或特征的明确性。

在这一点上，涉及"氛围"（感觉，气氛）的科学研究或新闻报道的骤增是具有启发性的。这对我们的分析方法不无影响，尤其是考虑到它们日益具有的理论上的谦逊特点。这里我们没有必要详细阐述这个问题，而只需要指出这是由以下事实造成的结果：一个充满自信（和自我意识）的文明整体，一套以概念的清晰性和理性的确定性为主导的表征，正在让位于被我称为**组织和思考世界的方式均"模棱两可"**（clair-obscur）**的**事物。就像所有其他的模棱两可一样，这种模棱两可不仅具有自身的魅力，而且具有自身的法则；如果我们想要从中认识自己，那就一定不能够忽视这些法则。

五、秘密法则

现代群众的特征之一，也是最重要的特征之一，当然是秘密法则（loi du secret）。在一篇社会学小论文中[1]，我曾试图证明黑手党可以被视为社会本能的隐喻。这不仅仅是一个只能在少数场合下开的私人玩笑，特别是它一方面强调抵御外部影响，即抵御自上而下的权力形式影响的保护机制，另一方面强调由此产生的秘密是如何加强群体的。通过将这一隐喻转移到一个不那么不道德（至少不会从不道德中得到什么好处）的层面上，我们可以说，我们所熟悉的、作为当代群众的构成元素的小部落表现出了类似的特征。在我看来，秘密这一主题无疑是理解我们眼前的社会游戏的首选方式。但当我们考虑到外表或戏剧性在日常生活舞台上的重要性时，秘密似乎就变成了悖论。我们街道上的杂乱无章不应该使我们忘记，在展示和隐藏之间，可能存在着微妙的辩证法，就像爱伦·坡的那封《失窃的信》（*La Lettre volée*）一样，公开炫耀可能是最能确保不被发现的方式。在这方面，我们可以说，就像黑手党成员戴的博尔萨利诺帽（borsalino）一样，城市外观的多样性和侵略性是当代微观群体秘密、密集生活的最明显的线索。

在《秘密社会》一文中，齐美尔强调了人格面具的作用。我们知道，面具的功能之一是将个人整合到整体结构之中。面具可以是夸张的彩色头发、古怪的文身、再利用的复古服装或对 BCBG 风格

---

[1]《国际社会学手册》(*Cahiers internationaux de sociologie*)，1982 年，第七十三卷，第 363 页。

的从众主义。在所有这些例子当中，它都会令个人隶属于一个秘密社会，即隶属于我们所选择的亲和群体。在这里，的确存在着"去个体化"，或者最神秘意义上的、对一个庞大整体的参与。[37] 我们稍后将看到，面具使我成为反对既有权力的阴谋家；但就目前而言，我们可以说，正是这个阴谋使我与他人联结了起来。这不是偶然的，而是在结构上有效的。

对于伟大的神秘主义者心目中的终极沟通形式——沉默，我们再怎么强调其统一功能都不为过。尽管在词源方面存在争议，但是我们仍然可以指出，在"神秘"（mystère）、"神秘主义者"（mystique）和"缄默无言"（muet）之间存在着相互的联系，这种联系是使人得以共享一个秘密的初始联系。要共享的秘密是微小的，还是客观上根本不存在，其实并不重要。哪怕它是空想出来的也没关系，只要能引发一些共享就够了。正是这种秘密，给予了他们力量，使他们的行动充满活力。埃内斯特·勒南清楚地表明了秘密在基督教网络诞生之初的构成中所起的作用：它让人们惶恐不安，但也起到了吸引作用，并为今天我们所知的基督教的成功发挥了重大作用。[38] 每当我们想要建立、恢复、纠正一种秩序、一个共同体时，我们都要依赖于秘密，是秘密加强和巩固了基本的团结。这也许是那些谈论"缩回"（rétrécissement）日常生活的人唯一正确的方面。但是他们的解释是错误的：重新关注邻近之物，以及由此产生的最初的共享，绝不是软弱的标志；相反，这是开创性行动最为确定的标志。对政治的沉默呼唤着社会本能的复兴。

在过去的会社（sodalités）中，共同用餐意味着我们知道必须对外界保守秘密。"家庭事务"，无论是严格意义上的家庭事务、扩大家庭的事务还是黑手党的事务，都是不可以拿出来公开讨论的。警察、教育工作者或记者们经常会在他们的工作中遇到这样的秘密。

可以肯定的是，儿童违法行为、乡村犯罪或各种各样的事实从来都不会让常人轻易得知。同样的道理也适用于社会学调查。在调查中，我们必须要指出，即使是以一种暗示的方式，调查对象也总会有一种向陌生人的视线屈服的缄默；这是一个重要的参数，必须纳入我们的分析之中。由此，我要反驳那些（即使只是在语义上）使我们"缩回"日常生活变得无效的人说：我们面对的是一种"集体隐私"、一条不言自明的规定、一项荣誉守则、一种氏族道德的在场，它以一种几近刻意的方式保护自己免受外部或自上而下的力量的威胁。[39]这种态度肯定与我们目前谈论的内容有关。

确实，这种态度的特点是促进自我保护，是一种"群体利己主义"，它使该群体可以在一个更大的实体中几近自治地发展。这种自治与政治逻辑相反，它既不"赞成"，也不"反对"，而是故意**旁观**（à côté）。这表达为对对抗的厌恶，对行动主义的厌倦，对斗争精神的疏远。我们可以从年轻一代对于政治的总体态度，以及女权运动、同性恋运动、生态主义运动等以解放为主题的新生事物中发现这一切。有许多美丽灵魂称这种态度为妥协、堕落或虚伪。而同往常一样，这类规范性的判断并没有什么意义，它们并没有抓住这些"**回避式**"（par évitement）的生活方式中运作的活力。事实上，这种回避，这种相对主义，可能是一种战术，它确保了群众唯一的责任：保持构成它的群体的持久性。

实际上，秘密是民众**矜持**的极致形式，我已经证明过这种矜持社会人类学上的连续性。[40]作为一种社会"形式"（不去谈它可能完全相反的特殊现实化），秘密社会使抵抗成为可能。尽管权力倾向于鼓励集中化、专业化和建立一种普遍性的社会与知识，而秘密社会始终处于边缘，坚决保持世俗化、去中心化，且没有教条化的、不可违反的教理大全。正是在这样的基础上，源于民众矜持的抵抗才能够在数个世纪中保持不变。像道教这样的历史实例[41]，清楚地表明了秘密、民众和抵抗这三个术语之间的联系。此外，这种联系的组织形式恰巧是网络，它是一种平行的经济、社会，甚至是行政的因与果。因此，即使没有以现代政治科学使我们习惯的范畴来表达，这块特别肥沃的土壤仍应引起我们的注意。

这是一条非常具有启发性的研究路径，即使（并且是因为）它很少被考虑到。我建议称之为**地下集中假设**。

在某些情况下，秘密可能是在一个有限的群体中与他异性建立联系的一种方式；同时，它决定了这个群体面对外部世界的态度。

这条假设是对社会本能的假设，它的表达方式当然可以是千差万别的，但是它的逻辑是不变的：共享一种习惯、一种意识形态或一种理想的事实决定了共在，并使其得以成为一种保护，抵御任何来自外部的强制。与强制的、外在的道德相反，秘密的伦理同时具有联盟性和平等性。就连粗鲁的俾斯麦总理在谈到柏林的一个男同性恋团体时，也注意到了这种"被禁止的集体行为的**平等化效应**"[42]。同性恋在那时并不时尚，平等亦然；当我们知道普鲁士容克之间存在的社会距离感后，我们就可以更好地理解我刚才所指出的秘密在这个同性恋团体中的性质与功能。

群体成员之间建立的信任是通过仪式、特殊的识别标志来表达的；它们没有其他的目的，只有为了加强小群体对大群体的对抗。前面提到的双重运动同样适用于此；从学术密语到帮派青年的"'反向'语言"（verlan）[1] 也具有同一机制：情感的秘密分享在加强紧密

---

[1]　即词的音节倒置，比如 ripou 与 pourri，café 与 féca。——译注

联系的同时，也有助于抵抗统一化的尝试。对仪式的提及强调了群体和群众的抵抗的基本品质更应是狡计，而非攻击。这样一来，它可以通过被视为已被异化或正在被异化的实践来表达自己。在永恒暧昧的弱小面具之下，却隐藏着一种不可否认的力量。它就像一名顺从的家庭主妇，并不需要任何权力的符号，就能确信自己是一名副其实的家中暴君；或者就像埃利亚斯·卡内蒂对卡夫卡所分析的那样，它就像一种明显的羞辱，却反过来为屈从于羞辱的人巩固了真正的力量。在与菲莉丝（Felice）的婚姻观念作斗争时，卡夫卡就实践了一种不合时宜的顺从。[1] 他的沉默，他对秘密的癖好"都应该被视为其固执性格的必然做法"[43]。这是我们可以在群体实践中发现的一个程序。狡计、沉默、弃权、社会的"软肋"都是需要警惕的可怕武器。这同样适用于讽刺和嘲笑，从中期或长期来看，它们亦能够动摇最坚实的压迫。

与正面斗争的要求相比，抵抗显得比较低调，但它的优点是支持那些抵抗者间的共谋关系，这才是关键之所在。斗争总是试图超越它自己，超越那些领导它的人——它总是有一个目标要实现。相反，**沉默的实践**首先是有机的；也就是说，敌人不如实践所分泌的社会黏合剂重要。在第一种情况下，我们面对的是一种我们所创造的历史，是一种个人的或通过契约结合的历史。在第二种情况下，我们接触的是一种我们会集体面对的命运，即便只是迫于形势。在这里，团结不是一种抽象，也不是一种理性计算的结果，它是一种使我们得以带着激情行动的迫切的必要条件。这是一项长期的工作，诞生出了我们之前提到的固执和狡计；这是因为人类没有什么特别

---

[1] 卡夫卡病态地醉心于文学，并常常逃避与菲莉丝的婚约，如跳出窗户、移居国外、选择当兵等等。菲莉丝亦曾发现卡夫卡对一个二人共同朋友的出轨，并将卡夫卡写给这个情人的情书拍在桌上，意欲报复，然卡夫卡依旧保持沉默。这使菲莉丝最终绝望。——译注

的目标，却有一个基本目标，那就是确保物种的长期生存。当然，这种自我保存的本能不是有意识的，因此不需要理性的行动或决定。但是，如果想要取得最佳的效果，这种本能就必须在最邻近的地方发挥作用。这解释了我提出的小群体与群众之间的联系，也产生了我们所谓的"生活方式"：它们属于邻近秩序，具有众所周知的现实性。

我们尔后会更加准确地审视这一点，但我们已经可以指出，"团结-邻近群体的维持"这一合取在家庭的概念中得到了很好的表达；当然，我们必须从扩大家庭的意义上理解这一点。在这方面值得注意的是，这一人类学常数本身并非没有效力，尽管历史学家或社会分析家往往忘记指出这一点。从古代的城市到我们现代的都市群，"家庭"的功能就是保护，就是作为抵御外界的壁垒，限制自上而下的权力的侵犯。这就是劳务经理（*padroni*）[1]、庇护主义（clientélisme）[2] 和各种形式的黑手党的整个主题的起源。回到古代晚期，我们可以强调一个与我们的主题如此契合的话题：圣奥古斯丁是如何在基督教共同体就是"上帝之家"（*familia Dei*）的意义上设想自己的主教角色的。教会早期的扩张取决于其领导人的素质，以及能够保护教会免受国家巧取豪夺的团结网络。[44]

然而，尽管这种社会结构在地中海地区表现出色，尽管它在那里是以极致的形式出现的，但它绝不仅限于此。必须强烈肯定的是，即使由于对客观性的关注而有所缓和，这些由系列性的遭遇给我们讲述的社会结构——乃至并包括了最为当代或最具理性的社会结构——都是由前面所提到的亲和机制所贯穿的。无论是狭义还是

[1]　"*Padroni*"是意大利语，原指"主人""老大""老板"等等。此处指美国移民团体中移民工人和雇主间的中间人。——译注
[2]　使用交换商品或服务的手段竭力争取政治支持之事，尤其发生在媒体中。——译注

隐喻意义上的家族主义和任人唯亲，都占据了一席之地；通过"身体"、学校、性癖好和意识形态，它们从未停止过在政治的、行政的、经济的或工会的庞大整体内部重建一些保护性的小环境和特殊的领地。这是共同体或"教区"永远都在做的事情，尽管它们谁都不敢承认。当然，为了做到这一点，即使是采取最不体面的手段，人们也在所不惜。各种各样的社会调查都发现了有利于"家庭"的"幕后操纵"的非正式程序。从来自巴黎各所高等专业学院的高级行政人员，到利用工会集团的曼彻斯特码头工人，他们之间的互助都是相同的；而且就我们所关注的问题而言，这种互助清晰地表达了一种可以强化特定社会本能的狡计机制。[45] 在那些自称是最纯粹道德的守护者——高级公务员、高级知识分子、民意记者和其他伟大的良心——的社会阶层中，指出其中运作的这种**非法主义**（illégalisme）是很有趣的。我们只需要指出，在宇宙万物的眼中，并没有"义人"（justes）的存在，当然你也可以对此不抱有任何幻想。我想补充的是，这当然是一件好事，毕竟只要它们可以相互制衡，这些各种各样的非法主义就会像韦伯所分析的诸神混战一样彼此相对化或中和。借用蒙泰朗（Henry de Montherlant）的话来说，"非道德中总有某种道德……某种小集团仅为自身锻造的道德"，这必然会导致对一般道德的漠不关心。[46]

对看似失范性的秘密及其效力的反思，会得出两个看似互相矛盾的结论：一方面，我们目睹了个体化原则的饱和，以及随之而来的经济-政治后果；另一方面，我们可以看到正在成形的交流的日益发展。这一过程可能意味着，只有在有机的语境下，我们才可以理解微观群体的大量增加。部落主义和群众化是相辅相成的。

与此同时，在部落邻近的范围内，一如在有机群众的范围内，我们越来越多地求助于"面具"（在前文指出过的意义上）。掩藏得越深，我们就越能加强共同体的纽带。实际上，在一个循环的过程中，为了认识自己，我们需要一个象征，也就是两面性，以产生这种自我认识。[47] 由此，在我看来，这可以用来解释我们今天所观察到的、具有各种调性变化的**象征主义**的发展。

社会关系是以具有明确身份和自治存在的个体之间的理性联系为基础的，而社会本能则是建立在象征结构基本的暧昧性的基础之上的。

如果我们继续分析，我们可以说，不再是个体责任的自治将转移到"部落"，即小的共同体群体之中。许多政治分析家一直都在关注这种飞速增长的自治化（不乏对此感到担忧）。从这个意义上说，秘密可以被看作是理解当代生活方式的一种方法论工具，因为用齐美尔的一句话来说，"秘密社会的本质是自治"，一种接近无政府状态的自治。[48] 在这方面，我们只需要记住无政府状态首先是在寻求一种"无国家的秩序"。这在某种程度上可以从我们在微观群体（部落主义）的内部，以及占据了我们特大都市的空间的各种群体（群众）之间运作的建筑术中显现出来。

总而言之，我们可以肯定，由部落主义和群众化所引起的"失序"（déréglement），或更确切地说是放松管制（déréglementation），以及由这一过程所导致的秘密和庇护主义，都既不应该被视为全新的东西，也不应该被视为纯粹负面的东西。一方面，这是人类历史遭遇中经常出现的一种现象，特别是在文化变迁时期（在这方面，古代晚期的例子具有启发意义）；另一方面，通过打破与中央权力或其地方代表的单边关系，群众将通过其群体发挥竞争和可逆性的作用：群体之间的竞争，以及群体内部不同"东家"之间的竞争。[49] 正是这种多神论可以使我们相信，群众与其说是衰退的，不如说是动态的。实际上，我们在社会网络中所观察到的"另成一伙"（bande à part）并不意味着共在的结束，它仅意味着自己将投入制度的合法性所承认的形式之外的其他形式。唯一严重的问题是弃权的开始，即"另成一伙"可能会诱发既有社会的内爆。我们已经观察到了这种现象[50]，因此那些除去个人偏好、信仰乃至怀旧情绪之外首先关注那些正在诞生之物的社会学家，并不会对此感到惊讶。

六、群众和生活风格

无论我们称其为生活方式，还是日常生活（的社会学），可以肯定的是，这都是我们不能再忽视的主题。同样，我们不能再满足于对它的批判，不论这种"批判"是以一种未被异化的生活的名义，还是以一种"应当如何"逻辑的名义。就我而言，我认为这一主题（重新）涌现是当今范式转变的一个重要标志。更确切地说，我将提出这样一条假设，即全社会的动力——它们或多或少地以一种地下的方式贯穿了社会机体——可以与微观群体创造自身的能力联系起来。这也许是卓越的**创造**、纯粹的创造。也就是说，我们关注的"部落"可能有一个目标，有一个终极目的，但这并不是最重要的；最重要的是构成**这样的**群体本身所花费的能量。因此，发展新的生活方式是一种我们必须注意的纯粹的创造。强调这一点很重要，因为根据制定好的东西来判断所有事物一直就是社会学的"法则"。这样的呆板经常使我们与正在诞生的事物擦肩而过。在失范和典范之间的往复运动是一个我们尚未发现其丰富性的过程。因此，为了使我的假设更为精确，我会说：**当代微观群体的网络构成是群众创造**

力的最完美表达。

这使我们回到了共同体这一古老观念。在每一个创始时刻——我称之为文化时刻，与随后的文明时刻对立——生命的能量似乎都集中在创建新的共同体形式上。我要呼吁历史学家：难道人类发展的每一次重大突破——革命、衰落、帝国的诞生——不都目睹了新的生活风格的激增吗？这些生活风格可能是欢腾、苦行，也可能是转回过去或朝向未来；无论如何，它们的共同特征是：一方面打破了人们普遍接受的东西，另一方面强调了社会聚集的有机方面。从这个意义上说，创始时刻的"融合群体"已经成为我们之前所讨论过的象征主义的一部分。就像著名幽默作家阿方斯·阿莱所说的"村中城"那样，我们可以看到所谓的"城中村"的兴起，也就是作为基本细胞特征的面对面的关系的兴起。这可以是团结、日常生活、信仰实践甚至小型职业联合体的结果。

在这些不同的点上，历史分析可以帮助我们揭示大都市和当代特大都市的发展。[51] 实际上，我们所谓的"危机"可能不是别的，而是经济、政治或意识形态的宏大结构的终结。在所有这些领域中，我们只需要参考各种经验、去中心化和其他微小自治，参考知识的"爆炸"和人类般大小的实体的表演性，就足以能够理解我所提出的**部落范式**的恰当性。必须强调的是，这种范式与个体主义逻辑完全不同。事实上，与个体可以（在法律上，即使不是在事实上）在其中自给自足的组织相反，群体只能被理解为一个整体。这是一个本质上**关系主义**的视角，无论这种关系是吸引还是排斥，都不会改变这一点。我们在这里所讨论的有机性，是另一种描述群众及其平衡的方式。

除了强调宏观政治或宏观经济观点以外，对当代都市生活的研究还揭示了（重新）构造我们街区的象征性关系。这绝非口惠而实不至。核心家庭的碎裂与流离失所，以及由此导致的孤立感——所有这些分析无疑都出于改革或革命的良好意图，但是如果仔细观察，这主要是由城市的发展没有经过深思熟虑造成的。我们目睹了扬和威尔莫特在对伦敦东区的研究中提到的一个"准部落式的亲属关系和共同体系统"时的"真正的惊喜"[52]。这一严谨的"准"（quasi）字如今已不再适用，因为意识形态的壁垒已经倒塌，部落主义每天都在被证实。无论这是好是坏，我们都必须指出，虽然部落是团结的保证，但它也代表了控制的可能性；因此，它可能也是村庄里的种族主义或放逐制度的根源。作为一名部落成员，可能需要为他人牺牲自我，但也可以如同小店主沙文主义所允许的那般思想开放。在这方面，漫画家卡布（Cabu）所创作的《乡巴佬波夫》(beauf)[1]十分具有启发性。

不论如何，抛开所有的评判态度，有着或多或少的出众方面的部落主义，正在越来越多地渗入我们的生活方式。我倾向于认为它本身正在成为一个目的；也就是说，它通过团伙、氏族或帮派，来提醒我们情感在社会生活中的重要性。正如最近的一项关于"次级群体"的研究所指出的那样，单身母亲、女性主义者和同性恋者并没有寻求一种"个体境况的临时解决方案"，而更像是在寻求一种"对团结规则的全面再思考"[53]。利益是次要的，甚至不确定是否需要成功，因为这可能会有失去共在所带来的温暖的风险。刚才所说的有组织的运动的情况就更是如此，因为其中的大量分散群体的唯一目标就是共同取暖。事实证明，这样的目标将会逐步影响到整个社会。

---

　　[1] 法国政治讽刺漫画家卡布于1973年开始创作的漫画。在法语中，"beauf"既有乡巴佬的意思，也是主人公的名字。2015年1月7日，年逾古稀的卡布在《查理周刊》恐怖袭击事件中不幸罹难。——译注

正如我所指出的，正是这个网络将群体和群众联系了起来。这种联系没有我们所知道的组织模式的僵化，而更多地是一种氛围、一种心态，且能通过优先考虑外表和"形式"的生活风格得到完美表达。⁵⁴ 这在某种程度上是一种**集体无意识（或非意识）**，可以作为大量的群体经验、情境、行动或闲逛 [1] 的母体。在这方面，值得注意的是，当代群众仪式是微观群体作用的结果，这些微观群体一方面具有高度的独特性，另一方面又在形成一个难以区分且相当混乱的集合。我们可以通过狂欢的隐喻和对个体同一性的超越来指称它们。

我们来继续探讨这个悖论：我们可以在各种各样的体育聚集中感知到这些部落-群众仪式（部落仪式**和**群众仪式），它们通过媒体发挥出众所周知的重要性。我们也可以在百货商店、大型超市、商业中心的消费（耗费？）狂热中发现它们，这些地方当然都是在销售产品，但分泌的更多的是一种象征主义，即参与一个共同"物种"的感觉。我们还可以在观察大都市的街道上那些漫无目的的闲逛中注意到这一点。只要我们仔细观察，就能发现这种与动物迁徙类似的、难以区分的并肩关系，实际上是由许多相互作用的小细胞所组成；它还渗透着一整个系列的对人和地点的认识，这些认识把文化符号杂乱无章的鼎沸变成了一个井然有序的整体。当然，我们的眼睛需要适应这种不断的流变；但如果它可以像一台隐藏的照相机那样，既知道如何考虑整体，又知道如何着眼于细节，那么它就不会没有注意到构建了这些闲逛的强大建筑术。我们要记住，这些现象并不新鲜。古雅典的政治集会广场，距我们较近的意大利的散步大道（*passegiata*），或法国南部傍晚的散步道，都具有相同的特征：它

---

[1]　群体的无目的行动。——译注

们都是一些重要的社会本能的地点。

最后，夏日假期的逃跑仪式也以同样的方式提供了拥挤的海滩景象。这让许多观察人士感到痛心，他们对拥挤造成的混杂和不安表示遗憾。我们再一次应该记住：一方面，这种拥挤允许人们体验一种委婉的共同体形式，它正如吉洛·多弗莱斯所指出的那样，能够"消除自身与他人之间的鸿沟，建立起一种独特的融合"[55]；另一方面，这种拥挤之中具有微妙的区别。根据服装或性的品位、体育运动、团伙，甚至地区等等，人们分享海滩这一领地，并由此重建了一个具有多元互补功能的共同体整体。在巴西这样的国家，海滩是一个名副其实的公共机构；一些研究专著指出，在里约热内卢，"街区"（Blocs，遍布所有海滩的安全岗哨）的编号使人们得以识别自己的领地（n°X：左派人士；n°Y：同性恋者；n°Z：年轻人，等等）；同样，在巴伊亚州（Bahia），海滩的不同部分就像许多聚会地点，人们应根据自己所属的群体进行选择。

从这些轶事中我们可以学到，部落和群众之间存在着的恒常往复运动，是一个害怕真空（vide）的整体的一部分。这种"对真空的恐惧"（horror vacui）可以表现在海滩上、商店里、许多步行街所"不间断"播放的音乐之中，这种气氛可能会让人联想到地中海或东方城市的持续不断的噪音和无序的拥挤。无论如何，任何地方都不能幸免于这种气氛。如果我们为了概括和总结，同意剧场是一面可以用来判断一个既有社会的状况的明镜，那么它足以提醒我们，我们的城市之所以骚动不安，一方面是由于各种街头表演，另一方面是由于"野蛮剧场"的发展，以及起源于非洲、巴西或印度的各种狂热崇拜的（重新）涌现。我无意在这里分析这些现象，我只想指出，它们都是建立在一种部落逻辑的基础之上的，而部落逻辑本身只有通过网络的连接而融入群众才得以存在。[56]

所有这些都与构成现代生产主义和资产阶级特性的严肃精神、个体主义和（黑格尔意义上的）"分离"相违背，现代性的这些特征已经尽可能地控制或净化着魔的舞蹈和其他的民众欢腾形式。现在，它们也许应该被视为南方价值观对北方价值观的公正报复——各种"舞蹈流行病"[埃内斯托·德·马蒂诺（Ernesto De Martino）]的爆发。我们应该记住，它们具有聚合的功能。在一个群体中哀叹或欢乐，都能治愈患病的成员，并将他们重新整合进共同体。这些地中海沿岸［狂女主义（ménadisme）[1]、塔兰图拉毒蛛症（tarentisme）[2]、各种各样的酒神节（bacchanales）]、印度［怛特罗教（tantrisme）][3]、非洲或拉丁非洲地区［坎东布雷教（candomblé）[4]、尚戈（shango）[5]]特有的现象对于理解团体疗法、替代医疗网络、舒茨所称的"共同创作音乐"的各种表现，以及宗派主义的发展等等，都是极具意义的，它们都是"舞蹈流行病"的当代调性变化。

事实上，可以被视为预言的并非特定生活风格，而是混乱本身。虽然我们不可能说这会形成一种新的文化，但确实可以说它在结构上是多元的、充满矛盾的。塞莱斯坦·布格莱就在种姓制度中看到了分裂崇拜中的联结。这种矛盾的张力引起了强烈的集体情感，"超越了这些大量的群体本身"[57]。这一深刻的洞察超越了道德判断，

---

[1]　"Ménade"原指酒神狄奥尼索斯的女祭司。她们最早源于崇拜狄奥尼索斯的贵族妇女，后来也有越来越多的平民妇女加入。她们狂热、激昂、全身心地卷入酒神崇拜，做出很多疯狂的举动，由此，其派生词"ménadisme"就意为"狂暴""狂女主义""脱序行为"等等。——译注

[2]　又称"舞蹈病"，系15到17世纪流行于意大利南部塔兰图拉镇的一种疾病，时人认为系被塔兰图拉毒蛛咬伤所致，必须剧烈跳舞方能解毒。——译注

[3]　起源于印度，是一种以男性或女性宇宙观的出神为基础的崇拜，它偏爱某些旨在自我实现、超越人类状况、能与神合一的仪式。——译注

[4]　居住于巴西的非裔的一种宗教，源于非洲对农业、气候、疾病、海洋等神的崇拜。这种崇拜主要通过仪式、舞蹈和音乐完成。"坎东布雷"（candomblé）这个词的意思为"为了纪念众神而跳舞"。——译注

[5]　尚戈是西非约鲁巴人的雷霆神，他的斧子会带来雷电和坏天气；亦指约鲁巴人对雷霆神的祭祀舞蹈，该舞蹈随时代的变迁目前有了新的发展。——译注

看到了一个整体的坚实有机性！就我们而言，我们可以说，现代性还体验着另一个悖论：通过消除差异而寻求联结的办法，却导致了分裂。现代性至少也曾试图减弱这些分裂的影响；而我们可以肯定的是，这些影响并不缺乏其伟大和慷慨之处。**整个政治秩序**都是建立在其上的。但是，就像其他时代和地点一样，我们可以想象出既有集合的黏合剂正是由造成分裂的东西所构成的［参见婚姻战争学（polémologie conjugale）[1]］。异质性之间的张力确保了整体的牢固性。中世纪的建筑大师对此十分了解，他们就是按照这条原则建造出了我们的大教堂。这就是**群众的秩序**。由此，彼此陌生的生活方式可以勾勒出共同生活方式的虚线轮廓，而这种共同的生活方式出人意料地保留了每一种生活方式的特殊性。这就是伟大文化时刻创始时的丰富性的来源。

注释

1. 关于权力–势力关系，我建议参考 M. Maffesoli, *La Violence totalitaire*, Paris（1979），rééd. DDB，1999 中的分析。

2. 关于风格，参见 P. Brown, *Genèse de l'Antiquité tardive*, Paris：Gallimard, 1983，p.16，以及保罗·韦纳所写的序言。亦可参见 G. Durand, " La Beauté comme présence paraclétique：essai sur les résurgences d'un bassin sémantique", in *Eranos*, 1984, vol.53, Insel Verlag, Frankfurt-Main, 1986, p.129；M. Maffesoli, "Le Paradigme esthétique：la sociologie comme art", in *Sociologie et Sociétés*, Montréal, vol.XVII, n° 2, oct. 1985, p.36。

3. 参见 W. Benjamin, *Essais*, Paris：Denoël-Gonthier, 1983, p.40 et P. Tacussel, *Charles Fourier, le jeu des passions*, Paris：DDB, 2000。

4. A. Schutz, "Faire de la musique ensemble. Une étude des rapports sociaux",

---

[1] 马费索利常用术语，字面上指分裂、差异和冲突能使夫妻团结在一起。该词亦可延伸至社会关系上，即社会关系和凝聚力正是由冲突对立所构成。——译注

traduction française in *Sociétés*, Paris: Masson, 1984, vol.1, n° 1, pp.22—27, 节选自 A. Schutz, "Making music together", *Collected Papers* II, Nijhoff, La Haye, 1971, pp.159—178。亦可参见 M. Gaillot, "Multiple Meaning", "Techno", interviews de J.-L. Nancy et M. Maffesoli, Paris: Dis Voir, 1999。

5. 例如, 参见 Gumplowicz, *Précis de sociologie*, Paris: 1896, p.337 sq.。关于奥特马尔·施潘, 参见 W. M. Johnston, *L'Esprit viennois*, une histoire intellectuelle et sociale, 1848—1938, Paris: PUF, 1985, p.365 所作的分析。

6. 关于社会学对中世纪共同体的迷恋, 参见 R. A. Nisbet, *La Tradition sociologique*, Paris: PUF, 1984, p.30; 关于美国社会学的先驱, 参见 P. St-Arnaud, *W. G. Sumner et les débuts de la sociologie américaine*, Presse Universitaire Laval, Québec, 1984, p.107。

7. T. W. Adorno, *Théorie esthétique*, Paris: Klincksieck, 1974, p.13. 关于我对美学的定义, 参见 M. Maffesoli, *Au creux des apparences* (1990), rééd. Le Livre de Poche, 1995。

8. 参见 P. Watzlawick, *La Réalité de la réalité*, Paris: Seuil, 1978, p.91 和 M. Scheler, *Nature et Formes de la sympathie*, Paris: Payot, 1928, cf. en particulier p.113, 83 sq., 88, 35。关于人群, 参见 J. Beauchard, *La Puissance des foules*, Paris: PUF, 1985。关于体育运动, 参见 F. Griffet、O. Sirost 的作品, 以及 D. Femenias 目前正在 CEAQ 进行的博士论文。关于旅游, 参见 *Sociétés*, n° 8, Paris: Masson, vol.2, n° 2, 1986, 以及 R. Amirou, *Imaginaire du tourisme*, PUF, 2000。

9. M. Scheler, *op. cit.*, pp.149—152. 关于狄奥尼索斯式的倾向, 参见 M. Maffesoli, *L'Ombre de Dionysos*, contribution à une sociologie de l'orgie (1982), rééd. Le Livre de Poche, 1991, 和 K. Mannheim, *Idéologie et Utopie*, Paris: Marcel Rivière, 1956 中第 154 页说到的 "狂欢千禧年运动" (chiliasme orgiastique, 世界末日节), 以及 M. Halbwachs, *La Mémoire collective*, Paris: PUF, 1950 中第 28 页说到的 "集体的干扰"。也可参见 M. Xiberras, *La Société intoxiquée*, Klincksieck, 1989。

10. 参见 G. Hocquenghem et R. Scherer, *L'Âme atomique*, Paris: Albin Michel, 1986, p.17。参见 J. Baudrillard, *Amérique*, Paris: Grasset, 1986, p.107。同样参见 A. Moles, *Institut de psychologie sociale*, Université de Strasbourg I 中关于路和喷火艺人等的研究。

11. 关于外表, 可以参考我在 M. Maffesoli, *La Conquête du présent*, Paris (1979), rééd., DDB, 1998 中的分析; 还可以参见 M. Maffesoli, *Au creux des apparences* (1990), rééd. Le Livre de Poche, 1995。同样亦可参见 Ph. Perrot, *Le Travail des apparences*, Paris: Genève, 1984。关于 "小美学", 参见 G.

Hocquenghem et R. Scherer，*op. cit.*，p.25 的分析。关于感性，参见 P. Sansot，*Les Formes sensibles de la vie sociale*，*op. cit*。至于感官社会学的研究方法，参见 G. Simmel，*Mélanges de philosophie relativiste*，Paris：Félix Alcan，1912。

12. R. Da Matta，*Carnavals，bandits et héros*，Paris：Seuil，1983，p.116.

13. 关于这种有机联系，可参见 M. Maffesoli，*La Connaissance ordinaire*，Paris：Méridiens，1985。关于依赖，可参见 Bol De Balle，*La Tentation communautaire*，Éd. Université de Bruxelles，1985 和 P. Le Queau，*La Tentation bouddhiste*，Paris：DDB，1998。

14. Y. Lambert，*Dieu change en Bretagne*，Paris：Cerf，1985. 而 D. Hervieu-Léger，*Vers un nouveau christianisme*，Paris：Cerf，1986 在第 49 页揭示了工人的宗教感情的特征，并在第 217 页描述了她观察到的在现代世界与宗教感情之间出现的亲和性。关于"亲和教区"，参见第 12 页。另外，亦可参见 D. Jeffrey，*Jouissance du sacré*，Paris：Armand Colin，1998。

15. 参见 M. Weber，*Économie et Société*，Paris：Plon，p.475，478。

16. 参见 L.-V. Thomas，*Rites de mort*，Paris：Fayard，1985。

17. 关于中世纪研究和社会学，参见 R. A. Nisbet，*La Tradition sociologique*，Paris：PUF，1981，p.30 中的分析和例子。

18. 关于卡尔·马克思，参见 F. Levy，*K. Marx，histoire d'un bourgeois allemand*，Paris：Grasset，1973。

关于埃米尔·涂尔干，参见 R. A. Nisbet，*ibid.*，pp.110—111。

关于机械团结和有机团结的问题，参见 M. Maffesoli，*La Violence totalitaire*，Paris：PUF，p.120。

19. 参见 M. Halbwachs，*La Mémoire collective*，Paris：PUF，1968，pp.119—120。关于格奥尔格·齐美尔的"非个体主义"，我曾在拙作中解释过，参见 "Le Paradigme esthétique：la sociologie comme art"，in *Sociologie et Sociétés*，Montréal，vol.XVII，n° 2，oct. 1985；也可参见 P. Watier，*G. Simmel，la sociologie et l'expérience*，Paris：Klincksieck，1986。

20. Basarab Nicolescu，*Nous，la particule et le monde*，Paris：Éd. Le Mail，1985；关于共时性，参见 E. T. Hall，*Au-delà de la culture*，Paris：Seuil，1979，p.75。关于惯习，参见 M. Maffesoli，*La Connaissance ordinaire*，Paris：1985，p.225 sq.。关于惯习在托马斯主义中的起源，参见 G. Rist，"La Notion médiévale d'*habitus* dans la sociologie de P. Bourdieu"，in Revue *européenne des sciences sociales*，Genève，Droz，t. XXII，1984，p.67，pp.201—212。也可参见 B. Valade，*Pareto，la naissance d'une autre sociologie*，PUF，1990。

21. 我在此主要是基于格奥尔格·齐美尔的一项非常中肯的分析，参见 G.

Simmel，*Sociologie et Epistémologie*，Paris：PUF，1981，p.125。与劳拉·加斯帕里尼（Laura Gasparini）女士的翻译相反，我建议将"*Geselligkeit*"翻译成"社会本能"（socialité）而不是"社交性"（sociabilité）。

22. 引用涂尔干、韦伯或弗洛伊德的著作是没用的。我借用的是 P. Tacussel，*L'Attraction sociale*，Paris：Librairie des Méridiens，1984 中的表达。

23. 参见 P. Berger et T. Luckmann，*The Social Construction of Reality*，New York，Anchor Books éditions，1967，p.2. Traduction française：La Construction sociale de la réalité，Paris：Méridiens Klincksieck，1987。

24. 关于这一点，参见 M. Bourlet，"L'Orgie sur la montagne"，in *Nouvelle Revue d'ethnopsychiatrie*，Paris：1983，n° 1，p.20。关于狄奥尼索斯形象更一般的用法，参见拙著 M. Maffesoli，*L'Ombre de Dionysos*，*contribution à une sociologie de l'orgie*（1982），rééd. Le Livre de Poche，1991。同样可以参见 M. Xiberras，*La Société intoxiquée*，Klincksieck，1989。

25. E. Renan，*Marc Aurèle*，*ou la fin du monde antique*，Paris：Le Livre de Poche，1984，pp.317—318.

26. J. Séguy，*Christianisme et Société*，introduction à la sociologie de Ernst Troeltsch，Paris：Cerf，1980，p.112. 参见他对"宗派类型"（p.111 sq.）的分析。

27. 参见 Gibbon，*Histoire du déclin et de la chute de l'Empire romain*，Paris：Éd. Laffont，1983，t. 1，chapitre XXIII，p.632 sq.。关于中世纪的宗派，参见 J. Séguy，*op. cit.*，pp.176—179。

28. "地下水"这一表达被埃米尔·普拉用于 E. Poulat，*Catholicisme*，*Démocratie et Socialisme*，Paris：Casterman，1977，p.486 中。关于"真实国家"的永久性，即天主教思想之基础的永久性，参见 E. Poulat，*Eglise contre bourgeoisie*，Paris：Casterman，1977，p.155。同样参见 J. Zylberberg 和 P. Coté 在魁北克拉瓦尔大学（Université Laval）社会科学学院所做的工作。

29. 关于行会，参见 A. Guedez，*Compagnonnage et apprentissage*，PUF，1996。关于"兄弟会"，参见 Y. Lambert，*Dieu change en Bretagne*，Paris：Cerf，1985，p.40 et 264。

30. 我们可以根据日常遭遇来解释历史主义概念，比如 P. Berger et Th. Luckmann，*The Social Construction of Reality*，*op. cit.*，p.7 中提出的"情境决定"（situational determination）或"生活处境"（seat in life）等。同样，关于超现实主义和情境主义，可以参见 P. Tacussel，*L'Attraction sociale*，*op. cit*。

31. 在承认格奥尔格·齐美尔的关系主义至上的同时，我反对 J. Séguy，"Aux enfances de la sociologie des religions：Georg Simmel"，in *Archives de*

sociologie des religions，Paris：CNRS，1964，n° 17，p.6 中对它提出的个人主义解释。

关于美学，参见 M. Maffesoli，"Le Paradigme esthétique：la sociologie comme art"，in *Sociologie et Sociétés*，Montréal，vol.XVII，n° 2，oct. 1985。同样可参见 Y. Atoji，"La Philosophie de l'art de Georges Simmel：son optique sociologique"，in *Sociétés*，Paris：Masson。"依赖"这一术语是从 M. Bol De Balle，*La Tentation communautaire*，Éd. Université de Bruxelles，1985 那里借鉴而来的。

32. 关于私人崇拜的例子，参见 E. R. Dodds，*Les Grecs et l'irrationnel*，Paris：Flammarion，1959，p.240。同样参见 P. Brown，*La Vie de saint Augustin*，Paris：Seuil，1971，p.51 中有关摩尼教徒的网络的部分内容。

33. 参见 C. Bouglé，*Essais sur le régime des castes*，Paris：PUF，1969，p.32—35。关于"魁北克社会的人类激情游戏"，参见 G. Renaud，*A l'ombre du rationalisme. La société québécoise de sa dépendance à sa quotidienneté*，Montréal，Éd. St-Martin，1984，p.167。

34. É. Durkheim，*De la division du travail social*，Paris：Librairie Félix Alcan，1926，p.261. 关于作为"生命之源"的群体，参见 préface à la 2e édition，p. XXX。关于群体的交织，参见 M. Halbwachs，*La Mémoire collective*，*op. cit.*，p.66。

35. 参见 R. A. Nisbet，*La Tradition sociologique*，Paris：PUF，1984，p.78 对这方面进行的社会学分析。

36. G. Simmel，*Les Problèmes de la philosophie de l'histoire*，Paris：PUF，1984，p.75.

37. 我指的是我致力于说明戏剧性的章节，参见 M. Maffesoli，*La Conquête du présent*，pour une sociologie de la vie quotidienne（1979），rééd. DDB，1998。

关于秘密，参见格奥尔格·齐美尔的非凡文章 G. Simmel，"La société secrète"，traduction française in *Nouvelle Revue de psychanalyse*，Paris：Gallimard，n° 14，1976，pp.281—305。

38. 参见 E. Renan，*Marc Aurèle，ou la fin du monde antique*，*op. cit.*，p.294。

39. 关于"异乡"社会学家，参见 E. Morin，*Commune en France：La Métamorphose de Plozevet*，Paris：Fayard，1967，Le Livre de Poche，p.37。关于会社，参见 E. Poulat，*Intégrisme et catholicisme intégral*，Paris：Casterman，1969。关于社会学家的还原论幻想，参见 G. Renaud，*À l'ombre du rationalisme. La société québécoise de sa dépendance à sa quotidienneté*，Montréal，Éd. St-Martin，1984，p.235："社会变成了实验室，它必须符合社会学家所定义的现实。"

40. 参见 M. Maffesoli，*La Conquête du présent*，*op. cit*。关于"群体利己主

义", 参见 G. Simmel, *op. cit.*, p.298。

41. 关于这方面, 参见 K. Schipper, *Le Corps taoïste*, Paris: Fayard, 1982, pp.28—37。他清楚地表明了秘密社会是如何依赖于真实国家的。

42. 参见 G. Simmel, *La Société secrète*, *op. cit.*, p.303 所引用的俾斯麦的回忆。为了更好地介绍同性恋, 参见 G. Menard, *L'Homosexualité démystifiée*, Ottawa, Leméac, 1980。

43. E. Canetti, *La Conscience des mots*, Paris: Albin Michel, 1984, p.164, rééd. Le Livre de Poche, 1989.

44. 对此参见彼得·布朗的杰出传记 P. Brown, *La Vie de saint Augustin*, traduction française, Paris: Seuil, 1971, p.226。

45. 我这里指 A. Wickham et M. Patterson, *Les Carriéristes*, Paris: Ramsay, 1983 对巴黎各所高等专业学院的高级行政人员所作的调查。关于对英国曼彻斯特码头工人的调查, 转引自 M. Young et P. Willmott, *Le Village dans la ville*, traduction française, Paris: CCI, Centre Georges-Pompidou, 1983, p.124 sq.。

46. 参见 H. de Montherlant et R. Peyrefitte, *Correspondance*, Paris: Plon, 1983, p.53。

47. 关于象征的两面性, 除了我们对西方传统的了解外, 我们还可以参考汉语中"符"字的功能。请参见 K. Schipper, *Le Corps taoïste*, *op. cit.*, p.287, note 7。

48. G. Simmel, *La Société secrète*, *op. cit.*, p.293.

49. 与古代的比较, 参见 P. Brown, *La Société et le sacré dans l'Antiquité tardive*, traduction française, Paris: Seuil, 1985, p.110。

50. 例如"另成一伙"现象对罗马社会的影响, 参见 E. Renan, *Marc Aurèle, ou la fin du monde antique*, Paris: Le Livre de Poche, 1984, p.77。

51. 关于"融合群体", 自然要参见 J.-P. Sartre, *Critique de la raison dialectique*, Paris: Gallimard, 1960, p.391。关于共同体形式对古代的创造性, 参见 P. Brown, *Genèse de l'Antiquité tardive*, traduction française, Paris: PUF, 1984, p.22。关于持久性和对团结的重视, 参见 G. Renaud, *À l'ombre du rationalisme. La société québécoise de sa dépendance à sa quotidienneté*, Montréal, Éd. St-Martin, 1984, p.179。

52. M. Young et P. Willmott, *Le Village dans la ville*, traduction française, Paris: CCI, Centre Georges-Pompidou, 1983, p.18, cf. p.153。

53. E. Raynaud, "Groupes secondaires et solidarité organique: qui exerce le contrôle social?", in *L'Année sociologique*, Paris: 1983, p.184. 关于"帮派"的重要性, 参见 E. Morin, *L'Esprit du temps*, Paris: Le Livre de Poche, 1983, p.130。

54. 参见 M. Maffesoli，"Le Paradigme esthétique：la sociologie comme art"，in *Sociologie et Sociétés*，Montréal，vol.XVII，n° 2，oct. 1985。同样参见 M. Maffesoli，*La Connaissance ordinaire*，Paris：Méridiens Klincksieck，1985，chapitre IV：Vers un "formisme" sociologique。

55. G. Dorfles，*L'Intervalle perdu*，traduction française，Paris：Librairie des Méridiens，1984，p.30 sq.. 不用说，我不同意吉洛·多弗莱斯对当代部落主义及其"害怕真空"的恐惧。

56. 关于"野蛮剧场"，参见 G. Dorflès，*ibid.*，p.163 所参考的研究及文献。塔兰图拉毒蛛症已经由 E. De Martino，*La Terre du remords*，traduction française，Gallimard，1966 进行了很好的分析。关于坎东布雷教，参见 R. Da Matta，*Cidade e Devoçao*，Recife，1980，和 "Le Syllogisme du sacré"，in *Sociétés*，Paris：Masson，1985，n° 5，以及 V. Costa lima，*A Famiglia de Santo nos candomblés*，*jejenagos do Bahia*，Salvador，1977。

A. Schutz，"Making Music Together"，其翻译载 *Sociétés*，Paris：Masson，vol.1，n° 1，1984。

关于怛特罗教，参见 J. Varenne，*Le Tantrisme*，Paris：1977。

关于宗派，我自然会提到一篇出色的文章 J. Zylberberg et J.P. Montminy，"*L'esprit, le pouvoir et les femmes*，polygraphie d'un mouvement culturel québécois"，in *Recherches sociographiques*，Québec，XXII，1，janvier-avril 1981，以及博士论文 P. Cote，*De la dévotion au pouvoir：les femmes dans le Renouveau charismatique*，Montréal，Université Laval，1984。

57. 参见 C. Bouglé，*Essais sur le régime des castes*，Paris：PUF，1969，p.152。

第五章　多文化主义

一、三位一体

如果说现代性被政治纠缠，那么后现代性则可能被部落纠缠。这改变了我们与他异性（Altérité）之间的关系，更确切地说是改变了我们与异乡人（Étranger）之间的关系。的确，从政治的角度来看，存在于理性个体之间以及理性个体的集合与国家之间的机械团结往往占据主导地位；相反，对于部落来说，我们将面临的主要是强调整体的有机团结。借用齐美尔的话来说，从个体主义（和政治）的角度来看，一般的原则是"所有人都在其中发挥了作用，而非所有人所共有"[1]。然而，即便只是为小群体所共有，这种"所有人所共有"对今天来说也是非常适合的。因此，除了表面上的个体主义或自恋之外，我们应该更加关注在我们的社会中趋于发展的群体态度。在我看来，这些态度都是社会本能的狄奥尼索斯式逻辑的一部分。显而易见的是，在我们的现代大都市中，小型亲和群体的大量涌现引起了它们之间不同程度的冲突关系问题。无论如何，这种新部落主义提醒我们，共识（*cum-sensualis*，即共同感觉）不只是理性的，我们常常会忘记这一点。[2] 可以肯定的是，这种"共享情感"的假设迫使我们重新思考第三方（Tiers），即全社会结构中的复数物的角色。个体-国家之间的婚姻关系可能被湍流所阻，但至少我们对它的轨道有了很好的界定，然而第三方的入侵将会使我们陷入风暴中心，其后果难以估量。因此，我们必须重视构成这种欢腾的基本要素。

我们知道，继卡尔·施密特（Carl Schmidt）和齐美尔之后，朱利安·弗罗因德一再强调数字"三"在社会生活中的重要性。由此，第三方的概念有了认识论的维度，这削弱了还原论的简单化。[3] 伴随着数字"三"，社会诞生了，继而有了社会学。从人类学研究［列维-斯特劳斯、乔治·迪梅齐（Georges Dumézil）、吉尔贝·迪朗］到帕洛阿尔托学派的心理学实验，我们都会发现三元论（triadisme）的重要作用。[4] 从这个术语最强烈的意义上说，文化的、个体的动力都是建立在异质元素间张力的基础之上的。随着社会世界的象征主义观念的重新涌现，这一观点变得越来越重要[5]，我们也自然地离自现代性之初起的西方理性主义的目标——统一性越来越远。三元论的隐喻允许行动中存在悖论、分裂、破裂和矛盾；一言以蔽之，它使构成当代新部落主义的复数性得以可能。

因此，统一性（Unité）的梦想正在被一种**独一性**（unicité），即各种元素之间的调整所取代。"第三方"的概念强调了差异的奠基性，就像是机体觉（coenesthésie）知道如何在冲突性的和谐的背景下整合身体的功能和功能障碍一样。这不是基于宽容的一致主义视角，而是一种我们可以称为对立的有机性的东西。从中世纪的炼金术士到遥远东方的道士，对立统一（*coincidentia oppositorum*）这一著名而又古老的智慧，孕育了许多社会组织和社会表征。特别是对于道教来讲，在对修炼"内在境界"的描述中，丹田，即人的命蒂（性命之根本），位于"脐下**三**寸处，表达了精、气、神的**三位一体**"。同样，为了更好地强调其丰富性，对于道而言，"三"是"万物"生成的起点。⁶

所有这些都已经被分析过多次，但我们只需要以一种暗示性的方式，就足以强调多重性是生命的一项至关重要的原则。那些一元论或二元论制度的支持者需要记住，"三"的欢腾和不完善总是勃勃生机和前瞻性动力的根源。

这种多元主义有时会被否定或遗忘。在这种情况下，我们看到了一些建立在同质性模型基础之上的实体类型构造：统一国家、历史主体（无产阶级）、线性进步等等。但是这些实体都无法抵御时间的消磨及其严苛法则。无论是对群众及其行为而言，还是对政治结构而言，都是由差异性的现实最终胜出。有许多例子表明，在集中化和统一化的过程之后，我们可以目睹到特殊主义和地方主义在所有领域的回归。在这方面，法国政治史的例子很有启发性。任何统一的实体都是暂时的。多样性和复杂性的考虑是"大众良识"的典型态度，但知识分子往往倾向于拒绝这种态度，因为这与概念的简单性相矛盾。

得益于第三方，无限开始运转。得益于复数物，生命被纳入社会学分析。当然，这并没有使我们的任务变得更容易，因为用埃德加·莫兰的话来说，民众内部运作的多元主义势必会导致他们是"复音，甚至是不协和音"（polyphone，voire cacophone）⁷。但是我们必须接受这种风险，因为一方面，一致性和统一性往往有害于城市的建设 [1]；另一方面，如果对目前的时代精神敏感，我们就不得不承

---

[1]　参见亚里士多德：《政治学》，第二卷，1261 b-7。

认，**复数**形式在我们社会中的发展是不可抑制的。由此产生的多元文化主义当然不是没有风险，但它是逻辑原则和现实原则相结合的结果，否认其重要性无疑只是徒劳。更重要的是，就像所有的欢腾时期一样，这种行动的异质化将是未来社会价值的母体。因此，通过对这种异质化的成分观察以及对其组成的分析，我们就能够指出构成我们 20 世纪末的社会关键问题的所有成分，这些成分将在被我们称为**社会本能**的星云中逐渐显现出来。

在缺乏可靠方向的情况下，我们不妨再次指出社会本能可以采取的方向。它将不再依赖于浮士德式的"做"（faire）的单一价值性，也不再依赖于与之相对的、契约性和终极目的性的联合主义，我将用"自我和世界的经济-政治"来分别概括这两点。相反（这就是我经常使用"狂欢"隐喻的原因 [8]），正在形成的社会本能融合了大量的交流、对当下的享受和激情的不融贯性。所有这些都会自然而然地**同时**导致相遇和拒绝。心理学已经对这种暧昧性进行过众多分析，因而评估它的社会事件，且注意到它对技术发展的顺应是非常重要的。我们的确可以看到，在微型计算机的帮助下，网络（当代新部落主义）的这种不断扩大的联合形式建立在情感的融合与排斥的基础之上。无论如何，这种悖论，这种活力的明显标志，都会是任何理解路径中最有用的关键。

二、在场与远离

因此，在文化和文明的经典二分法的基础上，我们可以注意到，文化的开创性动力对异乡人来说是毫无畏惧的。与畏惧恰恰相反，他们不仅知道如何利用外来事物发展自身，还知道怎样在这样的情况下保持自我。

在这方面，我们必须参考人类历史给予我们的所有这些例子：
"自我肯定"这种自主的、并因此排斥他者的形式，却有利于接纳这
种他者。路易·雷奥（Louis Réau）对法国文化和语言在欧洲的发展
进行过极其博学的分析，他强调，在 17 世纪和 18 世纪，外国人肯
定会在法国受到"最亲切、最谄媚的欢迎。这种媚外（xénophilie），
这种我几乎可以说是外国迷（xénomanie）的情况再也没有推进
过"[9]。这当然是具有启发性的：在"外国人都被宠坏了"的同时，
一种法国特有的生活方式和思维方式正趋向于成为霸权。我们可以
说，每一次真正强大的事物诞生时，情况都是如此。我曾经指出[10]，
势力与权力及围绕着权力的一切，即经受和遭受的敬畏和恐惧无关。
而正是弱小既可以使人退回自我，又可以孕育出攻击性。当文明将
自己囚禁在一种冰冷的恐惧之中时，文化仍可以四处传播并接受第
三方。这无疑解释了路易·雷奥所惊讶地指出的这一点：在 18 世
纪，没有人对推广使用法语作出过努力，但我们却知道，在那个时
代，法语完成了巨大的扩张。从古代世界的雅典，到 15 世纪文艺复
兴的佛罗伦萨，再到今天的纽约，我们可以不断地看到这样的吸引
力极点，这些极点所进行的实际上都是一些外来元素的代谢过程。

这样一来，我们就能够在像阿尔萨斯这样的一个地区的活力
和"源源不断的外来血液"之间建立联系。根据弗雷德里克·奥
费（Frédéric Hoffet）的说法，这种杂交正是该地区创造出"巨作"
的起源。[11]可以肯定的是，尽管这里存在一种边界的悲剧（Grenze
Tragödie），但它仍然拥有发展的动力，即齐美尔所谓的桥与门。边
界地区活力主要在经历人口流动带来的不断混杂、不平衡和不平静，
但与此同时，由于它所引起的异族通婚，我们看到了原始创造物的
诞生，这些原始创造物极好地表达了社会直接经验的静力学和不稳

定性之间所特有的协同作用。这种协同作用可以总结为"积极寻根"这一表达。不应该忘记的是，正是这种"边界"的张力使我们有可能解释斯宾诺莎、马克思、弗洛伊德、卡夫卡等既融入又疏离者的思想。他们思想的力量可能就来自他们基于一种双重极性，即在场和远离这一事实。[12] 这些特定的地区和这些伟大的作品以一种极致的方式经历或指出了那些隐蔽地构建了人们日常生活的东西。在成为种族主义者或民族主义者之前，或者以一种更为生活化的方式来讲，在成为我们通常所说的"乡巴佬"之前，内藏的知识使我们"知道"，我们那远低于（或远高于）那些非常遥远的、或多或少带有一些强制性的伟大理念的日常生活，是由混合、差异以及与他者之间的相互调整所构成的，即使这个"他者"是举止怪异的异乡人或者举止怪异的失范者。由此，我们**首先**把群众和处于创始时刻的文化联系起来。这不是一种偶然的或抽象的联系：每当一个时代开始，一座城市繁荣，或一个国家觉醒时，它都可以通过民众的势力来实现，只是后来，它们（那个时代、那座城市、那个国家）被少数成为拥有合法性和知识的管理者、所有者或神职人员以时代、城市或国家的名义没收。**其次**，我们不妨承认这种联结同时具有吸收和扩散的能力。上面给出的例子已经充分证明，一个确定的实体会同时进行其融合与辐射。我们不妨大胆地打一个有机论的比方：一个健康的机体可以表现出极强的灵活性，它没有一丝的僵硬或谨慎的迹象，而是充满了一些预防措施和琐碎之物！用乔治·巴塔耶的术语来说，在这种联结中产生了一种至尊性，即一种取得了胜利的动物性形式，它"感觉"到了如何能够在我们保留的特殊性和将我们融入到广阔世俗未来中的普遍性之间保持平衡。这是一个在由人类冒险所构成的游牧生活与定居生活之间进行的往复运动，也是一个在建立于所有表征基础之上的是与否之间进行的往复运动。

在我们能够想到的众多历史例子中，有一个特别值得注意，而且可以被认为是对我们的时代具有启发性的例子，即关于多纳图斯派的论战。对于新生的基督教来说，那是一个艰难的时刻。在我看来，这个所谓的"古代晚期"与我们所处的时期有着不止一方面的相似之处。这种相似之处简单来说就是文明即将结束，文化正在诞生。历史学家彼得·布朗在其有关圣奥古斯丁的杰出著述中，中肯地分析了多纳图斯派和这位希波城主教之间对立的原因。[13] 在这里，考虑到我们所关心的问题，我将简化这场争辩，仅保留一个基本要素：对于多纳图斯派而言，有必要自我孤立起来，保持一个纯洁的教会，与这种区分的一切后果所涉及的世界隔绝开来；相反，对于奥古斯丁而言，重要的是必须足够强大以能够同化"他者"，必须足够灵活以赢得世界。这一观点源于奥古斯丁对福音信息的有效性、普遍性，还有最重要的前瞻性的确信。这就是我们的主教。作为一名老摩尼教徒，他知道极致的纯粹主义的乐趣，仍会毫不犹豫地从异教徒世界的文学和哲学遗产中收集一切能够加强其所宣扬的预言的原因。在一个新世界诞生的时刻，这个问题就非常重要了：相对于自我封闭的教派之安心宁静，圣奥古斯丁更喜欢一个由来自不同层面的潮流和人群的欢腾形成的具有扩展性和开放性的教会。他试图建造的"上帝之城"是根据广阔世界的尺度来衡量的，因而接受世界的喧杂对它来说是正常的。只有付出这样的代价，这座"城市"才会永存。这是新文化创始人的天才想法！

让我们来继续观察这一现象，但这次是在另一个时代：神话时代（它的神话性比前一个例子更甚？）。如果我们采用狄奥尼索斯这一主题——这对理解我们的当下也很重要——我们就可以注意到，在底比斯这座文明的、由理性管理的、显得有些怠惰的城邦，狄奥尼索斯的入侵就是异乡人的入侵。狄奥尼索斯柔弱、芳香、衣着迥异的外表及其宣扬的生活方式、思维方式，在不止一个层面上令人震惊。[14] 这种陌生性的入侵是与从古典希腊文化到希腊化时期的过渡对应的。狄奥尼索斯，这位迟到的神（半神?），打乱了古典希腊主义的完美，但也正因如此，希腊化时代才得以诞生。任何正在耗尽的东西，即使是完整的，也需要一种障碍，甚至是外在的障碍，来恢复它的动力。此外，在大多数情况下，外来因素只是现实化了一种被忽视或被抑制的潜力，因此，我之前提到的逻辑中的张力和悖论是必要的，它们有点像植物的嫁接，可以让破败的树木再次结出美丽的果实。

这种陌生性的入侵可以起到**纪念**的作用：它提醒了一个往往会忘记自己在结构上是异质的社会机体，即使它为了方便起见会倾向于将一切还原为统一。这种对价值的多神论的提醒在酒神仪式中表现得尤为明显。狄奥尼索斯，这位来自"他处"的神，必须把那些"他者"——住在希腊城邦中的外国侨民和奴隶——融入到该城邦之中，而似乎正是酒神狂欢将他们与公民们联合了起来 [1]。因此，即便只是分散的和仪式性的，共同体也发挥出"在此处"和"在他处"的功能。我们要记住，阿伽劳洛斯崇拜颂扬的是作为**统一体**（Unité）的城邦，而酒神狂欢提醒的则是独一性（unicité），即对立面的合取。

简而言之，用我们最初的话来说，"衰弱的文明需要野蛮人来使其重生"[15]。指出异乡人使新文化的建立成为可能，是不是一种自相矛盾？罗马人之于希腊文明，蛮族人之于晚期罗马帝国，或更接近我们时代的、被称为"西方的匈奴人"（*die Westhunnen*）的法国大革命的主角们，还有那些甚至喊出了"哥萨克革命万岁"这一战斗口号的、厌倦了资产阶级的衰弱的无政府主义者们等等，都强调了

---

[1] 参见米歇尔·布尔莱（Michel Bourlet）。

具有创始性的陌生性对文化的重要性。此外，莫斯柯·布科（Mosco Boucault）最近拍摄的电影《退休的恐怖分子》(*Des terroristes à la retraite*，1985）也从容不迫地表明，在抵抗纳粹压迫的过程中，法国观念的捍卫者中最活跃的那些人，都是来自不同国家的无国籍者。他们不像某些高尚的法国人那样听天由命，反而以理想的名义而战并献出了生命；对于他们来说，理想所象征的，正是他们所选择的这个作为容留之地的国家。

可以肯定的是，人类历史告诉我们，所有的伟大帝国都来自我们所知道的混杂之物。这里给出的一些漫不经心的注解都参考了研究这一问题的历史学家们的工作，而他们的工作可以用玛丽-弗朗索瓦·巴斯莱（Marie-Françoise Baslez）的杰出著作中细致而博学的一句话来概括："许多城市的财富都应归功于异族人口。"[16] 我们可以通过提出以下假设来完善这一说法：缺乏开放性、对异乡人谨慎的恐惧导致了许多城市的衰落。我们知道，"罗马不复罗马"，但在某种程度上，它必须以他异性来衡量自己，认识到自己是个异质性的帝国。我曾试图证明这是一种社会人类学结构，没有必要再回到齐美尔众所周知的对陌生人的分析上了。另一方面，为了忠于其精神（以及这里的文字），社会学家必须能够重新考虑这种社会"形式"的重要性。它不仅在过去的领域具有重要性，芝加哥学派和皮特林·索罗金（Pitirim Sorokin）还展示了它对我们现代性的重要性。吉尔贝托·弗雷雷也同样强调，巴西是如何以葡萄牙为榜样，通过各种意义上的混溶性（miscibilité）与流动性来构建自身和获得动力的。[17]

更不必说我们的后现代性了。现在是处理构成我们社会的异质性的后果的时候了，即便这种异质性还处于刚开始的阶段。在当代特大都市的文化鼎沸中，我们已经不可能再否认异乡人的存在，也不可能否认其角色了。我所提供的历史或神话的例子，就像许多的隐喻一样，可以让我们思考可以被定性为狄奥尼索斯式的享乐主义和活力论意象的兴盛。因为所有这些事物都是以一种已分化的方式在小群体中被经历的，且既不依赖于某种特定的联系，也不涉及某些统一的表征，所以它们禁止我们进行一种单一维度的解释。启蒙运动（*Aufklärung*）的价值被输出为全世界的榜样，目前似乎已经饱和。就像在其他历史时期一样，我们可以看到一种来自全社会的欢腾取代了它的位置，这种欢腾有利于东西方的混杂、混溶和混合。简而言之，这是价值的多神论。它是一种无形、无限的多神论。我们必须予以应有的重视，因为它关系到未来。

野蛮人就在我们的墙内。但是，既然我们是其中的一部分，我们是否还应该担心他们呢？

三、民众的多神论，或神的多样性

在指出我们必须赋予第三方的重要性，并且对第三方在社会历史中的角色给出了一些见解之后，把它其中一个基本特征单独指出来可能是非常有趣的。从某种意义上讲，这是一种逻辑上的特征，对此的最好描述是韦伯的"价值的多神论"。我们有必要坚持这一主题，因为尽管我们对它的理解仍然很不充分，但我们仍急切地希望把它重新纳入政治领域。更准确地说：某一右翼分子在其文化和政治斗争中使用了多神论神话的这一事实，不足以使这个神话失效，也不足以就此把它归附于某个阵营。在我看来，多神论甚至超越了政治秩序；在结构上，我们可以说，价值彼此的相对化导致了**不可判定性**（indécidabilité）。还有什么更对立于政治逻辑的呢？而且，如果我们想要更加精确或者更加忠实于激励这场反思的精神，那么我们也许就应该提到"单一主神论"（hénothéisme）[1]，就像塞莱斯坦·布格莱在研究吠陀教时提到的那样，"所有的神依次成为至高无上的主神"[18]。

正是这种细微的差异——让我们以隐喻的方式再次强调——召唤众神来启发我们认识社会。我的确提出过要将民众与文化的创始行动联系起来；在我看来，这种合取使我们得以在欢迎异乡人的同时保持自我（或者更好地来讲，通过异乡人来滋养这一自我）。正因如此，多神论才有可能成为民众"非种族主义"[2]的最可靠迹象。

让我们再绕一个道吧！犹太传统以及后来的基督教的基本特征，都是毫不妥协的一神论。这是不容重新考虑的根本界定。另一方面，我们应该记住，一旦在基督教生活中确立了这个原则，就会有一千零一种方法来违反它。从人类学的观点出发，吉尔贝·迪朗在萨瓦（Savoyard）的研究所[3]里出色地分析了他所熟悉的民间信仰与实践。我也已经以我自己的方式表明，对圣人的崇拜可能是多神论对一神论之严谨性的突破，因为仅对上帝的"崇拜"（latrie）和属于圣人的"敬礼"（dulie）之间进行神学区分，实际上是一种对日常生活几无影响的诡辩。最后，宗教社会学尽管真实性存疑，但也没有忽视这个问题。[19]这个问题与其说是一种正面交锋，不如说对我们而言是一种强调：这是贯穿了宗教生活与社会生活的主线——传统的对立统一的一种现实化形式。

雅各·波墨（Jakob Böhme）和埃卡特绍森（Eckartshausen）曾证明，神秘主义和基督教的神智学一直使这种形式保持活力。玛格丽塔·埃玛·科夫特里（Margareta Emma Coughtrie）女士最近的论

---

[1] 多神论的一种，只信奉一个主神，但并不否定其他神的存在。——译注
[2] 我是故意使用这个表达的，主要参照了帕累托的"无逻辑"。"无逻辑"可能含有一些不合逻辑的东西，但从严格的意义上讲，它的根本性质并非如此。我们可以对"无种族主义"作出类似的阐述。
[3] 指格勒诺布尔第二大学，吉尔贝·迪朗当时在此任教授。——译注

文《数棋，中世纪的一种入门游戏》（*Rhythmomachia, a propaedeutic game of the middle Ages*）表明，我们在修道院的一些传统益智游戏中找到了这种不可化约的多元主义的表达，比如基于高度数学形式化的数棋。这样一来，在民众的实践（朝圣、圣人崇拜）、神秘主义的表达或逻辑复杂性中，他异性、奇特性和异乡性都有了许多避难所，这些避难所使它们能够抵抗一位论式的（unitaire）简化和还原。[20]出神，就像主保节（fêtes votives）中的融合，既允许表达同一，也允许表达差异。而作为修道院祈祷基础的"诸圣相通"，以及民众的欢腾，则以委婉或现实化的方式指称通过多样性和复音性的构建形成的共在。

这种观点从未在自我呈现为基督教一神论的事物中消失过。因此，在对 19 世纪到 20 世纪天主教的分析中，埃米尔·普拉以其特有的细致提出了是什么使"不协调之物得以在没有冲突的情况下共存"。那么，"这种能够产生像天主教反宗教改革、基督教民主、基督教革命等不相容形式的奇特的'门'所传承的遗产是什么？"[21]答案无疑是上帝子民的观念，一种神性的对立统一的**类似因素**。用普拉的话来说，它是一种"民众的天主教、跨阶级的天主教"，而且可以肯定的是，在各种政治学家的表达之外，这种民众基础坚定支持着思想方式和存在方式的多元性。从这个意义上讲，它是一个门，一个牢不可破的、永久的基础。它确保生命可以因其表达的多样性而延续，而即便是完美的霸权主义的价值也会使生命枯竭。我们可以将这种结构上的**共存**归因于矛盾思想［卢帕斯科（Lupasco）和贝格伯德（Beigbeder）］，这是多神论的一种逻辑学形式。在阿尔萨斯的一些小村庄里，共享教堂（*simultaneum*）制度允许天主教徒和新教徒轮流在同一座教堂里祈祷。这可能是行动中的矛盾思想的一个很好的隐喻，超越了我们所知道的所有偶然因素。因此，狭义上的多神论和多元化的基督教向我们指出，我们必须一次又一次地去寻找能够融合"他者"的"妥协生存之道"（*modus vivendi*）。共同体、圣餐、神秘团体都为此付出过代价。诸神之间的战争，以及有时对同一个神的不同解释所引发的流血冲突等等，最终都会导致社会机体的巩固。在这里，神话可以与逻辑学或控制论的前沿研究成果相结合：功能障碍和矛盾在现实及其表征的构造中占有不可忽视的重要地位。它还能与一些韦伯式的分析相联系，例如下面这一值得反复提及的著名发现："民间智慧告诉我们，一件事可能是真的，即使它并不是真的，即使它不美丽、不神圣、也不善良，但这些只是不同秩序和价值的诸神混战的最基本情况。"[22] 在这篇文章中，韦伯明确提到要把多神论和民众紧密地联系在一起。也许我们应该说，在某些时期，民众在理性的、终极目的性的、生产主义的、经济主义的解释和程序上达到饱和状态，开始转向整个社会生活的自然的，也就是我所说的"生态学"基质方面；而正是此时，民众可以重新发现在自然的多样性和神的多重性之间建立起来的往复运动。这并非不残酷，因为多神论就相当于对抗，对抗自然，对抗自然的严酷法则，也包括对抗暴力和死亡。但是，诸神之争，或者诸群体之争，总比否认异乡人要好。在战争中，异乡人是以人类的面孔出现的。他们确实存在。即使他们的习俗与我的习俗相违背，即使我认为他们的习俗不"美丽"、不"神圣"、也不"善良"，即使我要与他们战斗，我也不能拒绝承认他们的存在。正是这种认识使我们能够在宗教范畴和社会关系之间建立一种类比。

社会学家齐美尔也对理论有着和韦伯一样的敏感性。他建议我们把上帝看作是一种"对立统一，一个生命矛盾赖以建立的中心"。在同一篇文章中，他提到了部落（"原始的宗教共同体就是部落"）以及个体对部落的依赖。事实上，对上帝的依赖就是对部落的一种

"风格化"（同时在明确性和委婉性方面）[23]。部落及其斗争、构成这些部落的强烈的相互依存、一位可以联结对立面的神的必要性等等，共同构成了一种认识论-神话框架，其中，"爱（的辩证法）和远离的辩证法"似乎是任何社会结构的基础。在我刚刚所说的意义上，宗教（即重新捆扎在一起）是一种复数社会本能的表达，这丝毫不会让人感到奇怪。实际上，我们要记住，在成为一种制度并伴随着我们所熟知的僵化之前，宗教聚集首先作为一种共同取暖、并肩协力的方式，以对抗社会的或自然的"事理"的僵化。

然而，这些聚集和由它们所引发的相互依存是交流与冲突的紧密混合物。再次引用齐美尔的话来说，"彼此支持"（l'un pour l'autre）的"并肩协力"和共存，能够与"彼此对抗"（l'un contre l'autre）绝妙地相辅相成。我们稍后会回到这一点，但和谐或平衡确实可能是冲突性的。从这个角度来看，社会整体（如同自然整体）的各种元素之间形成了一种相互的、紧密的、动态的关系；总之，这种不稳定性就是生命的代名词。埃德加·莫兰所说的复杂性具有同样的特征；从这个意义上说，我们提出的"绕道"可能没有乍看上去那样不必要。因为，与对种族主义的恐惧或种族主义的现实同时增长的，还有在当代特大都市的复杂性中越来越占有重要地位的宗教团体、多元文化主义和情感网络。在现代性所盛行的个体主义和经济主义模型的掩盖下，我们忘记了社会聚合也同样是同时建立在情感的吸引力和排斥力的基础之上的。无论人们怎么想，社会激情都是一件无法回避的事实；如果不将其纳入我们的分析，我们就会阻止自己理解我们报纸上"社会新闻"栏目不会忽视的许多情形。在任何"文化的"创始时刻都会爆发的多种族事件尤为如此。在不寻求创始人庇护的情况下，我们可以从这个角度来阅读涂尔干《社会分工论》里的一部分内容。不管那些自称是、装作是涂尔干的圣殿守护者的追随者们是怎么想的，友谊、同情，当然还有它们的对立面，都是这部分析团结之作的不可忽视的组成部分。我们看到了这样的陈述："每个人都知道，我们喜欢那些外表与我们相似的人，喜欢那些想法和感觉与我们相似的人。然而，相反的现象也并不鲜见。我们也经常会靠近那些与我们并不相似的人，而这恰恰是因为他们和我们不相似。"他还写道："赫拉克利特坚称，我们只适应对立之物，最美丽的和谐来自差异，不和谐才是万物的律法。不相似同相似一样，可以成为相互吸引的原因。"他称这是与生俱来的"**两种友爱**"（l'une et l'autre amitié）。[24] 在介绍他的著作时，我所谓的冲突性的友爱能够解释这种团结，这种解释使我们能够从逻辑上理解差异如何互补并臻于完美。

当然，这个角度有着功能主义的一面；但只要它不以一种抽象的方式消除矛盾，而只是让我们去思考他异性及其特殊的动力学，那这种功能主义就并不重要。到目前为止，人类学或民族学一直垄断着对他者（autre）的研究，正如神学必须对绝对的他者（Autre）感兴趣一样。如今，要维持这样的分离是很困难的。特别是日常生活的社会学，它已经能够使人们注意到双重性——每一种社会情境两面的、双重的方面、"矜持"，以及外表同质之物的内在多样性。我们不会再讨论这个问题。[25] 相反，从现在开始，我们可以坚定地将我们的思考指向建立在这些两面性及其协同作用基础之上的神话般的建筑术。这一切都充满了活力，充满了之前讲过的无序的、不和谐的活力，还有难以否认的欢腾的活力。

我已经将古代晚期以及对它的分析作为帮助我们思考当今时代的范式。正如彼得·布朗所指出的那样，那是一个满是"说话的神"的时代；他补充道，当众神开始说话时，"我们可以确定自己是在与仍然可以找到集体表达方式的群体打交道"[26]。如果将它应用到我们的时代，我们就可以说，当代的复音很好地反映了众神在新"文化"的构建中发挥的作用。我使用"范式"一词是为了强调这种历史参考的有效性，因为我们这些征服了空间的人常常会忘记，缩短时间之远同样也是可能的。"爱因斯坦式的时间"使我们能够通过"转移过去的意象"（隐喻）来阅读当下。因此，通过强调众神的活力与多样性，我们可以粗略地勾勒出我们城市欢腾的风格。不过在这里，我们还是让诗人来吟唱吧！

> 在我看来，人似乎充满了神，就像一块浸没在天空里的海绵。这些神生活下来，达到他们力量的顶峰，然后死去，把他们芳香的祭坛留给其他的神。他们是万物一切转换的根本原则，是运动的必需条件。就这样，我从一千位神的化身之中沉醉地经过。
>
> ——阿拉贡（Aragon），《巴黎的农民》（*Le Paysan de Paris*）

正是这种从文化到文明，再到文化之创造的运动，可以被解读为我们今天所经历的价值的多神论（对抗）。有些人会把这称为堕落。如果堕落指的是即将死亡之物充满了即将诞生之物的话，我们为什么不这样说呢？那些行将凋谢的花朵被其完美所耗尽，而正是这确保了硕果累累。

四、有机平衡

文化已经枯竭，文明正在死亡；一切都符合社会学家皮特林·索罗金所描述的饱和机制。我们已经知道这一点。然而还有一个更加有趣的问题：是什么使生命得以持续？答案的微光可以从赫拉克利特或尼采的观点中找到：破坏同时也是构建。如果政治的同质化传统由于人们的漠不关心或异乡人入侵的冲击而饱和，那是因为其效用已经过时。从那时起，它业已建立的、以牺牲**差异**所能概括的事物为代价的平衡也就停止了。现在，我们就要看看"第三方"这个我们一直在逐步遵循的人类学结构是如何融入新的平衡的。实际上，根据我们的论证逻辑，并参照许多历史情境，我们可以假设能够建立在异质性基础之上的平衡是存在的。借用我已经使用过的平衡运动（balancement）概念，我们可以说民众的独一性可以取代资产阶级特有的统一性。民众不是资产阶级或无产阶级那样的历史主体，而是一个矛盾的实体或一种日常实践，在这种实践中"恶"、异乡人、他者不再被驱逐，而是按照不同的尺度和标准被整合起来，这仿佛是某种顺势疗法。

我们不妨再次指出，从之前提到过的不可避免的社会激情的角度来看，我们的社会将要面临的问题是如何平衡这些对立的激情；一旦人们认识到自然的多样性（pluralité de nature）或人性的多样性（pluralité des natures）时，这些激情之间的对抗便会加剧。[27] 正是在这个意义上，我谈到了冲突性的和谐，因为当激情凌驾于理性之上时，平衡将会无比困难。目前，我们在日常生活和公共生活中都能轻易地观察到这一点。

我们不妨从一个如今很难被接受，甚至没有被严肃思考的概念——等级制度开始。塞莱斯坦·布格莱指出，泛神论在印度是如此受欢迎，是因为它实际的多神论与种姓制度密切相关。[28] 印度宗教的好客特征和教义上的非教条主义实际上是基于其高度的等级制度意识之上的。这是一种极端的情形，因此无法扩展，甚至也不能作为一种模型；但是它可以清楚地表明一个社会如何能够在各种差异共存的基础上建立平衡，并如何能够以我们所知的严谨态度将差异体系化，从而构建出一种不乏团结的建筑结构的。而路易·迪蒙在《阶序人》（*Homo Hierarchicus*，1966）一书中，表现出了这种制度所产生的各共同体间实际存在的相互依存和调整。虽然迪蒙确实没有为个体主义留有空间，但他以一种令人惊讶的方式向我们介绍了一种对社会的整体论理解。这些工作目前已经广为人知，因此无需赘述；我们所需要做的，就是把它们作为一种支持，以帮助我们理解生活方式不同、意识形态对立的各小群体的调整适应是一种可以获得平衡的社会形式即可。

关于种姓制度以一种极端的方式呈现出的问题，我们同样可以在中世纪的"等级"（États）理论中发现一个更为温和的版本。此外，由于天主教托马斯主义等学派的支持，这也成为了一个教义理论化的问题。托马斯主义基于这些"等级"的存在，阐述了一种民主思想。埃米尔·普拉指出，这种民主思想的含义与我们今天对这个词的理解有很大不同。这种"民主对下层阶级与其他阶级间对立的鼓吹不会多过平等化，但是它反对所有破坏阶级和谐的社会力量……它从历史上参考了中世纪的公社传统，捍卫**等级制秩序中的比例平等**"[29]。就我而言，这种社会形式除上述例子以外，还存在于民粹主义、乌托邦式结构（如傅立叶的乌托邦）、团结主义及其各种具体成就之中。自 19 世纪以来，这种社会形式就以一种或多或少复杂的方式散布在我们的社会之中。

不言而喻，无论我们采取了怎样的预防措施（例如"比例平等"），我们离作为法国大革命推广的理念和现代性特征的平等主义——至少是字面意义上的平等主义——都还十分遥远。然而，我们确实可以在这种文化跨度中找到一种真正的团结——即使仅限于群体，或至少是邻近者——以及一种对抗的生活方式。我们记得傅立叶在他的法伦斯泰尔中提出过"小馅饼之战"（guerre des petits pâtés) [1]，这种烹饪比赛的形式很好地象征了所有社会本能的吸引力／排斥力。这甚至使人想起了古代的"爱荣誉"(*philotimia*)，但是剔除了这个词肤浅方面的含义。确实，这样的"爱荣誉"让这个世界上的强者，无论是富有的人还是幸运的人，都愿意通过建造公共建筑、礼拜地点和贫民庇护所，把他们的部分所得回馈给共同体。"爱荣誉"也有竞争的一面，因为那些受到命运青睐的人和他们的同伴，都鼓起勇气面对难以绕开的挑战。因此，等级制秩序仍然允许一种**有机平衡**(équilibre organique)，它以一种一般机体觉的方式回应了共同体的需求。这在某种程度上是一种仪式化的差异游戏；也就是说，这不是一种被宣布和被计划的平等，而是一种真实的调整和补偿；更重要的是，这种权力驱力（合法暴力）找到了一种对社会机体整体而言成本更低的表达。在这方面，彼得·布朗谈到了"平价模型"(modèle de parité)³⁰。

这种观点的优势是考虑到了所有世俗生活的两个要素：冲突和交流；更重要的是，它为二者的**联合**存在提供了一种"盈利"模型。从这个意义上讲，它并非不合时宜。通过将其应用于巴西所形成的特殊情况，吉尔贝托·弗雷雷甚至谈到了一种"平衡过程"³¹。委婉化这种模型或合法化压迫的危险一直存在，只有通过具体的分析才能够形成一致的意见；但就逻辑而言，我们没有理由从一开始就否定它。无论如何，就我们的反思来看，它使我们能够理解对抗之间的协商是如何有助于整体的平衡的。而且，这种观点还使我们能够理解异乡人在面对公民时，流浪者在接触定居者时，这些权贵和门客是如何进入每一方都需要的广泛的相互交流的。此外，这种观点还能让我们注意到存在的东西。因为等级制度无论是被体系化为

---

[1] 即制作最美味肉馅饼之战。——译注

种姓制度，还是被神学化为符合神的意图，或是被平等主义的合理化所狡猾地掩盖，它都是所有人能够注意到的状况。我们最好要注意到这一点，以便纠正其最大的危害。这种纠正可能会在用邻近范畴思考的社会结构中更为有效；也就是说，最好是把它留给相关群体来寻找平衡的形式。

在这种情况下，由于所有社会生命的相互依存，每个人都知道自己会在某个时刻需要他人。这里存在着一种可逆性：我不会挑战一项特权，因为在明天，或以其他某种形式，我可能会成为这项特权的受益人。这样一来，特权的必要性得到了证明，它在法国也发挥着重要的角色（最近许多获得成功的新闻文章或书籍都指出了这一点）。从机械论的角度来看，这是无法理解的，但是在所有事物相互依存的有机论的视域中，它很容易就能找到自己的一席之地。但是这也就意味着社会整体的开端与终结并非个体，而是占优势的群体、共同体和集体等整体。借用德国哲学的一个概念，对等级制度、差异、平价模型以及由此产生的可逆性的思考将会指向一种"自发调节"（*Naturwüchsig*）。在这里，我们可以发现之前提到过的活力论。与强调理性活动的阶段相反，这种调节是那些对各个群体的固有主权更具信心的人所为。这些群体在经历了反复试错与混沌的过程之后，知道如何能够在其不同的目标或方式之间进行调整。由此，矛盾的是，"第三方"可能会更轻松地在不先验否认社会存在的等级维度的社会类型中找到自己的位置。除了典型的历史案例以外，这亦可以在今天许多确定的、能够观察到的社会情境中被发现。狂欢节就是如此，人们已经对此进行过众多相关的分析。从社会人类学的角度来看，我要特别指出罗伯托·达马塔对此的非凡成就。在这里，我无意重复他的分析，而是要强调他的一些与我的观点相符的重要认识。首先，节日活动是整体的等级社会中的一部分。就"巴西仪式的三角结构"而言，他表明，相比于代表民族国家和军队的爱国日和以教会为主角的圣周[1]，狂欢节在本质上关乎的是人民、群众32。这种三分法不仅在许多方面都很有趣，还清晰地反映了一种共享时间式的共存。当然，这种共享是已经分化的，但是在普遍戏剧化的框架内，它给每个群体都赋予了一个扮演的角色。我所说的**角色**与**功能**相对，后者主要指的是机械性的、理性的、以终极目标为导向的社会运作。相反，角色和戏剧性发生在我们共享时刻的周期性时间内，这种周期性的变化使每个群体都确信自己能够再次从等到的那一刻中受益。就此而言，我们只需要知道狂欢节是每个人都提前准备好的就足够了。当我们知道对时间的管理是我所谓的"对抗命运"的关键因素时，这种保证就显得十分重要——在一段特定的时间和其他相关时间内人们知道他们将能够行使自己的主权。

其次，这种人民主权的时刻将允许纳入失范者和异乡人。罗伯托·达马塔曾经谈到过与此相关的"周围"（périphérie）和"边缘"（lisière）。参考我前面所说的，这其实就是一种纪念。强盗、妓女甚至死亡（绝对他者的形式）都可以用象征性的形象来表达。社会机体势必记得它是互相矛盾的元素的错综复杂的混合；在这方面，大量的乔装打扮以及由此导致的情境是很有启发性的。此外，同一个体每天更换服装也是很常见的。我们可以说，前者是外部的多样性，后者是内部的多样性。这样一来，在桑巴舞学校和专注于服装成本的个体的比赛中，参赛者们以一种游戏的方式相互对抗、耗尽自己。没有人能幸免于这场竞争，它还存在着许多足以使精算师们感到震惊的轶事或直接观察到的例子。前面提到过的"爱荣誉"可以在这里应用于群众：即使对一无所有的人而言，耗费也是一种将已经私

---

[1]　复活节的前一周，用来纪念耶稣受难。——译注

有化的东西——钱或性——重新投入集体流通的方式。就像古代的权贵通过建造庙宇来赎罪一样，在这里，我们通过在这种节日期间建造光明的大教堂来宽恕我们平日里的个体性。

再次，除了集体扮演的对抗和服装上表现出的多重性格以外，我们还发现了对异乡人的接纳。将它象征化是一种承认它的方式。因此，即使种族主义在巴西的日常生活中可能并未缺席，狂欢节的欢腾和戏剧化也是一种在某种程度上将其相对化和缓和的方式。通过狂欢节的这几个特征性元素，我们能够体验到一种有机性的形式。实际上，整个狂欢节都被纳入了节日三分法的有机性之中，我们在其中可以发现一种能够为功能和性格的多样性真正留有位置的特定有机性。尽管这种多样性"只是"扮演出来的，但这并不会改变什么。我们会愈发认同这种想象物在社会构建过程中扮演的角色。

正是这种仪式性的欢腾和循环往复的行动中的矛盾，加强了人们在日常生活中参与集体机体的感觉。正如狂欢节允许我们扮演将军、伯爵和其他显赫人物的角色一样，我们也可以以成为这位将军的司机为荣，或者就像罗伯托·达马塔所报告的那样，看到全家仆役都在为其主人被授予男爵头衔而欢欣鼓舞。[33] 这几乎就是一种神秘意义上的"参与"。它强调了具体的次级效应（经济的、特权的、优待的），也强调了象征性的影响。通过与一个更优秀的实体相伴，我在自己的存在中巩固自身。这鼓励我们应当给予团结一种更广泛的光谱，而不是仅仅把它局限在其平等主义和／或经济的维度上。

我们在等级制度中所体验的差异，可能是我们如此关注的社会平衡的载体。除此之外另一个日常生活中的例子可能就是基本的社会本能。从宏观的角度来看，街区生活几乎是一种没有个性的、无关紧要的日常生活；但是随着对邻近的强调，它重新获得了自己的重要性——我们可以从中观察到与前面提到过的相同的参与机制。这种参与可以是参与一个街区，参加一个群体，扮演当地的标志性动物，扮演一位大师，加入一支足球队或成为一名当地的小厨师。这是一种等级制度再度在其中发挥作用的庇护主义形式。我们"属于"一个地点，一个团伙，或一个当地的重要人物，从而使我们成为名祖英雄。对高级公务员、教育界和企业高管的研究都清晰地表明了这一过程。即便是由"自由精神"所构成的知识分子的微观世界亦不是例外——我们不会去阅读被导师嗤之以鼻的竞争对手的作品，各色委员会也都是允许使用卑鄙手段的藏污纳垢之地，等等。我们能够记住的，只有自己**参与**了荣耀，**参与**了导师的怒火。即使现实中存在这样的情况，但"我是他的人"（Je suis son homme）这句话在今天的法语中很少会有人讲；然而在意大利，我们仍能经常听到"*Io sono di l'uno，io sono dell'altro*"，即"我来自他的家族，来自他的帮派"。[34] 我们应该感到遗憾吗？我们应该与之斗争吗？但无论如何，我们都必须认识到它的作用。在一个特定的领域内，群体之间可以彼此**相对化**，这种氏族过程可以使差异的游戏，即所有人的表达成为可能，并从而形成一种平衡。这就是我曾说过的可以成为"社会的隐喻"的黑手党。[35] 只要存在着对良善行为规则的尊重，就会存在有机的调节和秩序。这对所有人都是有好处的。

　　所有的行动者都是同一舞台上的组成部分，而他们的角色是有差异的、有等级的，有时还是相互冲突的。相互调节无疑是一个人类的常数，也是一种我们在所有大型社会文化群体中都能找到的人类学结构。这就是乔治·迪梅齐所指出的结论，并被现代物理学以自己的方式重新发现：爱因斯坦的广义相对论就是证明。在每一个这样的大群体中，我们都发现了某种确定的多神论，不管它是显现出来的，还是或多或少被隐藏的。即使某种价值（某位神）具有明显的一元性，人们也总是能找到一种或几种替代性价值来，而这种或这些替代价值势必会悄无声息地对社会结构及其平衡产生作用。正因如此，僵化的中世纪基督教中仍然存在着大量的异端运动，民间的哈西迪教（hassidisme）也能烦扰着强硬的摩西一神教。[36]

同化学中一样，我们可以说这一切都是结合的问题：通过元素间的不同形式的结合，我们可以获得这样或那样的特定化合物；但是，即使是最小程度的改变或只是调移了某个元素，都可能会改变整个物质的形式。总之，这就是从一种社会平衡过渡到另一种社会平衡的过程。我们正是要在这种化合的框架内评价第三方，即这个构建了社会的数字"三"的作用，但我们总是忘记这一点。理论的或轶事的历史参考资料都旨在强调，对第三方的考虑始终是与创始时刻即**文化** [1] 时刻相连的。与此相反，文化在文明中的衰退倾向于支持缩回统一性，倾向于引发对异乡人的恐惧。另一个关键思想是假定由第三方引发的欢腾是与强调差异的游戏增强了民众的力量这一点相关联的——他们都知道这种游戏有益于所有人。在这个方面，宗教和神秘主义的意象都是具有启发性的，因为它们可以唤醒并竭力在日常生活中具身化这种集体性的乌托邦。在这种卓越共同体的想象物中，"我们都将是完全同一而又不同的，就像圆周上的所有点：相对于圆心，它们都是同一而又不同的" [37]。

我们可以看到，这种暗示性和隐喻性的反思并非与当代现实无关；我在分析的每一步中都指出了这一点。在我们眼前所概述出的社会本能，根据不同的情境，或多或少会建立在流浪者和定居者之间的古老对抗关系的基础之上。和从一种化合物到另一种化合物的任意一种过渡一样，这种对立关系并非不会引起观察者的恐惧与战栗，即使这些观察者或许还是社会的主角。但是如果我们知道如何

---

[1]　在法语中，"culture"一词的原意是培养、栽培。——译注

创造清晰的——这是我们在任何评判态度之外的唯一要求——作品，那么我们就能够认识到本雅明所说的"每一份文化的证据也都是野蛮的证据"。

注释

1. 在我看来，有必要扭转对这些涂尔干主义概念的使用，参见 M. Maffesoli, *La Violence totalitaire*, Paris（1979），rééd. DDB，1999，p.210，note 1 中我的建议。G. Simmel, *Les Problèmes de la philosophie de l'histoire*, Paris：PUF，1984，p.131。参见 J. Poirier 提出的"异质文化"（Hétéroculture）概念。

2. 参见 M. Maffesoli, *L'Ombre de Dionysos*, Paris（1985），rééd. Le Livre de Poche，1991 的第二版序言。关于这个"我们—狄奥尼索斯"（nous-Dionysos），我参考了 M. Bourlet, "Dionysos, le même et l'autre", in *Nouvelle Revue d'ethnopsychiatrie*, Paris：1983，n° 1，p.36。亦可参见 M. Xiberras, *La Société intoxiquée*, Klincksieck，1989。

3. 参见 J. Freund, *Sociologie du conflit*, Paris：PUF，1983，p.14。当然，我们也应该提到 J. Freund, *L'Essence du politique*, Paris：Sirey，1965，chap. VII。为了更好地分析第三方，我们还可以提到 J.H. Park, sociologue à Pusan（Corée），*Conflit et communication dans le mode de penser coréen*, thèse Paris V，1985，p.57 sq.。

4. 以"所谓的二元组织"（les organisations dites dualistes）的矛盾为例，参见 C. Levi-Strauss, *Anthropologie structurale*, Paris：Plon，1974，p.179；同样参见 G. Dumezil, *Jupiter, Mars, Quirinus*, Paris：Gallimard，1941 和 G. Durand, *L'Âme tigrée, les pluriels de psyché*, Paris：Denoël-Médiation，1980，pp.83—84，以及 P. Watzlawick, *La Réalité de la réalité*, Paris：Seuil，1978，p.90 中所说的心理经验（l'expérience psychologique）。

5. 从象征主义的角度看三元论，参见 G. Durand, *La Foi du cordonnier*, Paris：Denoël，1983，p.90，同样参见 M. Lalive d'Epinay, *Groddeck*, Paris：Éd. Universitaires，1984，pp.56—57。可以参见这位精神分析学家三位一体式的划分。

6. 参见 K. Schipper, *Le Corps taoïste*, Paris：Fayard，1982 的第 146 页（我强调这一页）和第 16 页。同样参见博士论文 Wonki Choi, *Etude sur la méthodologie non dualiste*, Paris V，1996。

7. 参见 E. Morin，*La Nature de l'URSS*，Paris：Fayard，1983，p.181。关于不同的“现实”，参见 G. Simmel，*Problèmes de la sociologie des religions*，Paris：CNRS，1964，n° 17，p.13；对于亚里士多德文本的分析，参见 J. Freund，*Sociologie du conflit*，*op. cit.*，p.36 sq.。

8. 参见 P. Tacussel，*L'Attraction sociale*，Paris：Librairie des Méridiens，1984 中对“一般交流”（la communication générale）所作的分析。关于网络，参见博士论文 F. Casalegno，*Cybersocialités*，CEAQ，Paris V，juin 2000，以及博士论文 S.G.Lee，*Médias et expérience de l'espace public*，Paris V，1999。

9. L. Réau，*L'Europe française au siècle des Lumières*，Paris：Albin Michel，1951，p.303 sq..

10. M. Maffesoli，La *Violence totalitaire*，Paris（1979），rééd. DDB，1999.

11. F. Hoffet，*Psychanalyse de l'Alsace*，Strasbourg，1984，pp.48，38. 我们还可以提及西西里岛和皇帝腓特烈二世的行动。

12. 参见 O. Revault d'Allones，in *Musiques*，*variations sur la pensée juive*，Paris：Edition C. Bourgeois，1979，p.47 中的注释。

13. 参见 P. Brown，*Saint Augustin*，Paris：Seuil，1971，pp.251—259。

14. 在这里，我参考了在我写狄奥尼索斯之后发表的一篇博学而详尽的文章：M. Bourlet，"Dionysos，le même et l'autre"，in *Nouvelle Revue d'ethnopsychiatrie*，*op. cit*。

15. M. Maffesoli，*La Connaissance ordinaire*，*précis de sociologie compréhensive*，Paris：Klincksieck，1985，p.132. 关于法国大革命，参见 L. Réau，*L'Europe française au siècle des Lumières*，*op. cit.*，p.368。同样参见 Cœurderoy，*Hourra*，*la révolution par les Cosaques*，Paris：Ed. Champ Libre，1972。

16. M.-F. Baslez，*L'Étranger dans la Grèce antique*，Paris：Édition Les Belles Lettres，1984，p.75.

17. G. Freyre，*Maîtres et esclaves*，Paris：Gallimard，Tel，1974，par ex.，p.210。还可参见 R. Motta，"La Sociologie au Brésil"，in *Cahiers internationaux de sociologie*，Paris：PUF，vol.LXXVIII，85。关于对格奥尔格·齐美尔的分析，参见 *L'École de Chicago*，Paris：Aubier，1984。也可参见 M. Maffesoli，*Du nomadisme*，Paris：Le Livre de Poche，1997。

18. C. Bouglé，*Essais sur le régime des castes*，Paris：PUF，1969，p.203，note 2.

19. 关于这种区别和基督教多神论，我会提到 M. Maffesoli，*L'Ombre de Dionysos*，*op. cit*。关于吉尔贝·迪朗的工作，尤其参见 G. Durand，*La Foi du cordonnier*，Paris：Denoël，1984。关于对民间宗教的分析，我会提到

Y. Lambert, *Dieu change en Bretagne*, Paris：Cerf, 1985。我们可以注意这句话："如果大多数专家不只是满足于询问活动人士或官员的话，那么对民间宗教的误解就不会那么顽固。"（第 17 页）亦可参见 D. Jeffrey, *Jouissance du sacré*, Paris：Armand Colin, 1998。

20. 例如参见 A. Faivre, *Eckartshausen et la théosophie chrétienne*, Paris：Édition Klincksieck, 1969, p.14；亦可参见 M.E. Coughtrie, *Rhythmomachia, a propaedeutic game of the middle Ages.* Université Cape Town, 1985, p.26。

21. E. Poulat, *Église contre bourgeoisie*, Paris：Casterman, 1977, p.59 et p.130；关于共享教堂，参见该书第 87 页以及 E. Poulat, *Catholicisme, Démocratie et Socialisme*, Paris：Casterman, 1977, p.486。我自己也知道一个叫"旺根"（Wangen）的村庄，村民的礼拜和弥撒都是在一扇窗户的守护阴影下举行的，窗户上镶嵌的彩色玻璃代表着造物主的眼睛，形状像一个等腰三角形。那正是共济会的标志，也是一个三元论的巧妙隐喻！

22. M. Weber, *Le Savant et le Politique*, traduction française J. Freund, Paris：Plon, 1959, p.93。

23. 我深受格奥尔格·齐美尔的文字的启发。参见 G. Simmel, " Problèmes de la sociologie des religions", traduction française J. Seguy, in *Archives des sciences sociales des religions*, Paris：CNRS, n° 17, 1964, p.19。

24. É. Durkheim, *De la division du travail social*, Paris：Félix Alcan, 1926, p.17, 18 et sq. 关于婚姻社会中的差异，参见 I. Pennacchioni, *La Polémologie conjugale*, Paris：Mazarine, 1986。

25. 关于"隐藏着一种基本的多样性"的日常物，参见 M. De Certeau et L. Giard, *L'Ordinaire de la communication*, Paris：Dalloz, 1983, p.21。关于"双重性"，我会提到 M. Maffesoli, *La Conquête du présent*, pour une sociologie de la vie quotidienne（1979）, rééd. DDB, 1998。

26. P. Brown, *Genèse de l'Antiquité tardive*, Paris：Gallimard, 1983, p.83.

27. 从弗洛伊德的观点来看这种发现，参见 A. G. Slama, *Les Chasseurs d'absolu*, *Genèse de la gauche et de la droite*, Paris：Grasset, 1980, p.21, 22 et 24 中对赫拉克利特的诠释。

28. 参见 C. Bouglé, *Essais sur le régime des castes*, Paris：PUF, 1935, 4e éd., 1969, p.59。

参见 L. Dumont, *Homo hierarchicus*, Paris：Gallimard, 1967。

29. E. Poulat, *Catholicisme, Démocratie et Socialisme*, Paris：Casterman, 1977, p.85, note 33, et p.86.

30. P. Brown, *Genèse de l'Antiquité tardive*, *op. cit.*, p.79. 参见他对爱荣誉的分析。我们与 G. Renaud, *À l'ombre du rationalisme. La société québécoise de sa dépendance à sa quotidienneté*, *op. cit.* 中所说的"社会国家主义"（social-étatisme）相去甚远。

31. 参见 G. Freyre, *Maîtres et esclaves*, *op. cit.*, p.93。

32. R. Da Matta, *Carnavals*, *bandits et héros*, Paris：Seuil，1983，p.57 sq.。关于"戏剧性"和"对抗命运"，我参考了 M. Maffesoli, *La Conquête du présent*, *op. cit*。关于桑巴舞，参见 M. Sodré, *Samba o dono do corpo*, Rio，Ed. Codecri，1979。

33. Ibid., p.183，以及他对 Machado de Assis 的引用，参见注释 2。

34. A. Medam, *Arcanes de Naples*, Paris：Éd. des Autres，1979，p.78 对那不勒斯的庇护主义作了很好的分析。关于企业高级行政人员，我们可以参考 A. Wickham et M. Patterson, *Les Carriéristes*, Paris：Ramsay，1984。他们对此进行了很好的分类和分析。

35. M. Maffesoli, "La Maffia comme métaphore de la socialité", in *Cahiers internationaux de sociologie*, Paris：PUF，vol.LXXIII，1982，vol.LXXIII，p.363 à 369.

36. 参见 G. Durand, *L'Âme tigrée*, *les pluriels de psyché*, Paris：Denoël，1980，p.143 中对此给出的例子和注释。关于爱因斯坦和广义相对论，参见 J.-E. Charron, *L'Esprit*, *cet inconnu*, Paris：Albin Michel，1977，p.56。

37. J. Lacarriere, *L'Âté grec*, Paris：Plon，1976，p.54 对希腊神秘主义的分析。

第六章 邻 近

一、命运共同体

自 18 世纪以来，我们就一直被历史、政治、经济、个体这些大势所趋的大实体所纠缠，这让我们很难将自己的视线聚焦于"最极端的具体"(本雅明)，即普通人的生活之上。然而在接下来的几十年里，这似乎将成为一个重大的，至少是无法避免的问题。这并不是什么新鲜事。在本书的最后，我将忠实于自己的方式，尝试展示它的人类学根源及其在今天可能存在的特定调性变化。

有时候，重要的不是个体，而是个体所归属的共同体。同样有时候，重要的不是基于事件的宏大历史，而是我们每天都要经历的琐事——恰恰是这些难以察觉的情境构成了共同体的结构。"邻近"一词在我看来可能就具有这两方面的特征。这自然就需要我们关注社会生活中的关系成分，即处于关系之中的人。这不仅指个体之间的关系，还包括那些将我自己和与他人共享的领地、城市和自然环境联系在一起的东西。它们就是日常生活的野史，是**时间在空间中**

的结晶。一个地点的历史自此变成了个人的历史。通过沉淀，所有由仪式、气味、噪音、图像、建筑构造所构成的琐事变成了尼采所说的"象形日志"（journal figuratif），一本教我们说什么、做什么、想什么、爱什么的日志，一本告诉我们"我们可以生活于此，因为我们生活于此"的日志。这样一来，一种"我们"就形成了：它使每个人都能够"超越短暂的、荒谬的个体生活"，使每个人都能感觉到自己"仿佛是房子、血统和城市的精神的一部分"。我认为，没有比这更好的方式来描述我们必须作出的改变了——我们要有不同的焦点，把重点放在所有人的共同之处、所有人的共同所为之上，即使只是在微观层面。"故事是从底层开始的。"[1]

事实证明，这种强调会经常出现。我们可以自问，是否就是在这些激动人心的时刻，一些伟大的理念已经饱和？是否就是在这些时刻，一种神秘的炼金术正在炼成将支配我们命运的存在方式？我们讨论的是转变，因为这里没有创造；这样一种被削弱了的，但仍然存在着的元素重新出现在舞台中央，它具有特殊的意义，并成为决定性的要素。

这就是作为所有社会结构基本要素的各种初始聚集的形式。在分析希腊文明时，弗朗索瓦·沙穆（François Chamoux）观察到，我们经常说成是"衰落"的时期，其实曾经被认为是"希腊城邦的黄金时代"。在今天，城邦也许不再能够决定一个正在进行中的历史，但是它繁多的日常活动证明了自己的活力。这是一种特殊的力量，致力于加强"所有文明都赖以建立的共同体细胞"[2]。大国之间可能确实会为统治世界或创造历史而相互对抗，但就城市而言，它满足于确保自己的生存，满足于保护自己的领地，满足于围绕着共同神话组织自己的生活。在这里，神话对抗着历史。用空间来打比方的话，神话的"内涵"（in-tendere，即向内延伸）与历史的外延

(*ex-tendere*，即向外延伸）形成了鲜明的对立：神话的"内涵"将优先考虑共享的事物，而这将通过神话所固有的"吸引-排斥"机制来完成。

此外，这也是多元文化主义的一个因素，我们已经讨论过了（参见本书第五章）。实际上，作为城市组织原则的**领地-神话**的对偶就是这种结构衍射的原因与结果。也就是说，就像套娃一样，城市隐匿了其他与其类似的实体：社区、族群、社团及各种部落；这些实体将围绕着共同的领地（真实的或象征性的）和神话组织起来。这些希腊式城市本质上是建立在世界主义和深深扎根的两极性之上的（后者产生了我们所知道的特定文明[3]）。这意味着什么？这其实只是说，由共同情感紧密联结在一起的大量群体，将构成一种集体记忆，而这种记忆的多样性是这些群体的基础；此外，这些群体可以有着各种各样的秩序（族群的、社会的），而从结构上讲，正是这些秩序的多样性确保了城市的**独一性**。就像斯蒂芬·卢帕斯科所说的物理或逻辑上的"矛盾"一样，正是不同群体彼此之间的**张力**确保了整体的持久性。

在这方面，佛罗伦萨就是一个很好的例子。当萨沃纳罗拉想要描述一个共和国的理念型时，就是以"佛罗伦萨结构"作为其模型的。这到底是什么呢？答案其实很简单，且与"佛罗伦萨"一词通常被赋予的贬义非常不同。在《政治论》(*De Politia*) 中，萨沃纳罗拉把城市的建筑术立足于"邻近"的观念之上。"城市国家"(*civitas*) 是多个小型村镇 (*Vici*) 的自然结合物。正是这些元素彼此之间的相互作用，确保了最佳的政治制度。它几乎以涂尔干式的方式，将政治制度的稳固性建立在这些"中间地带"之上，这些"中间地带"既没有极端的财富，也没有过度的贫困。[4]

因此，共同生活的经验是伟大城市的基础。的确，佛罗伦萨不乏光辉。许多观察家都指出，这主要归功于古代的一种"民众的公民传统"。由此，曾创作出大量众所周知的杰作的古典人文主义，也曾被"大众"（volgare）文化所滋养。[5] 这一事实值得回顾，因为尽管这个城市的外交政策并不引人注目，但是它所有领域内的内在活力都在很长时间内产生了深远影响。不过，这种活力首先是建立在一种可以被称为"产生文化的微观地方主义"的基础之上的。

在我刚刚提到过的"自然结合物"一词中，这个"自然"是相当文化性的；也就是说，它是共同经验的结果，是一系列调整的结果，这些共同经验和调整知道如何能从根本上异质的元素中构建出一种平衡。从某种程度上讲，这是一种冲突性的和谐。这给马克斯·韦伯留下了深刻的印象。在他关于城市的文章中，他谈到了在"民众"（popolo）和政治结构间建立起的往复运动。这当然只是一种趋势，但它仍然具有启发性，因为它很好地说明了刚才所提到的在城市国家与小型村镇之间进行的调整。我们可以从中发现某种类似于希腊式城市的"世界主义-深深扎根"的辩证法；但是在这里，其两极将是贵族家庭和民众。首先，它们在某种程度上是相互制衡的。"在军事上和经济上最有权势的家族的首领们分享了管理城市的官方职位与职责。"[6] 这种荣誉的分享是价值多神论的政治表达，是一种既能分配荣誉，又能制衡权力的方式。与此同时，得益于这种准国家式的结构，城市拥有了自己的自治权（经济、军事、金融），并能够与同样拥有自治权的其他城市进行谈判。

然而，这种自治在城市内部被民众组织相对化了。作为贵族的对立面，民众代表了"专业协会的兄弟会化（艺术的或实践的）"。然而，这并没有阻碍贵族从群众中招募自卫队队员和雇员 [如来自民众的头领（capitanus popoli）或其他公务人员 [7]]。可以说，这些源自"邻近"的兄弟会——街区、行会——代表着"势力"，也就是所涉城市的基本群性。从这个意义上说，无论看起来怎样，正是邻里和日常确保了存在的"主权"。这样的观察在个别情况下是必要的，有一些历史上的例子可以说明这一点。但同以往一样，在这些极端时刻所看到的东西，只能被转译为一种在正常情况下可以保证任意社会整体持久存在的深层结构。在不给这个词赋予非常精确的政治含义的情况下，我们可以说，恒常的"民众"的各种各样的表现，是被视为命运共同体的地方（le local）的最简单表达。

贵族，通过机会主义和／或政治联盟，可以更替和改变领地的隶属关系；商人出于其职业本身的要求，必须想尽办法促进流通；至于民众，重要的是确保稳定。正如吉尔贝托·弗雷雷在谈到葡萄牙时所指出的那样，民众是"国家情感，而非统治阶级的保管者"[8]。我们当然必须注意到这句话中的细微差别，但可以肯定的是，在统治阶级经常妥协的情况下，我们会在民众阶层发现一种"不妥协主义"的态度；也就是说，民众阶层的人觉得他们对"祖国"更负有责任。从最简单的意义上来说，"祖国"就是父亲的领地。我们很容易理解：流动性最差的民众是严格意义上的"地点守护神"（génie du lieu）。他们的日常生活确保了时间和空间之间的联系。他们是社会本能"无意识"的守护者。

从这个意义上讲，我们必须理解集体记忆，即对日常生活的记忆。此外，这种对邻近或当下的爱是独立于产生这种爱的群体的。用瓦尔特·本雅明的话来说，这是一种气氛，一种包罗万象的价值；这也就是我建议称为"内在的超越性"的东西。这是一种伦理观念，是这个时空的各个参与群体之间的黏合剂。因此，异乡人和定居者、贵族和民众，无论是否愿意，都是一种超越了他们自身、确保了整体的稳定性的力量的一部分。根据中世纪的炼金术士的说法，这些元素中的每一个都曾经围于这种"世界的黏合剂"，而这种黏合确保了总体和个体之间的和谐。

正如我之前所说，空间和日常生活之间有着密切的联系。这种联系无疑是不容我们忽视的社会本能的储藏库。许多关于城市的研究都体现了这一点，亨利·雷蒙（Henri Raymond）也在为扬和威尔莫特的书所作的序言中谨慎地提出了这样一个问题："我们是否应该相信，在某些情况下，城市的形态学和工人阶级的生活方式能够形成一个和谐的整体？"[9]当然，这种和谐是存在的。这甚至就是我所提出的所谓"命运共同体"的结果。对于那些熟悉法国北部的"院子"(courées) [1] 或法国南部及中部采矿村中的"房子"(bâtisses) [2] 的内情的人来说，毫无疑问，这种"形态学"是各种群体之间进行调整的熔炉。当然，任何和谐也都包含有冲突，这一点再怎么强调都不为过。命运共同体是对自然环境和社会环境的一种适应，因此必须面对各种形式的异质性。

这种异质性，这种矛盾性，不再属于我们可以采取行动的历史——特别是通过政治行动的方式——而是一种我们必须与之协商的历史，一种我们必须极尽所能应对的历史。我们不能根据一种不会被异化的生活、根据一种"应当如何"的逻辑来判断。参照齐美尔关于"桥与门"的连接之物和分离之物的隐喻，我们可以说，对空间和领地的强调能够使关系中的人成为开放和保守的混合体。我们知道，一定程度的亲和力往往是一种强烈的"矜持"的迹象。所有这一切都是为了表明，邻近绝不意味着一致主义，也不像历史那样假设能超越哪个（或哪些）令人为难的矛盾。正如俗谚所言："要悠着点。"因此，即使是相对的，它也是对存在的一种**占有**。实际

---

[1] 法国北方工业区中心地带的贫民居住区，通常由私人小街上一两排低矮的小房子组成。"院子"很小，较阴暗，可通过狭长的通道进入。——译注

[2] 法国南部或中部矿区附近的矿工居住处，通常一些构造简单、外观一致、并排排列的建筑。——译注

上，我们并不指望会有完美的生活，也不指望天堂或人间会有真正的乐园，因为我们已经习惯了自己所拥有的东西。的确，除了各种各样的、往往是非常拙劣的意向声明之外，日常生活的主角都会以某种具体的方式对他者、他人及所发生的事情抱有一种高度容忍的态度。这也造成了一种悖论：经济贫困可能会迸发出不可否认的生存财富或关系财富。从这个意义上讲，考虑到邻近可能是一种可以克服我们往常疑虑的好方法，我们可以用它来评估在日常悲剧中表达出的大量个人投入或人际投入。

我在这里使用这个表达是经过深思熟虑的，因为建立在邻近基础之上的关系远不能令人安稳。回到一个众所周知的表达——"城中村"（villages urbains）上，它有着密集而又残酷的关系。实际上，对他人了解不深、只是略有了解的情况，对我们的日常生活方式不无显著影响。与由具有基本理性关系的自由个体所构成的城市概念相反——在这方面，我们只要记住那一句想让城市的精神得以解放的著名格言"城市的空气使人自由"（Stadtluft macht frei）就够了——当代的特大都市似乎产生出了大量以绝对的相互依存关系为基础的小飞地。资产阶级式的自治（个体主义）正在被部落主义的他治（hétéronomie）所超越。不管其名称是街区、邻里、利益群体，还是网络，我们都在目睹一种情感的、激情的投入的回归。我们知道这种投入在结构上是模糊和矛盾的。

因此，正如我已经说过的，我正在描述一种母体性的"形式"。实际上，这种情感倾向是我们所沐浴的一种气氛，但它可以用一种临时的、短暂的方式来表达。这也正是其残酷的一面。正如乌尔夫·汉纳兹（Ulf Hannerz）所说，看到正在发生的"短暂而迅速的接触"[10]并不自相矛盾。根据当下的利益、喜好和事件，激情投入会导致这样或那样的群体和活动。我把这称作是共同体的"独一性"

或虚线式的联结。这自然会引发依附与避让、吸引与排斥。这亦并非没有各种各样的分裂与冲突。在这里，我们面对的是群众-部落辩证法，这也是当代城市的一个特征。群众是包罗万象的极点，部落是代表特定结晶的极点。所有社会生活都围绕着这两个极点组织起来，进行着永无止境的运动；根据地点和人物的不同，这种运动会拥有不同的速度、强度、"压力"等等。在某种程度上，由这种无休止的运动所引发的瞬时伦理，可以使我们通常认为是对立的静力学（空间、结构）和动力学（历史、不连续性）得以调和。除了那些关注过去、传统和空间归属的"反动"的文明群体，和更注重未来、进步和今后的竞争的其他"进步主义"群体，我们可以想象能够使这两种观点"矛盾地"结合在一起的社会聚合，这样的社会聚合必然以"征服当下"作为其核心价值。群众-部落的辩证法可以用来表达这种竞争（*cum-currire*，即一起奔跑）[11]。

让我们回到一个从吉尔贝·迪朗和埃德加·莫兰往后的知识分子不再无动于衷的问题上来，我们必须认识到，从自然的文化化到文化的自然化将是一个无穷无尽的过程。这使我们可以在既自然又社会的环境中理解这个主题。由此看来，我们必须注意我们的社会中正在发生的变化。经历了众所周知的全球化过程，纯粹的理性和进步主义的西方模型如今正处于饱和之中，我们亦在目睹不同文化之间的相互渗透，这不难使我们回想起上文提到过的术语——矛盾。除了自 19 世纪末开始加速的西方化以外，我们还可以观察到许多指向所谓的世界的"东方化"的线索。这种东方化表现在特定的生活方式上，如新的着装习惯，更不必说对空间占用和身体护理的新态度。特别是在对身体护理的新态度上，我们可以注意到一些"替代医学"和各种各样的团体疗法的发展与多样性。此外，目前正在进行的研究还表明，这些表现为不同形式的实践远非位于边缘，它们就像毛细血管一样遍布于社会机体的各个部位。当然，这与调合主义思想的引入是密切相关的，这种思想弱化了经典的身体／灵魂二分法，秘密地创造了一种社会学家无法漠不关心的新的时代精神。有时候，我们会发现，这种"陌生性"的入侵有些像巴尔特鲁萨蒂斯（Baltrusaïtis）所解释的埃及狂热症，但它引发的过程似乎不再局限于精英；更重要的是，它分泌出了众多的小部落，这些小部落能通过各种连接与"交错"，产生出不可忽视的文化影响力。[12]

然而，上述迹象的基本特征其实是一种时空关系的新情况。按照我们起先提出的概念，重点应当放在邻近和情感上：那些线索就是把一个人和一个地点———一个和他人共同生活的地点———联结在一起的东西。作为一个具有启发性的例子，我将在此引用边留久的一句话："当前西方文化的某些方面与日本文化的某些传统方面并非不可能有交叉。"[13] 如果仔细观察他对这一点的分析，我们就会注意到，这一交叉的要点在于它强调了总体、自然以及与环境的关系，所有这些都导致了一种共同体类型的行为："自然／文化关系、主体／他人关系与对空间的知觉密不可分。"为了尽可能少地把自己从环境中抽离出来，我们必须在这里从最广泛的意义上来理解环境的概念，这就使人联想到了一种严格意义上的象征性存在观。在这样的存在之中，"当下知觉和以邻近为参照"是拥有优先地位的。空间、总体和"直觉-情感"之间的联系完全符合被遗忘、否认和诋毁的社会学整体论传统。这是一种有机团结的传统，是一种缔造共在的传统。它可能从来没有真正存在过，但它仍然是我们许多分析的怀旧基础，无论是直接的还是反向的。从德国浪漫主义发展而来的"移情"主题最能表达这种研究路径。[14]

尽管看上去像是悖论，但是日本的例子可能就是这种整体论、这种神秘联系的一种具体表达；这种神秘联系可以增强社会关系，就像是"秘所思"(*muthos*[1]) 一样。实际上，无论是在企业里、日常生活中还是休闲活动中，几乎没有什么能够逃离它的影响。事实证明，它所导致的矛盾性混合对今天的政治、经济、工业等各个层面都具有着重要意义，也使我们当代人可能会对它产生某种深深的迷恋。那么，我们是否应该像边留久那样使用"日本范式"一词呢？也许吧！特别是如果"范式"这个术语——它与"模式"相反——指的是灵活的、可以改进的结构的话。可以肯定的是，这种范式很好地解释了我这里所主要关心的群众-部落辩证法——它的运动永无止境而难以界定，它的"形式"既无中心亦无边缘等等，它的组成元素会根据当时的情况和经验，调整为以一些预先建立好的原型为基础的多变形态。这样的攒动，这样的文化鼎沸，动摇了我们的个体主义理性和个体化理性。可这又算什么新鲜事呢？其他文明都是建立在去个体化的人格面具的仪式游戏和集体生活中的角色的基础之上的，继而制造出其牢固且"合适"的社会建筑术。我们不能忘记，狄奥尼索斯神话的情感混乱产生了重要的文明事实，而我们的特大都市有可能就是它们即将重生的地方。

二、地点守护神

我曾多次试图指出，对日常生活的强调不是一种自恋式的狭隘或一种个体化的怯懦，而是一种对周围事物的重新关注，一种活在当下的方式和一种对时间流逝的集体焦虑。因此，这些时代具有一种悲剧性的气氛（相对于进步主义的正剧而言）。同样值得注意的是，这些时代还非常重视空间及其各种领土的调性变化。因此，我

---

[1] 又译"神话"，同"mythe"，意指言语或说出来的东西，是提供解释的话语。——译注

们可以简练地说：空间就是集中的时间，而历史就是缩短为每日生活的故事。

在这方面，一位医学史学家将希波克拉底所说的"天生的热"[1] (chaud inné) 与印欧家庭中的祭坛之火进行了惊人的比较。他说，两者都被感知为"一种特殊的热源。两者都置于被掩盖的中心位置之上：古代家庭崇拜的祭坛位于屋外看不到的房屋中央；天生的热来自心脏区域，而这一区域隐藏在人体的最深处。两者都象征着保护性的力量……"[15] 这与我关于社会本能的特征——地下集中的假设不谋而合。因此，"地点守护神"(Genius loci) 就显示出其重要性来：这种集体情感形成了一个空间，而这一空间又反过来作用于前者。这使我们注意到以下事实：所有的社会形式都位于几个世纪以来的褶皱之中，它们依赖于这种褶皱，而构成它们的存在方式只有在考虑到这种基质的情况下才能够被充分理解。简而言之，这就是托马斯主义式的"惯习"或亚里士多德式的"素性"主题。

这是古老记忆中的一条主线。象征雅典城的阿伽劳洛斯崇拜和古罗马家庭的拉尔神都证明了这一点。埃内斯特·勒南嘲笑他所谓的"市政管理的幼稚"将会阻止人们接触普世宗教。[16] 讽刺的是，这种"市政化"实际上发挥了一种"依赖"的功能，把一个不确定的整体变成了一个和谐的系统，其中所有元素都以一种自相矛盾的方式相互调整并巩固整体。因此，在为奥古斯都的荣耀建造祭坛的过程中，罗马人将他们征服的城市整合到了罗马帝国这片既坚固又灵活的星云之中。从这个意义上讲，民间宗教具有严格意义上的象征意义。它能够最好地表达一种内在的超越性，这种超越性超越了

---

[1] 对希波克拉底来说，四体液（血液、淋巴液、胆汁、黑胆汁）的平衡是决定身体健康的关键。而它们在体内的循环与混合受到来自心脏的内在能量"天生的热"的影响。——译注

个体的原子化，但它的全部性质都只归功于构成它的元素。因此，"家里的祭坛"，无论是家庭祭坛，还是通过传染出现的城市祭坛，都是社会生活黏合剂的象征。这是可以辩识共同体的空间-时间的地点，是一再使共在的事实得以合法化的地点。每个创始时刻都需要这样一个地点，无论是以纪念的形式——例如在各种节日的时候，还是以分裂生殖的形式——当殖民者或冒险家出发时，都会带上一些家乡的土壤，这些土壤将作为他们所要建立的新城市的地基。

我们知道，基督教在其诞生之初就一再投入这种地方主义；甚至可以说，正是围绕着这样的集体性地点，它才得以巩固。要确信这一点，我们只需要参考一下彼得·布朗的作品。他甚至将这种地方主义称为"对市镇圣人的崇拜"。正是围绕着一个"地点"（*topos*）——某位圣人传教和埋葬之处，教堂被创设、建立了起来，并开始四散传播。继而，这些地点逐渐通过上文中的那些灵活的方式彼此联系在一起。在成为我们如今所知道的自上而下的权力组织之前，教会最初是诸多自治实体的自愿联盟，我们甚至可以说是一个联邦；这些自治实体拥有其自身的传统、信奉宗教的方式，有时甚至还有其自身特定的（神学）思想。"地方协会仍然非常强大"；或者说，这样或那样的地点足以引发一种"强烈的地方爱国主义"。布朗正是用这些术语来描述基督教在地中海周围的兴起。[17] 对于布朗来说，正是因为存在着这些集体情感所投入的地点，正是因为每个共同体都拥有它"自己的"圣人，教会才得以立住脚，从而创建出文明。这种地方主义传统将具有坚实而持久的发展，并且永远不会被制度化教会的集中化趋势所彻底消灭。

仅举几个例子，我们就可以想起，后来是修道院担任了这一参照点的角色。这主要是因为它们是保存圣髑的地方。对此，乔治·迪比（Georges Duby）评论说，圣人"通过他在世间存在的痕迹，在肉体上居住在那里"[18]。正是得益于此，修道院成了和平的安息地，它们能够将这种保护功能扩展到人文、农业、技术等等，又能散布开来，构成一个紧密的修道院网络，这些修道院都成了后来基督教西方的许多辐射源头。值得思考的不仅仅是一个保存圣人/保存生命的隐喻；一位圣人的安身之地（或多或少是神话化的），还变成了一个形成中的历史的最强烈意义上的源头。用一个文字游戏说，"lieu"（**地点**）**变成了**"lien"（**纽带**）。这提醒我们，我们可能面对的是一种人类学结构，它使围绕一个空间的聚集成为任何社会本能形式的基本素材。这便是空间与社会本能之间的关系。

无论如何，在我在此提出的反思性假设的框架内，这种关系是民间宗教的基本特征。民间宗教，这是一个让很多人不寒而栗的术语，因为书记员——他们是知道内情的人——总是采取一种自上而下的俯视视角，也总是把自己从描述对象里抽离出来。然而，这个术语又是恰当的；事实上，它几乎是一种同义反复，在这里意指一种邻近的秩序。在成为一种神学，甚至是一种特定的道德之前，宗教首先是一个地点。"我们拥有一种宗教，就像我们拥有一个名字，一个教区，一个家庭一样。"[19]这是一种**实在**，仿佛它使我成为了我感觉所属的大自然的一部分。在这里，我们可以找到整体论的概念：以空间为定义基础的宗教是一种黏合剂，它将自己聚合成一个既是社会的、又是自然的有序整体。这是一个显著的常数，具有结构性的意义。实际上，民间宗教中的圣人崇拜，在当今可以用来帮助我们认识那些大师、足球运动员、当地明星，甚至是极富魅力的显赫人物所形成的社会效力。这份人物清单远未结束。然而，根据专家的说法，虔诚、朝圣、圣人崇拜等等民间宗教实践的特征，都有着地方性的特点；它们都根植于日常生活，都是集体情感的表达。所有这些都属于邻近的秩序。宗教机构可以恢复、规范和管理当地对某一圣人的崇拜，它也或多或少地做到了这一点；但是这些地方崇拜首先都是自发性的，我们必须把它们理解为表达了自身活力论的诞生之物。

我们可以用达妮埃勒·埃尔维厄-莱热的话来概括这种自然的、充满生机的宗教，她将其视为"基于某一地方共同体的邻近、联系、团结的温暖关系"[20]的表达。没有比这更好的方式来描述一个特定实体的基础两极——宗教与空间之间的关系了。物理上的邻近、日常的现实，与宗教所要传达的教义一样重要。事实上在这里，容器比内容物更重要。这种"土地的宗教"(Religion du sol) 尤能评价"城中村"的增多、邻里关系的复兴、街区的变化更新等等所有强调主体间性、亲和性、共享情感的事物。在这方面，我之前提到了"内在的超越性"，而现在可以说，民间宗教把"神性与人的日常精神视野联系了起来"[21]。这为我们开辟了广阔的研究道路。但最重要的是，这些观点强调了宗教层面上领地的永恒性。土地，能孕育生命、护佑生长，是所有社会聚合及其象征性升华之地。

这看起来似乎非常神秘。但是，我认为这是一种根深蒂固的、恩斯特·布洛赫所明确指出的"物质主义精神性"；或者更确切地说，这是一种集体想象物及其空间支持的不可分割的混合。因此，不存在谁比谁更优越的问题，只存在着一种恒常的可逆性，一种在存在的两极之间进行的行动-反馈游戏。为了说明这一点，我们可以认为，社会生活就是发生在这两个指定端点间的无穷尽的流动。在这里，它除了意味着集体情感和空间之间的联系是一种和谐的建筑术——借用圣诗诗人的比喻，即"万物合而为一"——的表达之外，还能意味着什么呢？

由于我没有足够的能力去深入这一主题，我们可以参考巴西坎东布雷教的情况。[22] 与其说坎东布雷教是调和主义的代表，不如说它是领土组织。实际上，特雷罗（*terreiro*）[1] 内部的象征性和谐是令人震撼的。从房屋的布置到礼拜和教育场所，再到自然所发挥的作用，无论是以一种醒目的方式呈现——例如这里的大型特雷罗，还是以一种缩影的形式呈现——好比我们可以在一个单独房间里所看到的，所有这些都很好地展示了各种社会元素的紧密混合和整体性。不论是对那些生活在那里的人，还是那些偶尔来那里的人来说，特雷罗都是一个参照地点。我们"是"这个或那个特雷罗的人。值得注意的是，这种模型所产生的象征意义随后是以一种不公开的方式扩散于整个社会生活中。这种崇拜的极点的各种各样的表达，即便没有如其所是地说出来，也会影响到大量日常生活的实践和信仰，还会横向地贯穿巴西全国所有的城镇与村庄。这个过程是值得注意的，因为在一个技术和工业潜力目前已得到普遍承认的国家，这种由坎东布雷教所引起的"整体论"观点还远未减弱。或者用帕累托的话来讲，它代表了任何社会理解的（最）基本的"残余"。无论如何，它都是空间-社会本能关系的一种特殊调性变化，即后现代观点下的传统的深深扎根。简而言之，这是一种静力学和动力学之间的矛盾逻辑，但是这种逻辑在这里被和谐地连接在一起。

现在，回到我刚才提到的物质主义精神性上，这种逻辑教给了我们什么？最重要的一点是空间为社会本能提供了一种必要的安全性。我们知道，边界竖起来，生活才开始。所有"形式主义"（formisme）的社会学都可以用这一命题概括。[23] 正如我所提到的纪念仪式或被带离家乡的土壤，亦如以特雷罗、罗马或以日本的祭坛为代表的宇宙浓缩点一样，空间的稳定性是一个参照点，是一个群体的锚点，它使我们能够在不断更新的生活的攒动和欢腾之中保持

---

[1] 坎东布雷教礼拜的地方。——译注

着某种持久性。我们可以将莫里斯·哈布瓦赫对于家庭住房的评价，即"其连续性的抚慰意象"应用到我们当代的部落之上。通过紧密附着于场所之上，一个群体会进行改变（动力学方面）和适应（静力学方面）。从这个意义上讲，空间是一种社会直接经验，它造就了我，也造就了它自己。所有个体或集体的仪式——我们重新承认了其重要性——都是这种持久性的原因或结果。这确实是一个"物质环境势力"的"沉默的社会"（哈布瓦赫）[24]，这是每个个体及整个群体的生存平衡所必需的。无论是家里的家具还是城市里的"家具"[1]，无论是限制我的私人生活的事物还是作为私人生活框架的建筑（围墙、房屋、街道，我们熟悉或了解的事物），都是强调空间框架重要性的基础性邻近的一部分。所有这些都在给人安全感，同时也给人抵抗力；简单来讲，它使我们得以持久，使我们不屈服于各种自然的或社会的强制。这就是命运共同体。从这个意义上说，"地点守护神"（genie du lieu）并不是一个抽象的实体，而是一个聪明的"保护神"（malin génie）[2]，它不断地在社会机体中发挥作用，使整体的稳定性得以**穿透和超越**大量细节变化。

这是一种辩证法，但奇怪的是，很少有人会注意到它。我们操碎了心的，是对人类**演进**方面的提出和强调。但是，如果在这里套用威廉·沃林格提出的一个区分，那么社会生产，即对世界的适应，有时在本质上是"抽象的"（机械的、理性的、工具的），但在其他时候涉及的会是"移情"（有机的、想象的、情感的）。正如我所指出的，在某些时候，这两种观点会以不同的权重同时出现。由此，城市的建筑术——在这里我们必须取其最简单的含义——指的就是

---

[1] 法语中，城市里的"家具"（mobilier）指城市公用设施。——译注
[2] 常用的法语短语，笛卡尔曾在《第一哲学沉思录》中将其作为万能的"邪灵"。——译注

对给定空间的适应。因此，这种建筑术可以是对精确性技术发展的应用，也可以是对同一运动中的感性共在的表达。前者指的是动力学方面，后者注重的是社会静力学。我们在这里主要关心的是后者。所谓的对安全感的关注由此而来。在一项关于（诸）城市的研究中，阿兰·梅达姆（Alain Médam）在展开反思时甚至谈到了"祖先的保护需求"，并将其与集体想象物和日常生活联系起来。[25] 隐藏所是所有社会生活地下的（souterraine），而非至尊的（souveraine）现实的避难所。它是社会本能的**势力**对社会经济结构的**权力**的回应，而不一定是对抗。如果忽视了这种矛盾性的张力，我们就有可能忘记，除了自 19 世纪以来在理论和实践上推崇的抽象的政治责任以外，还有一种更具体的责任，即生活空间或共同领地的责任。当然，前一种责任本质上是宏观的，而后一种责任是关于少数的事实。这是因为后者来自一种共享的经验。我建议称这种经验为存在主义**美学**。

这种观点不太适合个体主义的意识形态或源自启蒙哲学的解放主题。用塞莱斯坦·布格莱的分析来说，对土地的"共同责任感"和由此产生的团结与"个体的独立主动性"并不一致。这是对种姓制度的一种反思，但这种在"联合村庄"（joint-villages）中重视邻近的做法，可能会为部落的复兴提供一些启示。俄国前社会主义时期著名的村社也是如此。和种姓制度及其相互依存的情况一样，这个农民公社是与封建结构相联系的。因此，在世界日益合理化的框架下，它应该被摧毁，但是"从农民的角度来看"，它充满了值得关注的团结理念。这就是民粹主义者或无政府主义者经常做的事情。[26]

在这两种情况下，人们形成的集体都面对着奴役或异化的社会结构。这种命运共同体是建立在对一块领地的共同责任的基础之上的，哪怕它只是象征性的责任。我们可以提出以下假设：如果依赖和奴性在一个情感联系的框架内是相对化和共享的，它们就有可能完全是次要的。在这里，我能够听到"美丽灵魂"的尖叫声，他们会极力谴责这一假设：往好了说，他们会说这一假设是不合时宜的；往坏了说，他们会说这一假设是反动的。可这有什么关系呢？因为如果我们能够以一种平静清醒的方式思考众多社会构造，我们就会意识到，除了要求抽象的自治之外，所有这些社会构造都包含着必须与之协商的高度他治性。这种协商可能会导致政治对抗（历史主导），有时可能会发展集体避难所（空间主导）。我们并不能决定哪一种更好，但是我们必须认识到第二种态度也有它自己的效力。

在这方面，有一个悖论值得注意：虽然我们可以在各处看到犹太人和农业之间的关系，但是我们可以同意，这不是他们历史的主要特征。这当然是多重因果关系的结果，逃脱了所有的简易还原。然而，正如弗雷迪·拉斐尔（Freddy Raphaël）所恰当指出的那样，"犹太人与土地的关系既复杂又模糊"[27]。实际上，他们似乎是一个动态（历史）世界观的绝佳代表。这在一定程度上是正确的。但**与此同时**，如果不去考虑他们与迦南地（pays de Canaan）[1]之间的关系，犹太人在世界上的大流散和异乡性将不具有任何意义。这是一块可以被称为最简单意义上的"神话性"的土地。它是联结的基础，巩固了共同体。这种共同体可以是分散的，但仍然是有机联结的，这主要基于一个不断的领地纪念过程。这种对某一地点的眷恋，是一种严格意义上的精神气质，它确保了共同体在历经沧桑之后仍能具有持久性，而远非人们所误认为的那样次要。这就出现了一个悖论：在漫长的历史发展过程中，"神话性"的土地将扩散到各种

---

[1] 迦南，又译"客纳罕"，一般指西起地中海沿岸平原，东至约旦河谷，南至内格夫，北至加利利地区的一片区域，包括今以色列、约旦及埃及北部的一部分。按《旧约·创世纪》，这里属于上帝应许以色列人祖先亚伯拉罕的"应许之地"，是一块"流着奶和蜜"的土地。圣经中"迦南地"这个称呼包括的范围要更广一些，指巴勒斯坦地区与北部的黎巴嫩和叙利亚西南部这三处的总和。——译注

各样的领地之上，这些领地可能是短暂的、脆弱的、永久遭受威胁的，但是它们会成为巩固不同犹太人共同体的避难所，且永远会不断重生。

在这方面，犹太聚居区几乎就是我们想要描述的事物的原型。路易斯·沃思（Louis Wirth）在其如今已成经典的著作中，很好地展示了犹太聚居区是如何在欧洲和美国提供这样一个安全的空间，即"老家"（bercail familial）的。它在提醒人们出身的同时，还具有一种重新创造的功能。因此，与支配犹太人世界和异教徒世界之间关系的形式主义（formalisme）相反，犹太人在犹太聚居区找到了一种语言、日常生活仪式和朋友圈子；简而言之，他们找到了一种让生活变得可以被容忍的熟悉感。沃思的分析强调了在犹太聚居区中普遍存在的"小群体"结构以及由此产生的"情感"氛围。[28] 用套娃来打比方说，犹太聚居区是大都市住宅区的一部分；而它自己也作为一个小的总体，包含了各种各样的次级群体，这些次级群体根据它们的发源地、教义或教事偏好聚集在一起，就像许多部落共享着一块共有领地。

我们可以从这个例子中学到的是空间归属和情感黏合之间的关系。从这个意义上说，犹太聚居区可以帮助我们阐明许多以领地和情感共享界定的当代集群。不论所涉及的领地或情感的内容如何：文化价值、性癖好、衣着习惯、宗教表征、知识动机、政治承诺等等（我们还可以随意增加各种聚合因素），它们都可以从空间和象征（共享、特殊的团结形式等等）这两个极点来界定。这些内容以最好的方式描述了强烈的交流活动的特征，而这些交流活动在许多方面都为我所说的新部落主义提供了土壤。我们应该指出，涂尔干并没有忽视这一事实，他在思考"次级群体"时很好地注意到了"领地基础"和"物质邻近"[29]。这种对邻近的关注在"社会分工"达到顶峰之时非常值得注意。它清楚地表明，所有社会都是建立在活着的人、死去的人和未来的人之间的某种契约的基础之上的。我的意思是说，社会存在之所以在任何地点都是可能的，是因为我们不论是否愿意都参与了那里的特殊气氛。领地就是这种气氛的具体结晶。街区生活同它的小仪式一道，都可以从这个奇怪的门中进行分析。这就是涂尔干所说的隐喻色彩较少的"整体论"。

日常生活的所有力量，即使是在未被觉察的情况下，也都是建立在这种门的基础之上的。因此，社会本能或邻近是由一种不断的沉淀构成的，这种沉淀留下的痕迹便形成"领地"。异乡人和流浪者要么融入其中，要么拒绝这种沉淀，甚至还可以创造另一种沉淀（参见多元文化主义）；然而，他们必须根据这一沉淀来定义自身。为了说明这一点，我将用埃布纳–埃申巴赫（Ebner-Eschenbach）的一句格言来打一个比方："过去几个世纪的神食是未来时代的日常面包。"（*Die Ambrosie der früheren Jahrhunderte ist das tägliche Brot der späteren.*）这句话对时间的三元组进行了概述，也很好地描述了我们能以一种无意识且不引人注目的方式深刻阐明日常生活和集体经验的物质主义精神性。正如我在许多场合中指出的，这自相矛盾地反映了所有社会都拥有的"积极寻根"特征。

我刚才所描述的空间归属及其象征或神秘内涵，是与"狂欢–狄奥尼索斯式"的传统完全一致的；根据一些社会学家（马克斯·韦伯、卡尔·曼海姆、马克斯·舍勒）的说法，这是一个社会常数（我们不要忘记，狄奥尼索斯也是深深扎根的"小灌木"之神）。然而，这一传统的特征建立在"出神"，即走出自我的基础之上。马克斯·舍勒将这一过程和认同过程进行了比较：我以这样或那样的地点、图腾和石头来认同我自己，因为它们将我融入了我祖先的血脉。他甚至提到了"人石"（pierres humaines）。当然，这种认同是情感的、集体的，引发出了一种"象征性的情感融合"[30]。现在，这已是一个广为人知的主题，而"狄奥尼索斯式的"一词本身也（重新）开始出现在许多社会学分析之中，这让理论界的吝啬鬼们大为恼火。不过，重要的是要强调它与克托尼俄斯[1]相关的方面：强调那些指涉被领地化、物质化或具身化之物的表达，强调这些术语的最强烈意义。我们甚至有必要看一看，通过假设永久性和确保门的稳定性，转世、复活、轮回等主题是否能够与具有强烈空间共鸣的认同程序相提并论。无论是何种情况，这种神话人类学的观点都会引发人们对于当代大量出神的欢腾形式（音乐的、性的、消费的、体育的等等）的关注，这些形式以一种多少有些持久的方式"成为一体"、划定了领地，简而言之就是重新投入这些古老的、原始的邻近价值，并认为理性主义能够被轻易摧毁。

总结已有的解释和例子，我们可以说，领地与集体记忆之间有着密切的关系。这可能带来了莫里斯·哈布瓦赫所说的情形，就其城市、房屋或公寓而言，群体"在地面上勾勒出形状，并在如此界定的空间框架内重新发现其集体记忆"[31]。这是一个生动有力的表达，它打破了在社会"遭遇"与其某一特定地点归属之间建立的过于严格的壁垒。更重要的是，它准确地说明了我在这里想要强调的一点：恢复空间的价值是与恢复小实体（群体、"部落"）的价值相关联的。象征的、空间的邻近关注人们留下自身印记，也就是见证自己的永久性。这正是如此种种的空间归属的真正美学维度：它作为一种集体记忆，为创造它的集体的记忆服务。当然，这些归属可能会受到严格意义上的美学分析的影响，并成为这种意义之上的文化活动，但是我们不应忘记，它们远远超越了通常只是在智识上被

---

[1] 希腊神话中地神的统称，指在冥界生活的神和灵魂。——译注

抽象还原的范畴。从这个角度上来看，大教堂的价值并不比社区园圃里的庸俗装饰更高，城市里的涂鸦和模版图案也完全可以与史前洞穴里的壁画相媲美。[32] 在上述每一种情况下，群体都表达了自身，划定了自己的领地，从而巩固了自己的存在。

最后，虽然不可能确切地阐述它，但有必要将邻近与社会生活中（重新）出现的想象物的重要性进行比较。对此，我们近乎有必要建立一条社会学的"法则"：每当对意象的不信任（圣像破坏主义、唯理性论）占据主导地位的时候，就会出现以"遥远"为公分母的理论表征和社会组织模式，我们继而会见证政治的统治，见证历史线性主义的统治，所有这些在本质上都是前瞻性的；与此相反，当意象的各种调性变化重新回到舞台中央时，地方主义将成为不可避免的现实。

举一个可以作为我们分析跳板的历史案例；我们可以回想一下，在基督教文明建立之时，圣像破坏主义是中央集权制的信徒们前进的意识形态旗帜，而圣像崇拜主义则是那些重视地方情感表达的人们的思想事实。当然，这一描述对这场冲突存在着一种理论的、神学的合理化，但最重要的还是要知道社会组织将会采取怎样的形式。彼得·布朗在分析这场冲突时，甚至谈到了"**反对偶像的雅各宾主义**"：所有的手段都是为了消灭地方崇拜。原因很简单，那就是地方崇拜妨碍了中央政府的活动。这些地方崇拜的组织都围绕着一个圣人或一个特定的圣像，不过，"它们都是**自下**得到祝圣（consécration）的"。这就是各地点间相互关系的复杂系统的基础，它创建出了一种真正避开了中央组织的替代社会。[33] 从这个过程中，我们可以记住圣像的作用：它使圣人的反对势力合法化，并成为了地方群体的情感表达结晶。

简而言之，在任何城市环境所固有的孤独中，我们所熟悉和靠近的圣像，是我们日常生活当中的一个参照点。它是一个复杂而具体的象征性秩序的中心；在这个秩序中，每个人都可以在整体戏剧性框架内扮演角色。因此，它允许通过自己认识自己、通过他人认识自己，并最终达到认识他人。这就是意象的移情力量，它会定期重新出现，以弥补统一化的致命效应及其产生的交换性。自然，我们需要认识刚才所谓圣像的当代调性变化。它们各不相同，并且每个都需要进行特定且深入的分析。对我而言，我会满足于提出内在的逻辑或"形式"，而形式又能使我们强调一系列地方性象征的"意象性"（imaginale）功能。我已经说过，这些地方性象征可以是任何类型的名人，可以是与群体同一的动物，也可以是这块领土上的特定地点或产品等等。当然，它们之中的每一个都是名祖性的。

我们可以补充说，随着技术的发展，象征性意象的重要性得到了提高。实际上，电视或广告的影像在最初普遍令人生疑，特别是因为它承载着一种独特的、异化性的意识形态信息。我们所看到的广告，一方面来源于某些原型形象，另一方面根据这些原型来传达给"目标"受众，也就是我在这里所说的部落，这些"部落"以这样或那样的表现和想象将它们构成群体的产品、商品、服务、存在方式来认识自己。至于电视，由于它分裂式的传播方式，它不再承载着某种对所有人都有效的单一信息。实际上，即使我们在这里提出的只是一种趋势，我们也必须承认，电视越来越多地针对基于年龄、地区、城市，甚至是街区的特定群体。例如，因有线电视网而"相连"的楼房就能够加强这一过程。这意味着什么呢？除了说影像不再遥远、自上而下、完全抽象，而就包含在邻近之中，我们还能说些什么呢？无论是好是坏，这都不会成为问题，影像都将扮演我们所熟悉的圣像角色。一座楼房，一个街区，都将呈现出它自己的景观。在特大都市的框架中，电视影像将成为触觉、情感和感官关

195

系的一部分；它由此加强了部落本身，也同时为部落创造了安全的空间。我们知道，这一理论性问题是极其重要的；特别是如果我们仔细观察，就会发现共在的新的表现形式是"自下"涌现出来的。[34]

可以肯定的是，这一切都与空间有关。上文中各种各样的例子都拥有领地的意涵。边留久就基于语言学研究区分了"自我中心"的语言和"地方中心"的语言。[35] 我们当然可以从他的分析外推，并认识到，有些文化是"自我中心"的，而有些文化则是"地方中心"的；前者强调个体及其协调一致的行动，而后者则更加强调环境——自然环境或社会环境。同样，我们还可以设想，同一种文化中也有着不同的序列，这些序列有时侧重于个体化方面，有时则侧重于相反的集体方面，即去个体化方面。以上各种情况都是我对我们文化的假设。从这个意义上讲，空间通过影像、群体和领地的价值化，只是个体在更大整体中展开超越的原因和结果。一个建立在如此动力学基础之上的社会，将面临其基本价值被颠覆的风险，而这也许就是建立在邻近基础之上的所有社会经验和社会情境所引发的当代挑战。

三、部落和网络

实际上，空间强调本身并不是目的；如果我们需要重新定义其中必然生成的街区、近邻实践或情感，这首先是因为它们允许建立关系网络。邻近本质上指的是构成一系列"我们"的基础，而"我们"正是构成所有社会本能的基质。延续上文所说，我想指出的是，微观群体，即在空间性中散布的部落，是基于**归属**感，依照特定**伦理**，在交流**网络**的框架内构成的。这些可能都是我们分析时的关键词。

尽管这只是一个隐喻，但这三个概念可以被概括为"大量的村庄"，它们相互交错、相互对抗、相互帮助，同时又保持着各自的特点。现在，我们所进行的一些思辨分析和实地研究都支持了这一观点[36]：城市是一系列的领地，人们或长或短地在那里扎根、缩回、寻求庇护和安全；而在使用"村庄"一词时，我已经明确地表示过，它只是一个隐喻。实际上，"村庄"一词所界定的当然是一个具体的空间，但也可能是一种"精神事物"（cosa mentale），一块象征性的领地，而无论它是什么，它都是真实的。在这方面，我们只需要参考那些由知识分子们所分割出来的、用以作为其势力范围的"领域"（champs），就足以明白部落隐喻或村庄隐喻所具有的启发性。因此，在知识、文化、宗教、商业、政治等所有领域之中，我们都可以观察到这些扎根的存在，这些扎根可以使一个社会"机体"得以如其所是地存在。

此外，事实证明，技术的发展可以增强部落的归属感。在谈到"电子星系"时，亚伯拉罕·莫尔（Abraham Moles）有所迟疑地提出了一个"新地球村模型"[37]。这主要归功于该模型所分泌的互动性。实际上，有线电视、计算机通信（娱乐性的、情欲性的、功能性的，等等）可以潜在地创造出一个交流的母体，其中会出现一些具有不同构型和目标的群体，它们不断地出现、壮大和消亡，并与一些乡村氏族或部落的古老结构极为相似。"电子星系"与它唯一的显著区别当然在于这些部落所具有的时间性。实际上，与这个概念通常所暗示的情况相反，我们在这里所讨论的部落主义完全可能是短暂的，是根据出现的场合而组织起来的。用一个古老的哲学术语来说，它在行动中被"耗尽"了。各种统计调查显示，越来越多的人保持"单身"，但**独居**（solitaire）并不意味着**与世隔绝**（isolé）。

根据出现的各种机会，特别是通过 Minitel 所提供的电子公告栏，"单身"人士可以加入特定的群体和活动。由此，通过各种各样的方式（Minitel 只是其中之一），一些基于体育、友谊、性、宗教或其他兴趣的"部落"被建立了起来，它们的寿命根据其主角们的投入程度不同而不同。

事实上，正如爱情关系中存在着连续不断的真相一样，科学也是在一次次更加接近真实的过程中被建构起来。可以想象，对于有着各种各样的"形式"的社会本能，参与本身也必然是差异性和开放性的。这种参与因计算机程序中供求关系流通的速度而成为可能。

不过，即便这些部落被烙上了时机的印记，并拥有由此而来的悲剧性特征，但是它们仍然非常重视归属机制。在任何领域，我们都或多或少地需要参与集体精神。此外，是融入还是拒绝，实际上取决于群体成员或申请人的感觉（*feeling*）程度。随后，通过各种各样的加入仪式的接受或拒绝，这种感觉将被确认或否认。无论部落本身能够持续多长时间，这些仪式都是必要的。事实上，它们在日常生活中占有越来越重要的地位。在特定一家酒吧或夜总会里，是一些或多或少难以察觉的仪式让我们感到轻松自在，从而成为那里的"常客"；同样，我们绝不会为了买一张赛马或乐透的彩票而僭越店里的仪式。为了得到当地商人的微笑服务，或者为了能够在一条特殊的街道上愉快漫步，我们都需要如此。当然，办公室和车间里也有这种归属仪式，关于工作的社会人类学研究对此给予了相当大的关注。最后，我们不妨回想，大众休闲或大众旅游本质上也是建立在这种仪式的基础之上的。[38]

我们可以举出更多这样的例子，但以上例子足以表明，除了在当代世界重新出现的意象和神话（每个群体给自身讲述的故事）之外，仪式也是一种有效的技术，它以最好的方式构成了我们特大都市的宗教情感（重新捆扎在一起）氛围。我们甚至可以说，这些部落的短暂性和它们特有的悲剧性在故意加强对仪式的操演；实际上，借由它们的反复性和对微小事物的关注，仪式减轻了"当下主义"（présentéisme）固有的焦虑。与此同时，计划、未来和理念不再是社会的黏合剂，而加强归属感的仪式可以发挥这一作用，并确保群体的持续存在。

　　然而必须指出的是，归属感在促进吸引的同时（即使这种吸引是多元的），也会通过排斥（exclusion）或至少是排他（exclusif）而延续。实际上，部落的特点就是通过强调邻近之物（人或地点）而趋于自我封闭。在这里，我们可以联想到齐美尔所珍视的"门"（Tür）的隐喻，即普遍的抽象性让位于特定的具体性。这就解释了曾让许多研究者惊讶不已的各种"地方主义"的存在。由此，街区的内部存在着一系列"俱乐部"，它们是在非常精确的范围内开展的友谊集群。闲逛被限制在有限数量的街道上，这种现象在南欧城市是众所周知的；但扬和威尔莫特的研究表明，这种情况也同样适用于伦敦城。[39] 这种地方主义支持所谓的"黑手党精神"，即在找房子、找工作，以及寻求一些日常特权等方面，都将优先考虑那些属于部落或在部落势力范围内活动的人。一般来说，这一过程的分析是在家庭的框架内进行的，但当然也可以扩展至扩大家庭的框架内，即基于亲属关系或各种朋友关系、庇护主义关系或互惠关系的更大整体的框架内进行。

　　我们必须从最强烈的含义上理解"纽带"（lien）[1]（家庭的、友谊的等等）一词：所谓必不可少的联系，在中世纪被行会归类为"义务"。各种形式的相互帮助都是一种**责任**，是支配部落主义的不言

---

　　[1]　"lien"在法语中既指紧密联系，亦指束缚。——译注

自明的荣誉准则的试金石。这也是导致其排他主义的原因：在很多方面，这种排外主义对任何不熟悉的东西都保持警惕。扬和威尔莫特在他们对"日常村庄"的研究中强调了这一现象："他们都是新来的，他们才在这里 18 年。"这其中的悖论是显而易见的，但这也意味着，这些"新来的人"已经联结了其他纽带，建立了其他互助网络，参与了其他集群。他们根据自身的邻近状况来发挥自己的功能。这也是一个在大城市中表现尤为明显的现实，值得我们记住。为了自身的安全，群体塑造自身的自然环境和社会环境，同时在实际上迫使其他群体也像这样构成自身。从这个意义上说，领地划分（提醒：物理的或象征性的领地）是众多社会本能的结构基础。除了直接的再生产之外，还存在着一种间接的再生产，它不依赖于社会主角们的意愿，而是依赖于这种"吸引-排斥"的对偶的结构效应：一个基于强烈归属感的群体的存在，需要其他群体为了每一个体的生存以相似要求建立起来。

总体而言，这一过程的种种表现是相当庸常的。我们只需观察某些咖啡馆里顾客的出勤率、某些街区的特殊性，甚至是某一特定学校、表演场所或公共空间里的"常客"，就足以让我们意识到这种结构的普遍性。在这些不同地点的内部，我们可以辨别出其他同样排他的集群，这些集群建立在微妙而又根深蒂固的归属感和 / 或差异感的基础之上。我们也许应该正如塞莱斯坦·布格莱所建议的那样，把这些视为"种姓精神的痕迹"[40]。可以肯定的是，除了表面上的平等主义之外，一种极其复杂的社会建筑术也一直存在，它的各种元素是完全对立而又相互依存的。

我们可以认为，这些群体之间可能存在着事实上的相互承认。这正如我所说，排他性并不意味着排斥，因此这种承认需要一种特定的调整方式。这其中可能会有冲突，但冲突是根据某些规则来表达的，且可能是完全仪式化的。我们不妨回想黑手党这个极端的隐喻：地盘划分是受普遍遵守的，只有在"体面社会"的平衡因某些因素被打破时，才会打响帮派或"家族"战争。如果将这种模型应用于城市部落，就会发现那里存在着非常复杂的调节机制。政治社会学（弗罗因德、施密特）很好地描述了"第三方"的作用，并发现了它在这里的应用。在这方面，由诸多有差异的联盟组成的系统，意味着其中的一个部落总是处于调解者的位置。这些联盟的局部性，使系统始终游移不定，却又完全稳定。实际上，"第三方"角色的扮演者不是由一个人，而是整个群体；也就是说，整个群体才是平衡的力量和中介的角色；简单而言，就是"形成势力"，从而巩固既有群体的平衡。

我们可以把这与古代城市的"邻近"功能相比较。"邻近"是一种中介性的功能，是构成城市的各种种族和民族群体之间的纽带。我们可以用个文字游戏说，"外邦人代表"[1] [le proxène（le proche，即邻近）]拉近了（rendre proche）我们之间的距离。正是这种持久性使异乡人可以在保持自身的情况下成为城市的一部分，在社会建筑术中占据一席之地。如果玛丽-弗朗索瓦·巴斯莱所写为实，即诗人品达（Pindare）[2] 在创作《酒神颂》（Dithyrambe）以纪念他的城邦的同时，还扮演着外邦人利益保护者的角色，这会是偶然吗？实际上，我们可以想象，要庆祝一座城市能成其为城，不正是庆祝这座城市驯化和融入异乡人的能力吗？ 41

因此，对多样性的认识和由它所带来的不适的仪式化导致了一种特定的调整，这种调整在某种程度上把不快和紧张利用为对城市有益的平衡因素。在这里，我们再次发现了已经被多次分析过的矛

---

[1] 保护外邦人利益的本城邦公民。——译注
[2] 古希腊抒情诗人。——译注

盾逻辑（卢帕斯科、贝格伯德、迪朗），它拒绝过于机械性或还原性的二元结构或辨证过程。各种各样的城市部落可以"组成城市"，正是因为它们是不同的，有时甚至是对立的。任何欢腾在结构中都是基础性的。这是一条基本的社会学法则，涂尔干当然没有忽视这一点；但关键是要知道如何利用这种欢腾，如何把它仪式化。一个很好的方法就是延续上文的逻辑，让每个部落自己去自然调节。我在上一章已经解释过，社会机体的一般机体觉可以与人体的一般机体觉相类比：其功能与功能障碍都是相互补充和平衡的。这是一个让特定的"恶"服务于整体的"善"的问题。夏尔·傅立叶就把这种顺势疗法式的程序作为其法伦斯泰尔的基础。因此，他建议尽可能地利用他所谓的"小帮"或"小群"的能力，即使它们是失范的："我的理论仅限于运用天性所赋予的（被社会拒斥的）激情，而不作任何修改。这是一本魔法天书，一种计算激情吸引力的秘密方法。"[42]

傅立叶在那个时代所进行的这些细致的、有些乌托邦式的计算，即将在我们的时代完成。由于异质化是规则，多文化主义和多族群主义又最能体现当代大城市的特征，因此我们可以相信，**共识更多的是一种后验的"情感"调整的结果，而不是一种先验的理性调节的结果**。从这个意义上讲，我们就需要高度关注那些被我们极为随便地称为边缘的东西。它们当然是未来生活方式的实验室，但是上文提到过的这些群体的（重）新加入仪式，只是取代了由于呈现统一化而不再具有意义的旧仪式（我们不敢再这么称呼它了）。对此，草率的指责和傲慢的态度都是不够的。我们必须明白，那些仪式本身是值得分析的。它们的勃勃生机可以清楚地反映这样一个事实，即一种新的社会聚合形式正在形成。它也许很难概念化，但是借助旧有的形象，我们肯定可以将其轮廓描绘出来。这就提出了部落和部落主义的隐喻。

第六章 邻 近

事实证明，这个隐喻很好地反映了情感方面，即归属感以及由归属感引发的冲突性气氛。与此同时，它使我们能够超越这种结构性冲突，去追求一种更加享乐主义的日常生活，也就是一种不那么目的性、不那么被"应然"或工作所决定的日常生活。这些都是芝加哥学派的民族志学者们几十年前就注意到的一切，但是现在它们的规模变得越来越不稳定。这种"征服当下"以一种非正式的方式表现在那些"大部分时间都在漫游和探索世界"⁴³的小群体身上。这会自然而然地带领他们去经历一些新的生活方式，其中闲逛、电影、运动、"便餐"都会成为人们的主要选择。此外，值得注意的是，随着年龄和时间的增长，这些小群体将稳定下来，成为（体育、文化的）俱乐部或具有强烈情感性质的"秘密社会"。正是这种从一种形式到另一种形式的过渡，支持着部落的未来发展。当然，并不是所有这些群体都能够存活下来，但其中一些群体位于社会化不同阶段的事实，创造了一种灵活的、有时不均衡的组织的社会"形式"，但它能够对当代城市中社会环境和特定自然环境的种种限制作出具体的回应。从这个角度来看，部落可以促使我们提出一种新的社会**逻辑**，这可能会挑战大量曾经给予我们安全感的社会学分析。因此，我们不能再像刚刚那样描述"边缘"了。早在芝加哥学派之前，马克斯·韦伯就已经注意到了我这里所谓的"部落浪漫主义"的存在，这种浪漫主义十分珍视情感生活和实际经验。此外，它还细致入微地将好的东西和不好的东西分开。然而，与某些评论家相反的是，在我看来，他对小神秘群体的分析，简单来说包含了许多能够评判今天所发生之事的元素。在这方面，让·塞吉（Jean Séguy）的谨慎似乎不再适用，因为在他所处的时代之外，他对那些逃脱了世界合理化的事物的描述，与在深处驱动城市部落的**无理性事物**（le non-rationnel）完全吻合。⁴⁴我们必须强调这一术

203

语：无理性事物不是非理性事物（l'irrationnel），也不与理性事物（le rationnel）有关；它实现了与启蒙运动以来有所不同的另一种逻辑。现在，人们越来越认识到，被 18、19 世纪所认可的合理性，只是在社会生活中理性的一种可能模型。情感、象征等参数可以有其自身的合理性。正如无逻辑事物（le non-logique）不是非逻辑事物（l'illogique）一样，我们可以同意以下事实：对共同经验的寻找、围绕名祖的聚集、非口头的交流、身体姿势等等，都是建立在合理性的基础之上的，这种合理性不仅有效，而且在很多方面宽广而丰富（取这个词的最简单含义）。这就需要社会观察者们丰富的精神，它会使我们注意到部落的增多，这些部落并不处于边缘，而是像星云中散布的所有点，不再具有清晰可辨的中心。

我们不妨注意这样一个事实：有许多地点都在分泌自己的价值，并充当那些**创造和属于**这些价值的人之间的黏合剂。19 世纪的合理性指的是历史，我称其为外延（向外延伸）的态度；而新出现的合理性主要是邻近的、内涵的（向内延伸），它围绕着一个中枢（大师、行动、娱乐、空间）组织起来，这一中枢既束缚了人们，也解放了人们。它是向心的，**也**是离心的。因此，这些部落显然是不稳定的：归属度不是绝对的，每个人都可以参加大量群体，并同时在每个群体中投入相当大的一部分自我。这种像蝴蝶一样飞来飞去的表现，无疑是正在形成的社会组织的基本特征之一。正因如此，我们才能以一种悖论的方式，假定群众和部落这两极的存在以及它们的恒常可逆性，即在静力学和动力学之间进行的往复运动。这是否与超现实主义者所青睐的"客观性的偶然"有关？可以肯定的是，每个人都越来越多地被封闭在关系的圈子里，与此同时又总是会受到未知、事件和冒险的冲击。汉纳兹对城市的本质进行了如下的描述："发现是在寻找另一物的过程中偶然出现的。"[45]这也适用于我们的研究主题，由其领地、部落和意识形态所决定的任何人，都可以在很短的时间内突入另一领地、部落和意识形态。

这就是为什么我会认为个体主义及其各种理论都已过时的原因。每个社会行动者更多的是行动的对象，而不是行动的主体。根据正确的契机（*kairos*[1]），每个人都被无限衍射，机遇和情境呈现在了面前。此时，社会生活就像是一个舞台，舞台上有那么一个瞬间形成了结晶，继而戏剧开始上演。然而，一旦演出完毕，整个整体就会被稀释掉，直到另一个结节出现。这一隐喻并不过分，因为它可以使我们理解"当下"（没有未来）的连续性，这种连续性一般说来最能显示当下氛围的特点。

四、网络的网络

虽然由这种范式所创造的社会组织可能会与我们过于机械化的表征相冲突，但它仍是可操作的。它是结构性的。从我所指出的、从格奥尔格·齐美尔那里汲取来的意义上讲，它确实是一种**形式**，社会直接经验的各个要素在其中结合在一起，成为一个整体。这就是我要谈论有机性和重新思考有机团结概念的原因，即使下面的这句话看起来似乎非常矛盾：在思考的最后，我们仍处于初始之地。这种在我们眼前产生的世界的黏合剂究竟是什么？

我们可以指出，已经有一些关于网络问题的可靠研究，例如微观心理学或数学中的形式化探索。[46] 当代数学正在以精细复杂的方式完善其解释模型，但我没有能力也没有兴趣使用他们的分析。这

---

[1]　古希腊语中有两个表示时间的词：chronos 和 kairos，前者是按时间顺序的时间，后者则表示采取行动的适当时机。在古希腊人那里，凯洛斯神（Kairos）是机会之神，是一个有翼的小神，必须在他经过时牢牢地抓住他。——译注

里只需要说明一点：尽管我们的方法并不相同，但是我们的目标是一致的，即我们要解释一种拥有自身逻辑的星云。实际上，我可以这样表述这个问题：**邻近的游戏组织形成多中心的星云**。这些多中心的星云允许分离和容纳的表达。实际上，社会群体围绕着自身的价值，塑造着它们自己的领地和意识形态；继而，在形势所迫之下，它们又在彼此之间进行调整；这种宏观-社会模型本身又会反过来衍射，导致无数部落都在遵循同样的分离与容纳、吸引与排斥的法则。因此，用乌尔夫·汉纳兹的话来说，对这幅"城市镶嵌画"的分析远未完成："在城市中，没有一个群体的顺从不是多重的。"[47]

为了更好地理解"攒动"这个可以用来描述星云特征的术语，我们不妨以"闲话"为例，它是分离和死亡欲望的一种委婉形式。闲话作为一种群体的黏合剂，它使人们能够否认他人的名誉、关联性，甚至是存在。闲话一开始就像群体特有的匿名谋杀，它可以加强群体自身的存在和行动的正当性。它拥有理论的、存在的、思想的真理，而错误总在别处。然而值得注意的是，闲话的传播速度非常快。每个小环境都有它自己的谣言机制，我们不需要特别地去研究也可以说，这些机制很好地表达了这样一个事实，即一个特定的群体中的许多成员都参与了大量的部落。闲话就由此变成了谣言。这种相互渗透也适用于不同的群体。为了说明这一点，我们可以举个学术界的例子：对一个科研部落的某位要员的不容置疑的、决定性的、多少有根据的、当然是消极的评价，会从大学校园传到实验室，从一般委员会传到专门委员会，从研讨会传到公开大会，从期刊传到报告，传遍整个学术界。其手段也是多种多样的：从私下的谩骂到公开作品中的沉默或批评，不一而足。很快，所涉及的整个社会群体都会受到影响。然后，从鸡尾酒会到工作会议，这些闲话抵达了编辑部落，再传到记者部落。有时，这种传染不会放过任何高级官员部落、社会工作者部落，甚至是学术产品的消费者部落。由此，通过这种连续的传染，我们就可以理解多重归属和顺从的有效性了。从这个意义上讲，流言蜚语是网络结构的一个很好的迹象。我们很难找到一个不会发生这种情况的环境。[48]

事实上，交织（entrelacement，盎格鲁-撒克逊的网络理论家们称之为连通性）是我们在这里所关注的社会聚合的一种**形态学特征**。在这方面，我们会记得米尔格拉姆（Stanley Milgram）的实验：通过五到六个中间人的接力，我们就可以在生活在美国完全不同地区的两个人之间建立起联系。[49]但根据米尔格拉姆的研究，我们能指出，连接这些人的链条不是由个体组成的，而是由"微观环境"组成的。上文提到的例子和米尔格拉姆的实验一样，其中的信息是流通的，它能从小结节传递到小结节，有时在链条中还存在着更重要的结节。根据具体情况的不同，这些结节可以是一家酒吧、一个沙龙、一间受人尊敬的大学实验室、一座教堂等等；但无论如何，这些结节会对它所收到的信息进行结构化、修正和删减、稍作补充，然后发送给下一个结节。在极端情况下，信息所涉及的个人并不重要，更不用说那些传递信息的人了，他们都只是具有特定"结构效应"的、可替换的棋子。这就解释了为什么没有人会对信息或闲话负责（或回应）：它们是根据当时的需要进行传播的，它们制造并摧毁的，是再脆弱不过的名声。世间荣耀，就此作别（*Sic transit*）……

上述例子当然只是一些线索，它们所强调的，亦只是网络结构非自愿、非主动的方面。几乎可以说，网络结构是应力的，或至少是预应力的。因此，其主角可以这样描述：他们较少生产信息，而更多地是被信息所影响。如果我们暂时忘记我们的评判精神，如果我们不直接赋予它贬义的含义，我们可以想起狄奥尼索斯式的混乱隐喻：物、人和表征通过一种邻近机制互相回应。因此，我们所说的社会现实正是由连续的感染创造的。通过一系列多重的重叠和交叉，一个网络的网络（un réseau des réseaux）得以形成：各种要素联结在一起，形成了一个复杂的结构，而当下、时机、偶然性等，都在其中扮演着重要的角色。这给我们的时代带来了众所周知的不确定性和随机性。而无论如何，这亦未改变这样一个事实：我们始终拥有一种难以察觉但坚实的有机性在发挥作用，它是所有团结和社会本能的新形式的基础。

可以肯定的是，这些新形式都不归功于一种建立在个体的自我掌控和持续进步基础之上的发展意识形态；它们都包含在一种线性视角之中，或是由单个原子并置而成的物理学之中。和其他领域一样，这里常常需要一场真正的哥白尼式的革命。实际上，写一部新的《天体运行论》（De revolutionibus orbium）将是十分明智的，它不再适用于天体空间，而是可以用来揭示一个碎裂社会世界的具体演化和革命。由此，网络的网络不再是指一个由各种元素在其中相加或并置、社会活动根据分离的逻辑被排列的空间，而是指一个所有这些都会在其中结合、增多和加强，继而形成像万花筒一样具有多变和多样的轮廓形态的空间。

也许我们可以把这与边留久所说的"小面积空间"（l'espace aréolaire）相比较。这种与面有关的区域空间和仅由一系列连续的点所界定的线性空间相反："线性空间更像是外在的，区域空间更像是内在的。"[50] 我想从作者应用于日本的这一主题的解释出发外推。实际上，我们可以想象，与这种"区域学"（aréologie）相关的对语境的强调，可以帮助我们更好地界定地方或邻近的有效性。正如我之前所说的，外延正在让位于"内涵"。因此，与其根据某种因果机制，根据各种序列的叠加来解释网络逻辑，不如从整体的角度把它理解为已分化区域之间的联系。在一个复杂社会的框架内，每个人都有一系列只有在整体语境下才有意义的经历。通过同时参与众多彼此关联的部落，每个人都可以体验到自己内在的复数性。每个人的不同"面具"都以一种多少有些冲突的方式排列着，并与周围其他的"面具"相调整适应。某种程度上讲，这就是我们对网络形态学的解释。这是一种像"画中画"（peintures en abyme）[1] 一样的构造，它突出所有的元素，即使是那些最微小的或最平淡无奇的。

在这里，我回想起我的中心假设：在部落和群众之间（将会）越来越存在一个恒常的往复运动；在一个确定的母体中，大量的吸引力极点正在结晶。在这些观念的任意一个之中，社会聚合的黏合剂——我们可以称其为经验、经历、感性、意象等等——由邻近和情感（或情绪）构成，由区域、微小事物、日常生活所引发。因此，网络的网络被表现为一种只有通过其构成元素才具有价值的建筑术。用社会学家恩斯特·特勒尔奇的类型学术语来说，由网络引发的社会本能将是一种神秘类型。[51] 这一术语恰当地描述了当代"依赖"的主导特征，包括模糊性、流动性、经验和情感体验。正如我在整个分析中所强调的，所有这些都超越了个体的单子，并强化了集体感觉。因此，通过人类历史上常见的捷径之一，后现代社会本能似乎正在重新投入一些古老的价值。如果参照资产阶级的不朽性、制度表达及其所投射的关注，这些价值是"不合时宜"的。尽管如此，它们仍然是真实的，并将逐渐扩散至整个社会。

因此，网络范式可以被理解为古老的共同体神话的更新。神话，从某种意义上讲，可能从未真正存在过，却能够在当下的想象物中有效地发挥作用。这就解释了那些小部落之所以存在的原因，它们的现实化是短暂的，但能创造出某种似乎注定要持续下去的精

---

[1] 源自"mise en abyme"（套层结构），它在西方艺术史上是一种将图像的复制置于自身之内的技术，通常暗示着无限重复。——译注

神状态。那么，我们是否应该把它视为同一事物悲剧性和周期性的回归？这是有可能的。但无论如何，它都迫使我们重新思考"地点"和"我们"之间的神秘关系，因为尽管这可能会激怒制度性知识的支持者，但充满坎坷且不完美的日常生活会分泌出一种真正的"日常认识"（co-naissance ordinaire），也就是洞察入微的马基雅维利所谓的"公共广场的思想"。

格赖瑟萨克-巴黎

1984—1987

注释

1. 语出尼采，参见 F. Ferrarotti, *Histoire et histoires de vie*, Paris：Librairie des Méridiens, 1983, p.32 sq. 对此的分析。

2. F. Chamoux, *La Civilisation hellénistique*, Paris：Arthaud, 1981, p.211.

3. *Ibid.*, p.231；关于这种极性的另一个应用，参见芝加哥学派阐述的城市理念型，特别是 U. Hannerz, *Explorer la ville*, Paris：Minuit, 1983, p.48 中 E. Burgess 提出的结构。

4. 对于《政治论》的分析，参见 D. Weinstein, *Savonarole et Florence*, Paris：Calmann-Lévy, 1965, pp.298—299。

5. *Ibid.*, pp.44—45 et notes 18 et 19 中关于佛罗伦萨市的光辉描述。关于"作为理解范畴的空间"，参见 A. Moles et E. Rohmer, *Les Labyrinthes du vécu*, Paris：Méridiens, 1982；关于"感受共同体"，参见 J.-F. Bernard-Becharies 的分析，in *Revue française du marketing*, 1980/1, cahier 80。

6. 参见 M. Weber, *La Ville*, Paris：Aubier-Montaigne, 1984, p.72。

7. *Ibid.*, p.129.

8. G. Freyre, *Maîtres et esclaves*, *la formation de la société brésilienne*, traduction française, Paris：Gallimard, 1970, p.201.

9. H. Raymond, préface à M. Young et P. Willmott, *Le Village dans la ville*,

Paris：CCI，Centre Georges-Pompidou，1983，p.9.

10. 参见 U. Hannerz，*op. cit.*，p.22；关于"城中村"，参见 H. Gans，*The Urban Villagers*，New York，Free Press，1962。关于吸引力，参见 P. Tacussel，*L'Attraction sociale*，Paris：Librairie des Méridiens，1984。

11. 关于这个主题及其基本范畴，可以参考 M. Maffesoli，*La Conquête du présent*，Paris（1979），rééd. DDB，1998。我这里用的是"辩证法"这个术语最简单的意义（亚里士多德式的）：从一极到另一极之间的永恒反复；它更接近于行动-反馈或莫兰式的"环"。关于这方面，参见 E. Morin，*La Méthode*，t. 3，*La Connaissance de la connaissance/*1，Paris：Seuil，1986。

12. 以 CEAQ 的研究为例，参见 E. Teissier 关于占星术的博士论文，亦可参见 S. Joubert，*La Raison polythéiste*，Paris：L'Harmattan，1991。此外还可以参见 J. Dumazedier 的著作，例如 *Révolution culturelle du temps libre*，Paris：Klincksieck，1988。

13. A. Berque，*Vivre l'espace au Japon*，Paris：PUF，1982，p.34，并参见第 31—39 页的分析。

14. 我提醒一下，我曾提议颠倒涂尔干的"有机团结"和"机械团结"的概念，参见 M. Maffesoli，*La Violence totalitaire*，Paris（1979），rééd. DDB，1999；关于"移情"（*Einfühlung*），我参考了 M. Maffesoli，*La Connaissance ordinaire*，Paris：Klincksieck，1985。关于创始者们对于共同体的怀旧情绪，参见 R. Nisbet，*La Tradition sociologique*，Paris：PUF，1982。

15. C. Lichtenthaeler，*Histoire de la médecine*，Paris：Fayard，1978，p.100.

16. 参见 E. Renan，*La Réforme*，in *Œuvres complètes*，Paris：Calmann-Lévy，p.230。还可参见 Gibbon，*Histoire du déclin et de la chute de l'Empire romain*，Paris：Éd. Laffont，1983 第 51 页："奥古斯都确实允许一些地方城市为他建造庙宇，条件是他们必须将罗马的崇拜与君主的崇拜联系起来。"以及第 58 页："许多人在他们的家神中设置了马可·奥勒留的形象。"

17. 参见 P. Brown，*La Société et le sacré dans l'Antiquité tardive*，traduction française，Paris：Seuil，1983，pp.214—217 和 *Le Culte des Saints*，Paris：Éd. du Cerf，1984，chap.1：le sacré et la tombe。也可参见 D. Jeffrey，*Jouissance du sacré*，Paris：Armand Colin，1998。

18. G. Duby，*Le Temps des cathédrales*，l'art et la société，980—1420，Paris：Gallimard.

19. E. Poulat，*Eglise contre bourgeoisie*，Paris：Casterman，1977，p.112.

20. D. Hervieu-Léger，*Vers un nouveau christianisme*，Paris：Cerf，1986，

p.109；同样参见第 107 页、第 123 页中所引的 H. Hubert，R. Hertz 和 S. Bonnet 的作品。

21. 参见 M. Meslin，"Le Phénomène religieux populaire"，in *Les Religions populaires*，Québec，Presses de l'Université Laval，1972，p.5。

22. 例如对累西腓的研究，参见 R. Motta，"Estudo do Xango"，in *Revista de antropologia*，Sâo Paulo，1982。

对萨尔瓦多的研究，参见 V. de Costa Lima，*A Famila de santo nos candomblés jeje. Nagos de Bahia：un estudo de relaçoes intra-groupais*，UFBA，Salvador，1977。

对里约热内卢的研究，参见 M. Sodré，*Samba，o dono do corpo*，Codecri，Rio，1979。

23. 我曾在 M. Maffesoli，*La Connaissance ordinaire，précis de sociologie compréhensive*，Paris：Klincksieck，1985 解释过。关于帕累托，参见 B. Valade，*Pareto，la naissance d'une autre sociologie*，PUF，1990 和 T. Blin，*Phénoménologie et sociologie*，L'Harmattan，1996。

24. 参见 M. Halbwachs，*La Mémoire collective*，Paris：PUF，1968，pp.130—138。

25. 参见 A. Medam，*La Ville censure*，Paris：Anthropos，1971，p.103。关于威廉·沃林格所作的区分，参见 W. Worringer，*Abstraction et Einfühlung*，traduction française Klincksieck，Paris：1978。关于共享经验，参见 M. Maffesoli，*Au creux des apparences*（1990），rééd. Le Livre de Poche，1995。

26. 关于这两个历史例子，参见 C. Bouglé，*Essais sur le régime des castes*，Paris：PUF，1969，p.184 和 F. Venturi，*Les Intellectuels，le peuple et la révolution*，Histoire du populisme russe au XIX'siècle，Paris：Gallimard，1972，p.211。

27. F. Raphaël，*Judaïsme et capitalisme*，Paris：PUF，1982，p.201。

28. 参见 L. Wirth，*Le Ghetto*，Paris：Champ Urbain，1980。

29. É. Durkheim，*De la division du travail social*，Paris：Félix Alcan，1926，p.XXXIII.

30. 参见 M. Scheler，*Nature et Formes de la sympathie*，Paris：Payot，1928，p.36（亦参见第 37 页注释 1）。关于"狂欢-狄奥尼索斯式的"，参见 K. Mannheim，*Idéologie et Utopie*，Paris：Rivière，1956，p.158 和 M. Weber，*Économie et Sociétés*，Paris：Plon，1971。

31. M. Halbwachs，*La Mémoire collective*，Paris：PUF，1968，p.166。

32. 关于模板艺术，参见 M. Deville，"Imaginaires，pochoirs，tribus，utopies"，in *Sociétés*，Paris：Masson，1986，n° 10；关于涂鸦，我们可以参考 J.Baudrillard，

L'Échange symbolique et la mort，Paris：Gallimard，1976，p.118 et sq.。

33. P. Brown，*La Société et le sacré dans l'Antiquité tardive*，traduction française，Paris：Seuil，1985，p.218，224 et 226.

34. 我指出有关这些不同点的一些研究：A. Sauvageot，*Figures de la publicité，figures du monde*，Paris：PUF，1987；M. Deville，*Les Vidéo-clips，et les jeunes*（CEAQ）。

35. 参见 A. Berque，*Vivre l'espace au Japon*，Paris：PUF，1982，p.47。

36. 我所用的"大量的村庄"这一术语非常接近芝加哥学派的表述；在这里，它是从 J. Beauchard，*La Puissance des foules*，Paris：PUF，1985，p.25 中借用而来的。关于邻里关系及其冲突与团结，我们可以参考 F. Pelletier，"Quartier et communication sociale"，in *Espaces et Sociétés* n° 15，1975，还可以参见 F. Ferrarotti，*Histoire et histoires de vie*，Paris：Librairie des Méridiens，1983，p.33。

37. A. Moles，*Théorie structurale de la communication et sociétés*，Paris：Masson，1986，p.147 sq.；F. Casalegno，*Cybersocialités*，Paris V，juin 2000.

38. E. T. Hall，*Au-delà de la culture*，Paris：Seuil，1979，p.67 中举了日本工厂的例子。关于旅游，我参考了 R. Amirou，"Le Badaud，approche du tourisme"，in *Sociétés*，Paris：Masson，1986，n° 8。最后，在一般的仪式方面，可参见 L.-V. Thomas，*Rites de mort*，Paris：Fayard，1985，p.16 和 C. Rivière 的研究。

39. 参见 M. Young et P. Willmott，*Le Village dans la ville*，Paris：CCI，Centre Georges-Pompidou，1983，p.137，138，143 et *passim*。还可参见我对黑手党的研究：M. Maffesoli，"La Maffia: notes sur la socialité"，in *Cahiers internationaux de sociologie*，Paris: PUF，1982，vol. LXXIII。关于韩国，参见博士论文 M. Kim，*Les Micro-groupes en Corée*，Paris V，1990。

40. C. Bouglé，*Essais sur le régime des castes*，Paris: PUF，1969，p.5.

41. 我在这里自由地解释了对 M.-F. Baslez，*L'Étranger dans la Grèce antique*，Paris：Édition Les Belles Lettres，1984，p.40 sq. 的分析。关于"第三方"的角色，参见 J. Freund，*L'Essence du politique*，Paris：Sirey，1965 和博士论文 J.H. Park，*La Communication et le conflit dans le mode de pensée coréen*，thèse Sorbonne，Paris V。关于黑手党的领地，参见 Françis A.J. Ianni，*Des affaires de famille*，Paris：Plon，1978。

42. Ch. Fourier，*Œuvres complètes*，Paris：Anthropos，t. V，p.157；也参见 É. Durkheim，*Les Formes élémentaires de la vie religieuse*，Paris：PUF，1968，rééd. Le Livre de Poche，1991。关于暴力的使用，参见 M. Maffesoli，*Essais sur la violence banale et fondatrice*，2°éd.，Paris：Librairie des Méridiens，1985 中的解释和 P.

Tacussel, *Charles Fourier*, *le jeu des passions*, Paris：DDB, 2000。

43. 参见 U. Hannerz, *Explorer la ville*, Paris：Seuil, 1983, pp.59—60 中对这些民族志学者的分析。关于当下这一的主题，我参考了 M. Maffesoli, *La Conquête du présent*, Paris（1979）, rééd. DDB, 1998. 至于秘密的模型，参见 G. Simmel, "Les sociétés secrètes", in *Nouvelle Revue de psychanalyse*, Paris：Gallimard, 1977。关于青少年群体的仪式，参见 L.-V. Thomas, *Rites de mort*, Paris：Fayard, 1985, p.15。以一种更一般的方式来讲，可参见 J. Dumazedier, *Révolution culturelle du temps libre*, Paris：Klincksieck, 1988。

44. 此外，我们可以注意到，马克斯·韦伯所阐述的规范性保留（réserves normatives）更多地出现在 M. Weber, *Le Savant et le Politique*, traduction française J. Freund, Paris：Plon, 1959, p.85, 105 sq., 该书收集的"有教育意义"的韦伯文本比《经济与社会》更多。关于"情感共同体"，参见 M. Weber, *Économie et Société*, Paris：Plon, p.478, 565 和 J. Séguy, "Rationalisation, modernité et avenir de la religion chez M. Weber", in *Archives de sciences sociales des religions*, Paris：CNRS, 1986, 61. 1., p.132, 135 et notes。关于马克斯·韦伯所写的"狂欢"时的气氛，及其与"信奉巴力（Baal）的祭司教派"和克拉格斯的宇宙圈（le cercle cosmique de Klages）的邻近性，参见 W. Fietkan, "À la recherche de la révolution perdue", in *Walter Benjamin*, Paris：Éd. du Cerf, 1986, p.291 et sq.。

45. U.Hannerz, *op. cit.*, p.154.

46. 除了参考乌尔夫·汉纳兹以外，我们还可以参考 S. Langlois, *Les Réseaux sociaux et la mobilité professionnelle*, Sorbonne, 1980, 该论文提供了一个很好的总结，并开辟了新的研究路径。

47. U.Hannerz, *op. cit.*, pp.88—89.

48. 闲话或谣言是值得关注的新问题。除了 E. Morin et Shibutani 的研究（参见 *Sociétés*, Paris：Masson, n° 0, 1984）以外，我还参考了 J.-B. Renard et V. Campion, *Légendes urbaines*, Payot, 1992。

49. S. Milgram, *The Experience of Living in Cities*；参见 U. Hannerz, *op. cit.*, pp.245—247, cf. également p.228。

50. A. Berque, *Vivre l'espace au Japon*, Paris：PUF, 1982, p.119.

51. E. Troeltsch, "Christianisme et société", in *Archives de sociologie des religions*, n° 11, 1961, pp.15—34；关于星云和宗派团体，亦可参见 D. Hervieu-Léger, *Vers un nouveau christianisme*, Paris：Cerf, 1986, p.145, 343, 353 et passim.

附录　公共广场的思想

——献给佛朗哥·费拉罗蒂（Franco Ferrarotti）

一、两种文化

"野性的思维"的存在现在已经得到承认。有了与原始社会接触中习得的经验，人类学将目光转向了当代社会的日常生活，甚至是所谓的"企业文化"，或其他在过去看来太过接近而无法分析的领域。学术文化也是如此，它开始承认**另一种文化**，即共同情感的文化的存在。我们可以一致同意这种新文化的涌现，许多研究都证实了这一点[1]；但在这两种文化之间事实上仍然存在着一定的距离，这有时甚至会成为无法逾越的鸿沟。当然，我们不可能克服这种差异，也不可能否认它在认识领域或日常实践中的实际后果，但我们可以注意到这种差异，以能更好地控制其影响。这是一个经历由这两种文化的存在所带来的矛盾张力的问题，这种张力可以总结如下：如何将它们融入同一种思维方式——一种普遍的思维方式，也更像是一种临时的、偶然的、短暂的思维方式。这确实是一个"日常认识"的问题，在不失去任何反思性关注的情况下，它希望尽可能保持接近其**自然基础**，即基础性的社会本能。

此外，在这一自然基础的各个方面都出现了许多问题；用一位著名先人的话来说，这就是所谓的"自然问题"。然而，与方济会的主色调——从翁布里亚（Umbria）的洞穴到阿尔代什（Ardèche）的共同体相反 [1]，这样的问题不再以泾渭分明的、排他性的形式出现。如今不再会有一边是文化、另一边是自然的情况了，也不再会有这种严格的二分法造成的许多后果。必须指出的是，其最根本的后果是自然一极的不断相对化。在其各种各样的调性变化——民众、民俗、常识等等之下，自然一极在大部分时候都被边缘化了。它充其量被视为一个需要超越的阶段，如同人类不断重现的幼儿期，必须彻底根除。这是一项必须由学术思想来完成的任务。在论证或至少指出当今在自然极点与文化极点之间出现的协同作用之前，我们有必要先就对民众思想的长期无视或忽视作一个哪怕是十分简短的分析，无论这种无视或忽视发生在神话学领域还是在日常生活中。2 这是一个所谓的反向程序，对我们的目的可能大有裨益。

借用吉尔贝·迪朗的一个观念来说，我们并不是在昨天才对上述两极之间的"人类学轨迹"（边留久称其为"跨主体性"）产生怀疑的。因此，在卡巴拉的传统中，在"知识树"以外还有"生命树"，根据朔勒姆的说法，正是这两棵树之间的分裂使邪恶得以降临世界。3 用一种隐喻的方式，我们可以说，这肯定是生活和哲学分离的根源之一，是生活和哲学深刻对立的根源之一，是哲学难以融入生活的丰富经验的根源之一。因此，我们很早就看到了一种"哲学-

---

　　[1] 13 世纪初，方济会于意大利中部的翁布里亚地区创立，是为天主教修会之一；16 世纪时，方济会教徒艾蒂安·马霍波利斯（Etienne Machopolis）继承了马丁·路德的思想，在法国阿尔代什的阿诺奈（Annonay）的宗教共同体中建立了新教。1562 年至 1598 年间，法国天主教徒和胡格诺派（属于加尔文宗）新教徒间进行了连续八次宗教战争，致使三百万民众死于战争、饥荒和瘟疫。——译注

理性"文化与另一种"民众-神话"文化之间的重要区分，这种区分就像一条贯穿了人类漫长历史的主线。[4] 我们不可能书写这一区分的历史，但这的确是值得去做的事情；然而需要强调的是，用一个广为人知的表达来说，有各种各样的"知识的旨趣"（哈贝马斯）是相互冲突的。此外还要强调的是，民众的感受性总是会引起文人们的不满。

这是一个存在于试图解释（重新审视）、支配生活与生活本身总是逃离解释之间的古老悖论。第一种感性是通过区分和随后的分析进行的，第二种感性则倾向于结合和整体把握世俗直接经验的各种要素。历史学家和社会学家经常对马克斯·韦伯所确立的资本主义精神和新教精神之间的一致性（典型的理念型）提出质疑。实际上，在那本书里，他已经很好地勾勒出了我们所谓的资产阶级的基本特征，尤其是它的**认知型**：通过合理而系统地运用分离态度来掌握（社会的、自然的）本质。此外，这还可以用梅尔院长 [1] 关于新教教义的说法来概括，这种教义与"天主教思想的时常特征"相反，是由"断裂、拒绝连结"[5] 推动的。从这个意义上讲，资产阶级特性及其新教意识形态，甚至还有以盎格鲁-撒克逊人为载体的价值观等等，将区分和分离的逻辑推向了最极端的后果。这些都是现代性最好和最坏的特征。从某种意义上说，它倾向于对一种理性的"先存"（devant-être）秩序进行证明（démonstration），而忽视了一种更为复杂的现实秩序的"展示"（monstration），后者也是现代思想常常无法理解的事情。看看俄国民粹主义历史学家对知识分子们的警告吧！他们称知识分子不应该"以抽象的、书卷气的、舶来思想的名义领导民众，而应该自己适应民众的**本来面目**……"[6] 然而，当我们意识

---

[1]　罗歇·梅尔（Roger Mehl, 1912—1997），法国新教神学家和社会学家，曾任斯特拉斯堡新教神学院教授及院长，并在斯特拉斯堡大学建立了新教社会学中心。他曾在朱利安·弗罗因德前指导过米歇尔·马费索利的研究工作。——译注

到自己对学术文化赖以建立的、在各种政治倾向之外的深邃处持续激发许多社会现实分析的庸常、平凡和日常生活抱有怎样的蔑视态度时，我们就知道从应然的逻辑到具身化的逻辑的转变绝非易事。

二、为了民众的幸福

我们不会回到一个十多年来一直被大量分析的老问题上来。在这个问题还算不上是时髦的过去，我本人就对这场辩论作出过贡献。但是，我们要记住，民众总是需要由**外部**来赋予意识的。列宁主义就很好地阐述了这一观点；就我们所知，很少有知识分子能够逃脱它的影响。[7] 即使在今天，所有那些仍然怀疑自发社会学，即任何人的社会学的人，都受到了同一种哲学的启发：他们蔑视任何不受概念统治之物，甚至蔑视他们曾经历过的事物。

我们还记得黑格尔的断言："民众不知道自己想要什么，只有国王知道。"国王的这种特权继而逐渐传递给了那些政治逻辑的支持者，即知识分子，也就是普遍性的承担者和集体责任的创始者。从过去几个世纪颁布重要法律或重大概念的精神国王，到今天替媒体鼓吹的苍白小丑，拥有着同一种机制：在任何地方和任何情况下，都是"负责"（répondre de）和"担保"（répondre pour）的问题。在这方面十分清晰的是，无论是在学术论文中，还是在各种各样的文章和新闻采访中，道德关怀仍然是许多知识分子的分析基础。至于那些拒绝这种自然倾向的人，他们会被归为可耻的唯美主义者！

从这个意义上讲，编纂一本蔑视人民的蠢事和蠢话（idiotismes）[1]，也就是他们对道德特殊主义的依恋的选集是有益的。从高尔基观察

---

[1] 法语"idiotisme"亦指某种语言中的习语、惯用语。——译注

到的"像贵族一样蔑视人民群众生活"的革命者，到萨特眼中虽然也能看到万物好的一面，但总是"盯着坏的一面"的那类民众，还有数不尽的人，凡事都基于他们的"先验"批判，却没有能力理解生活性质的组成价值首先是由"邻近"秩序纠缠。我们可以用保罗·瓦莱里（Paul Valéry）的一句俏皮话来总结这种态度："政治是一门阻止感官干扰与它们有关之事的艺术。"[8] 实际上，刚才提到的不理解源于这样的事实，即**道德-政治**的逻辑倾向于关注遥远的、计划的、完美的事物，简言之就是应然的事物。与之相反，在没有更好的表述的情况下，我们所说的人民或群众的特性就在于关注邻近的事物，关注这种庞大的、异构的日常生活；一言以蔽之，他们都关注一种难以名状的存在的核心。因此，他们几乎是有意识地拒绝成为任何东西。

为了说明这一点，我提出了地下集中的隐喻，以强调许多社会现象虽然没有定型，但却有着各自的特殊性。因此，在我目前提出的新部落主义的假设中，我们可以说，在一种多形式的群众之中，存在着许多微观群体，这些群体逃脱了社会分析家通常所提出的各种同一性的预测和禁令，但无论如何，这些部落的存在是不容置疑的，它们的文化的存在同样是真实的。但是，这些部落及其文化当然绝不是政治-道德秩序的一部分，而从这样一种范畴出发的任何分析都会被判处以沉默，或者更为不幸和频繁的情况是会被判定为瞎说乱讲。然而，就像我曾说过的，这是难以名状的。而社会本能则更不可能被还原或简化为这样或那样的决定，即便它符合最后的决策。我们正在经历一个最有趣的时刻，此时生活经验的繁荣需要多元化的认识，析取分析、分离技术和概念先验论也必须让位于一种复杂的现象学，这种现象学能够将参与、描述、生活叙事和集体想象物的各种表现形式整合起来。

这种把生活考虑在内的过程，也许能够在某种程度上表达当代的攒动。正如我讲过的那样，这绝不是要我们放弃思想。恰恰相反！实际上，只有不放弃思想，我们才有可能在今天的工作中找到一种特殊的秩序。由此，一种逻辑上的活力论就与全社会的活力产生了联系。换言之，激情（或混杂）的逻辑将取代我们已经习以为常的政治-道德的逻辑。我们知道圣亚他那修（saint Athanase）的名言"*Ou kairoi alla kurioi*"[1]，我们可以把它翻译为"不是呈现出来的东西，而是神"。埃马纽埃尔·马蒂诺（Emmanuel Martineau）提出了一个相反的命题"*Ou kurioi alla kairoi*"，我们可以把它翻译为"不是至高无上的权威，而是存在于此的东西"，也就是机遇和共同经历的时刻。[9]这是一种倒置，我们可以利用它来理解我们的时代：宗教的或世俗的单一价值已经过时，占据我们的部落有可能更加关注时间的流逝、它自身的价值以及所出现的机遇，而不是任何类型的自上而下的权威。然而，这些机遇也有可能界定一种**秩序**，这种秩序虽然会更随机、更隐蔽，但仍然是真实的。这就是地下集中所提出的挑战：知道如何理解一种基于秩序或内在势力的已分化的建筑术，并且在其**最终确定**之前就考虑到它的内在力量。

我刚才提到的方法所带来的活力论不是无中生有的。它是一种常常重新出现的视角，也启发过大量著作。仅举几个现代的重要名字，例如叔本华的"生存意志"、柏格森的生命冲力、齐美尔的生命社会学（Lebensoziologie）、列维-斯特劳斯的模糊意志（vouloir obscur），它们的重点都放在了**合取系统**（système des conjonctions）之上，或者用一个时髦的术语来讲，放在了社会整体的文化、社会、历史、经济等各种元素的协同作用之上。这种合取似乎非常符合当

---

[1] *Patrologia Graeca*，PG 25，252C.

今社会学的主要特征。我们可以区分、分离、还原一个被客体或客观范畴支配的世界，但当我们面对我所说的"生活的回归"时，情况就不同了。这是一个在马克斯·韦伯的著作中反复出现的主题，并在理解（Verstehen）的概念中得到了很好的形式化，它在认识和日常生活之间所起的关键作用也理所当然地得到了强调。"尽管'理解'这一概念的神秘性一直被恶言中伤，但似乎没有理由认为，历史学的、社会学的理解就与日常的理解会有本质上的不同。"[10]事实上，理解这一概念中有很多神秘之处，因为它是建立在直接的、直觉的、整体的认识的基础之上的。它将这些认识集结起来，将分析时分离出去的各种元素联结在一起。

但我们不妨从最宽泛的意义上考虑"神秘"这个词：它试图理解事物是如何结合在一起的，即使是以一种矛盾的方式。这就是任何社会都有的"冲突性的和谐"。简而言之，正是这种"世界的黏合剂"让事物得以存在。神秘让民众感到惊奇，因为与萨特的批判精神相反，民众所看到的、感受到的、听到的，都是一切事物的好处。肯定性的"是"与分离性的"否"形成对比。我们要记住，析取过程是个体化原则的反面。造成分离的关键个体是将自身分离的个体。但对阿多诺而言，尽管他的整个作品都属于这个传统，但他在放任自流时仍清醒地指出，"没有人有权出于精英主义的傲慢而反对群众，这也是群众的时代"，甚至"说'我'这个字本身就已经是一种傲慢"。[11]事实上，理解的神秘态度考虑到了群众的话语；实际上，它只是民众话语的一种特定表达。正如一句漂亮话所说："我们的观念存在于每个人的头脑之中。"与前面提到的外在性相反，理解注重整体性，并将自己置于整体性之中。

这是一种有利于互动的特殊气氛，无论是交流的互动，还是自然的、空间的互动。在上一本书 [1] 中，我提出将联系和类比作为我们学科的研究方法，意图强调这种整体性观点能够恰当解释一个因为没有什么是重要的、所以一切都很重要的世界。在这样一个世界里，所有从最大到最小的元素相互联系。这种整体性的观点还试图强调，社会生活就像单色画 [2] 一样，基于一层层经验、情境、现象之间的难以觉察的滑移，这种现象、情境、经验亦以类比的方式相互指涉着。不去探究其背后的原因，我们也可以描述这种难以界定性。为此，边留久以他自己的方式使用了"风土性"（médiance）[3] 概念，这一概念意味着气氛，并注意到了前面所提到的各种形式的影响。这是从客观到主观、从寻求共生到隐喻程序的往复运动。更确切地说，这些语域中的每一个都被另一个感染了。所有这些即使不会造成无效化，至少也会把外部的眼光和这样或那样的、概念的和 /或理性的单一价值相对化。12

三、内部秩序

对理性单一价值的超越作为一种对社会世界的解释，不是一个抽象的过程，而是与这个世界的异质化密切相关的，或者说与我所谓的社会活力论密切相关。根据埃内斯特·勒南的说法，古代的神"既不好也不坏，而是一种力量"13。这种势力不是道德化的，而是通过大量的特征来表达的，这些特征必须从术语最强烈的意思上来理解，并且都在广阔的世间交响乐中占有一席之地。

---

[1] 指《日常认识》（*La connaissance ordinaire*）一书。——译注
[2] 由同一种颜色的不同明度综合而成的绘画。——译注
[3] médiance 是法国地理学家、东方学家边留久自日本哲学家和辻哲郎的"风土性"（fûdosei）概念翻译而来。——译注

正是这种多元化迫使社会思想打破了一维科学的束缚。这是马克斯·韦伯给我们的根本启示：价值的多神论要求因果关系的多元论。在 19 世纪盛行的概念图式中，正如我刚才所指出的，如果一种价值被认为是好的，知识分子的目标就是使这种普遍性具有法律效力。这就是政治-道德的视角。少数几种（冲突地）共享市场的思想是用同样的机制运行的。但当完全对立的价值突然出现时，情况就不可能是这样了，这至少使普遍主义的主张相对化，就像它模糊了某一道德或某一政策的普遍适用性一样。而正是这种突然出现构成了概念相对主义的基础。

这种相对主义不一定是坏的。它无论如何都会存在，因此我们最好注意到它。为了更好地理解其影响，我们可以回顾一下彼得·布朗的表述，即人类历史是被"'一神论'和'多神论'两种思维模式之间永恒的张力"[14]贯穿的。而就我而言，这是一个永恒的平衡运动。根据皮特林·索罗金用以解释文化群体的"饱和定律"，有些范式支持在政治组织、概念系统和道德表现方面进行统一的事物，但也有一些范式与之相反，它们在同样的领域鼓励爆发、欢腾和膨胀。这是从一个纯粹精神的、强大而孤独的神，转移到了大量拥有形体的、混乱且多元的偶像身上的过程。但是，与只考虑从"多"（poly）到"一"（mono）的演变的简单的线性主义相反，我们很容易就能观察到，人类的遭遇已经为这两种社会表达方式之间的往复运动提供了众多例子。

许多学术著作都强调了这一现象。神话学家吉尔贝·迪朗指出，如果没有调合论的基质，基督教本身一神论的不妥协将是难以被理解的。[15]即使在今天，宗派发展、灵恩运动、慈善活动、基层共同体、各种形式的迷信，都可以被解释为一种异教的、民粹主义的古老底色，这一底色在民间宗教中不好不坏地存在着，打破了教会制度几个世纪以来形成的统一化的外壳。事实上，值得指出的是，教义和组织的统一方面并不像看上去那么牢固，它总是很容易破裂，而且更重要的是，它完全是局部的。在这方面，各种各样的分裂和异端就是很好的例证。即使是后来被证明是一元论立场最坚定支持者的教义学说，在其创始时刻，因为要反对不宽容，因为要面对未知，因为基于对自由的渴望，所以也是多元主义最坚定的支持者。这样一来，如果我们跟随青年路德领域的专家施特罗尔（Henri Strohl）院长 [1]，我们就可以看到，路德是怎样将一个宏观的、制度化的教会与一个"通过见证（témains）行事的看不见的教会"[16] 对立起来的。由此，我们可以说，路德发现了由小地方实体所组成的教会的精髓，即这些小地方实体在诸圣相通之中神秘地联结在一起。对他而言，与经营既定教义的教会体制相反，还存在着一支根本的建制性的力量。这就是权力和势力两者之间的对抗关系。

有趣的是，这种多元教会观势必会有一个与学术僵化形成鲜明对比的知识拼装（bricolage）。路德学会了"将亚里士多德体系和圣奥古斯丁体系的碎片结合起来，而不去考虑这些体系的原则……他可以很轻易地采纳从陌生原则里衍生出来的观念，并将它们同化为自己的原则……"路德的例子在这两个方面都很有启发性，因为我们可以说，路德主义的成功是建立在他对民众所特有的多元主义基础的直觉把握之上的。施特罗尔院长强调，路德是"人民之子……具有人民自身的优点和缺点……"[17] 让施特罗尔为他作出的判断负责吧！但可以肯定的是，在那个时代，民众阶层对路德的狂热追随并没有错，并且得益于路德教导中的逻辑，民众阶层开始反抗既有

---

[1]　亨利·施特罗尔（Henri Strohl，1874—1959），曾任斯特拉斯堡新教神学院院长，是研究马丁·路德的专家。米歇尔·马费索利不认识这位院长，但这位院长是马费索利的夫人埃莱娜·施特罗尔（Hélène Strohl）的叔叔。——译注

权力，直至路德本人完成了自己的目标，成为取代旧领袖的新领袖之后，才呼吁基督教贵族平息这场贱民之乱。但这又是另外一个故事了，一个"精英循环"的故事！

我们无论如何都要首先强调，存在着一种反抗统一性、反抗任何表象和组织上的一维性的社会基础。当我们同时观察到群众化过程和群众内部的价值分裂的时候，这种社会基础似乎就能在功能上表现出来。我刚才在宗教改革中指出了这一点，现在我要同样解释文艺复兴：在文艺复兴的过程中，除了"社会各阶层的融合"的总体趋势之外，正如我们时代的伟大历史学家雅各·布克哈特（Jacob Burckhardt）所指出的那样，我们可以在所有的领域、学说、艺术、社交、政治结构等等当中观察到活力论的爆炸式增长。这种欢腾构成了一种新的社会形势，且在大多数情况下，它都在呼唤一些新的解释形式。涂尔干在其对法国大革命的分析（着重宗教方面）中也提到了这一点；不仅如此，他还对任何形式的宗教、从更为普遍的意义上说："它不是要化约成一种独一的崇拜，而是要建立起一个被赋予一定自治权的各种崇拜的体系。"[18]

通过这几个例子和引文，我们可以清楚地看到，在某些时候，社会会因呼唤复杂的程序而变得复杂。精致的古典主义可以被华丽的巴洛克风格取代。正如古典风格是线性的、视觉的、封闭的、分析性的、可以清晰分析的一样，我们知道巴洛克风格是发展中的、蓬乱的、开放的、综合的，它指的是一种相对的模糊性，或至少是指一种建立在明暗对照的基础之上的研究方法。沃尔夫林（Heinrich Wölfflin）[19]为艺术史提出的这种研究方法完全适用于这些认识论考虑。在这个问题上，重点在于巴洛克风格所属的一系列概念。正在形成的巴洛克式社会本能要求我们能够破译其内在部署的逻辑。对此，我再重复一次，地下的社会本能具有一种特定的秩序，这种秩序只有在一些破裂、骚乱或欢腾的时刻才会偶尔显露出来。我们知道，这些时刻也有可能是完全沉默的，或至少是不那么引人注意的，以至于它们甚至可以从专业人士的分析策略当中逃脱。让我们记住一句格言："要知道如何倾听草木生长。"

恩斯特·云格尔敏锐地指出，我们在埃及人的著作中没有发现任何对《出埃及记》的提及[20]；也就是说，它肯定没有在这个国家的内部政治中扮演过重要角色。但我们知道这一小小的奴隶逃亡事件对于接下来的历史意味着什么，或者说对于作为我们历史基础的神话结构意味着什么。因此，在某些时候，那些看似无关紧要的事物，那些被忽视的事物，那些被认为是边缘的事物，一方面可能是主角们真正投入的地方，另一方面可能是对社会的未来产生重大影响的地方。我所尝试讨论的秩序正是为了说明这种现象。

我们已经通过诸如"软肋""矜持""狡计"等概念对这种现象进行过分析，我还提出了**两面性**的范畴（《征服当下》，1979）来说明弃权的过程；然而必须指出的是，除了本身对未来保持关注之外，这个主题还开辟了一条新的认识论路径。因此，让·普瓦里耶（Jean Poirier）关于生活叙事的论述"试图让沉默的人们发声，并由他们最为谦逊的代表来把握"[21] 完全符合这一观点。他还注意到这样一个事实，即存在着一种有声的沉默，它不能被粗暴地处理，而是要进行解释，以突出它的全部丰富性，这是因为这种沉默常常是一种异议、抵抗或内在距离的形式。如果我们遵循实证主义的（positiviste）标准，只希望看到事物的积极性（positivité），那么这就只可能是一种"缺少"（moins），一种不存在。与此形成鲜明对比的是，我们必须说这种沉默程序自身有一种性质："无"是重要生活的基础。在这里，我们可以找到韦伯式的表达：通过非现实的官能来理解现实。事实上，不透明、狡计、两面性等范畴和沉默、明暗对照等机制，首先都是保证了社会本能的长期存在或自我创造的活力论的表达。这就是我刚才提到的认识论问题。

正如我在其他地方解释的那样，沉默的背后是生存问题。我这里所说的生存是指一种适应的能力，它使我们能够在不屈服于约束的情况下适应它们。从本质上讲，这仍然是力量或势力的问题，不应该与权力混为一谈。此外我还要指出，从社会学的角度来看，犹太人的生存可以说与我刚才提到的策略有关。他们的俏皮话、双关语、沉默以及随之而来的计谋，自古以来都是与犹太人对生活的敬意和热爱相伴随行的。许多观察家都指出了这一现象。[22]

同样，我们可以对日常生活中的战争学继续进行细致的分析，指出只有那些逃离言语禁令或"言语治疗"的恋爱关系才有可能持续下去。[23] 我是故意从一个很大的范围内选取例子的，这些例子之间没有任何直接关系，但是它们都很好地表达了所有的社会本能是如何建立在共融和保留、吸引和排斥的基础之上的；而且如果我们过于关注这些术语对中的前项，就有可能会忽视后项所具有的丰富性。此外，在继承自 19 世纪的一切屈服于理性、追问一切的原因的思考之中，我们已然忘记，借用西里修斯（Silesius）的一句名言来说，那就是"玫瑰存焉，无谓因由"。从认识论的角度来看，过分依赖社会关系中"被说出"的部分，使我们忘记了它们也是建立在"未被说出"的部分的基础之上的。这种空洞是一个值得探索的储藏库。事实证明，这种已经被"我自己的秘密"（*secretum meum mihi*）这句古老智慧很好地描述的视角，可以把我们引入一种具体的社会本能的基础，这种社会本能不应仅仅被视为我们思想的简单反映，而是具有其自身的实质。这是一个简单的大众良识，但几乎不为深奥的学问所接受。它因而被相对化，但它始终会在日常生活和思想辩论当中时常重现。

四、实际经验、邻近和有机知识

与人们通常承认的相反，伟大的指涉性叙事的结束并非因为不再有思想家。智识研究的质量也并不一定比以往的时代都要差。事实上，如果人们对自上而下的、遥远的意识形态失去兴趣，那是因为我们每天都在日常生活中见证大量意识形态的诞生，它们建立在相似的价值——生活体验和邻近的基础之上。因此，这种存在的具体性可以被认为是一种健康状态的表达，一种自身活力的表达。活力论分泌了一种有机的思想，这种思想当然拥有自己的特点，那就是坚持直觉的洞察力。这是一种内部视角，既关乎理解——对直接经验的各种元素的整体、全面的把握，也关乎共同经验——跟其他人一起感受到的、构成生活知识的事物。事实上很少有学者会坚持这种有机的思想。当然，我们不仅可以参考威廉·狄尔泰（Wilhelm Dilthey），也可以参考尼采的启发性思想，这些思想都非常重视狄奥尼索斯式的主题及其触觉、情感、集体、结合等方面。我们也可以引用乔治·爱德华·摩尔（George Edward Moore）和他的《对常识的辩护》（*Apologie du sens commun*），他坚持认为真理蕴藏在常识之中，并敏锐地指出："大多数哲学家……都违背了这种他们在日常生活中从未参与过的常识。"[24] 我们还可以提到一些其他研究类似主题的学者们，例如研究社会学现象学的阿尔弗雷德·舒茨、彼得·伯格和托马斯·卢克曼等等，都展示了这一视角在主题和认识论上的重要性。实际上，所谓活力论和"常识学"（sens-communologie）是联结在一起的，它们的结合使我们能够强调"此时此地"（*hic et nunc*）的内在性质，强调当下主义的价值。我们尚未完成对其丰富性的探索。

这仍然很难被智识方法所接受，因为智识方法的自然趋向（一种结构上的滞重?）总是迫使其向着遥远的、规范性的、详尽的普遍性规律发展。所有这些方法都可以被归为"应然逻辑"。这是所有倾向的总和。我们可以明确地说，所有这些解释程序都是离心的，它们总在寻找一个可以超越我们研究对象的东西。与之相对的是一种有意识地向心的综合方法，它会认真地对待即使是最微小的研究对象，每一个事物都将从自身、被自身分析，我们也不会试图通过一种虚幻的综合来克服它的矛盾。在斯蒂芬·卢帕斯科和吉尔贝·迪朗提出的观点框架下，我们可以提出一种"矛盾逻辑"[25]。应然包含着历史、遥远和离心的解释，而矛盾则包含着神话、邻近和向心的理解。

值得注意的是，对社会认识范畴的重新思考，在很大程度上由那些强调空间重要性的人推动。我特别想到的是边留久的作品，他一方面展示了"居民是如何如其所是地生活的，而不是为了外部的眼光"，另一方面又提出了一个所谓"区域或细胞的"体系假说，该体系坚持严格意义上的集体，而不是个体。这使他谈到了主体和客体、自我和他者之间的无差别[26]，让人想起了隐喻性或类比性的联系过程。不管怎样，正是这种合取使揭示一种与社会生活所处的"物质环境"和"具体领域"有关的**内在秩序**成为可能。[27] 这就是我们在此试图概述的主要问题：我们需要理解，存在着一种有关全社会的逻辑，这种逻辑虽然并不遵守单一因果理性主义的相当简单的规则，但它仍然是真实的。更确切地来讲，我们可以说存在着一种开放的合理性，它使社会现实的各种元素变得连贯一致，而不把它们化约为任何系统性的视野；或者用维尔弗雷多·帕累托的话来说，在这些元素中起作用的逻辑和"无逻辑"彼此协同，形成了我们所知道的建筑术。

事实上，除了教科书以外，社会生活中没有什么是一维的。就其许多骇人听闻的、爆发性的方面而言，社会生活总是在别处，而不在我们所认为的固定之处。多元主义深刻地影响着它，我们必须认识到这一点。而这就是日常生活社会学想要做的。但我们必须知道，没有什么会比这所需要的智识活动更难的了。正如威廉·乌思怀特（William Outhwaite）在谈到齐美尔对于理解的野心时所说："这……只是说日常理解是一项高度复杂的活动。"[28] 这是因为，除了我们所知道的各种合理化和合法化之外，日常生活中还充满了情感，充满了难以界定的感觉，简而言之就是充满了各种我们无法避免、但我们也越来越重视其对社会生活的影响的模糊时刻。所有这些都不再顺从于理念的简单性、完美范畴的简单化，或者不再顺从于把存在化约为应然的简单幻想。

实际上，在可理解的世界之上或之中展开思考十分容易。这种世界是任人操控的，任凭所有的杂技、反转或其他概念暴力的摆布。纯粹的精神行为中拥有着残忍性。我会不厌其烦地重申，应然的逻辑是一种随和，一种权宜之计，一种对认识的断章取义。它更加尊重生活的复杂性，并由此拒绝先验的定义，同时创造了使这种复杂性的各种元素得以显现（外化）的智识条件。我已经解释过，这就是"形式主义"的关键：实施一种严格的描述程序，这种程序与社会生活斑驳的外表相一致，同时又能证明其认识论的恰当性。

我们必须记住，最重要的是所给出的（参见舒茨"视为当然"），即给予我们看到的；而无论它到底是什么，它都构成了智识建构的基础。对此，我们可以以谚语为例，涂尔干在其中看到了"集体情感或理念的浓缩表达"，也可以举日常对话为例，它时常会包含一种生存哲学或一种问题意识，而它们往往比许多学术讨论都更为深刻。[29] 这些都是严格意义上的文化表现，也就是为社会奠基的事物。令人惊讶的是，学术文化是如此地无法渗透这些表现，而这种不可渗透性正是很大一部分人文社会科学不育的主要原因。

事实上，形塑了文化的是意见，即"公共广场的思想"，也就是构成社会本能的情感黏合剂的一切事物。与此相比，学术知识是后来才发展起来的。在这里，我将使用费尔南·迪蒙提出的一个区分，他谈到了人们可以随意沉浸其中的"第一文化"（culture première）和把人与某一特定群体联结在一起的"第二文化"（culture seconde）[30]。而我要说的是，前者在某种程度上是指氛围，即所有社会生活所沐浴的营养液，它孕育了各种传统，或至少是使它们的萌芽成为可能，而这些传统亦只有与共同母体联结在一起才能持续下去。因此，有多少个群体，就有多少种特定传统。知识分子就是其中的一个群体，但它只是以一种泛滥的方式把自己的知识说成是最合法的。实际上，我们最好是要重视这些不同知识之间的联系、协同作用和互补性，而不是去建立它们之间的优劣和等级。这样一来，我们就可以对这些知识的丰富性更为敏感。当然，要做到这一点，我们就必须使自己的评价标准多样化。实际上，为了判断一句陈述或一种做法的有效性，如果我们只是用形式连贯或简单的因果逻辑标准，那我们所能得出的只会是一些同义反复的评价。就法国社会学而言，皮埃尔·布迪厄对"实践信念"（croyance pratique）的添油加醋（或根据其个人观点进行理论阐述）无疑是最为明显的例子。我们没有必要再回到由此态度所引发的蔑视。这种态度本身是自以为的，更重要的是它承认了自身的无能。在我看来，谈论一种"大众的理论意义"并不是一个好主意，因为在这里，我们是以单一理论视角对常识进行判断的。[31] 正如我所指出的，这两种情况都是一种"离心"的视角，它参照对象之外，且或多或少有一种明确的评判态度。

这就是现代性的力量，它把一切都放在了历史及其发展的框架内。"离心主义"只是这种视角的智识性的转译。但是，曾经的优点变成了现在的缺点。实际上，历史（l'Histoire）已经抛弃了遭遇（les histoires）。历史使经验相对化，而正是经验像被压抑事物的回归一样，在今天进行着极其强烈的表达。它的调性变化是多种多样的，但它们都重视经验和邻近。正是这一点迫使我们重新确定我们的分析对象，把我们的目光聚焦在"最极端的具体"（瓦尔特·本雅明），即日常生活之上。日常的复杂性和"第一文化"值得我们特别关注。这就是我所说的**日常认识**。[32]

这是非常重要的，因为在越来越多的情况下，正是这种邻近——取其简单含义——决定了我们与他人之间的关系。从狄尔泰到曼海姆再到舒茨，无论是"生活的社会世界"、生活经验，还是关系主义、互惠关系，有众多的表达都将自然的社会本能及其建筑术作为所有社会学范畴的先验范畴。[33]

这是一种前科学？自发的社会学？思辨的方法？这一程序的律令并不重要，重要的是它可以作为一个即使是暂时的指示器，引导正在现实化的构型。稳定的结构可以由**同一性**的逻辑和与之相关的道德判断很好地定义，而不确定的星丛要求我们知道如何能够突出连续的**认同**，以及能够很好地转译这些认同的美学（共同情感）。评价在整个现代性中日益推进，是与其目标——"政治秩序"完全一致的。目前还不清楚它是否适用于将成为未来社会本能母体的部落和群众的攒动。无论如何，这种社会本能向我们提出了一个超越政治道德的新的智识挑战：**激情秩序**的社会人类学结构会是什么？

注释

1. 在这方面参见 F. Dumont，"*Cette culture que l'on appelle avante*"，in *Questions de culture*，IQRC，Québec，1981，p.19。

2. 应用于特定领域。可参见 C. G. Dubois，*L'Imaginaire de la Renaissance*，Paris：PUF，1986，p.959 对此的分析。

3. 参见 G. Scholem，*La Mystique juive*，Paris：Cerf，1985，p.86。

4. 关于这一区分，参见 G. Scholem，*Sabbatai Tsevi*，La Grasse，éd. Verdier，1983，p.25 et 39。

5. R. Mehl，*La Théologie protestante*，Paris：PUF，1967，p.121。

6. 语出 R. Pipes，转引自 F. Venturi，*Les Intellectuels，le peuple et la révolution*，Paris：Gallimard，1972，p.49。

7. 关于这一点，建议参考 M. Maffesoli，*Logique de la domination*，Paris：PUF，1976 和 *La Violence totalitaire*，Paris：PUF，1979。也可参考 B. Souvarine，*Staline，Aperçu historique du bolchevisme*，Paris：Éd. Gérard Lebovici，1985，p.64。我们可以回顾一下，实际上只有少数无政府主义团体，如工委主义者或情境主义者，反对概念上的列宁主义。

8. M. Gorki，*Pensées intempestives*，Lausanne，L'Age de l'homme，1975，转引自 B. Souvarine，*op. cit.*，p.181。*Lettres de Sartre* in *Temps*，III，1983，p.1630。P. Valery，*Œuvres complètes*，La Pléiade，t. II，p.615。

9. 参见 E. Martineau 为他所翻译的 M. Heidegger，*Être et temps*，éd. Authentica，H.C.，p.14. 写的序言。

10. W. Outhwaite，*Understanding social life*，London，George Allen and Unwin Ltd，1975，p.13. 关于合取的概念，参见 G. Durand，"La notion de limite"，in *Eranos 1980*，Jahrbuch ed Insel，Frankfurt am Main，1981，p.43 et 46。

11. T. Adorno，*Minima moralia*，Paris：Payot，1980，p.47 以及 *Notes sur la littérature*，Paris：éd. Flammarion，1985，p.426。

12. 关于联系和类比，我建议参考 M. Maffesoli，*La Connaissance ordinaire*，Klincksieck，1985。关于"风土性"，参见 A. Berque，*Vivre l'espace au Japon*，Paris：PUF，1982，p.41 和 *Le Sauvage et l'artifice*，Paris：Gallimard，1986，pp.162，165。

13. E. Renan，*Marc Aurèle，ou la fin du monde antique*，Paris：Le Livre de Poche，1984，p.314.

14. P. Brown，*La Société et le sacré dans l'Antiquité tardive*，traduction française，Paris：Seuil，1985，p.18.

15. G. Durand，*La Foi du cordonnier*，Paris：Denoël，1984.

16. H. Strohl，*Luther*，Paris：PUF，1962，p.294; cf encore p.308.

17. *Ibid.*，p.200 et p.233.

18. É. Durkheim，*Les Formes élémentaires de la vie religieuse*，5ᵉéd.，Paris：PUF，1968，p.36 sq.，rééd. Le Livre de Poche，1991.

19. 参见 H. Wölfflin，*Renaissance et baroque*，Brionne，éd. G. Monfort，1985，以及同一出版商发行的 H. Wölfflin，*Principes fondamentaux de l'histoire de l'art*。

20. 参见 E. Jünger，*Graffiti*，Paris：éd. C. Bourgeois，1977，p.35。

21. J. Poirier，*Les Récits de la vie*，Paris：PUF，1984，p.23.

22. 参见 W. M. Johnston，*L'Esprit viennois*，*Une histoire intellectuelle et sociale*，Paris：PUF，1985，pp.26—28。

23. I. Pennacchioni，*La Polémologie conjugale*，Paris：Mazarine，1986，p.79.

24. G.E. Moore，*Apologie du sens commun*，pp.135—160，in F. Armengaud，*G.E. Moore et la genèse de la philosophie analytique*，Paris：Klincksieck，1986，cf. p.13. CEAQ 目前的研究和两本拙著，即 M. Maffesoli，*La Conquête du présent*，pour une sociologie de la vie quotidienne（1979），rééd. DDB，1998 和 M. Maffesoli，*La Connaissance ordinaire*，*précis de sociologie compréhensive*，*op. cit.*，以及 T. Blin，*op. cit.*，都是这种观点和社会学现象学的融合。

25. 参见 G. Durand，*Structures anthropologiques de l'imaginaire*，Paris：Bordas，1969 的后记。关于向心程序的神话批评的使用，参见 G. Durand，*Figures mythiques et visages de l'œuvre*，Paris：Berg，1982，p.308。

26. A. Berque，*Vivre l'espace au Japon*，*op. cit.*，p.124 et p.56.

27. 在这方面，参见 A. Berque，*Le Sauvage et l'artifice*，Paris：Gallimard，1986，p.267。

28. W. Outhwaite，*Understanding social life*，*The Method Called Verstehen*，London，G. Allen and Unwin，1975，p.13.

29. 参见 É. Durkheim，*De la division du travail social*，Paris：Alcan，1926，p.145；关于学术话语的贫瘠，参见 K. Mannheim，*Idéologie et Utopie*，Paris：Marcel Rivière，1956，p.69. 还可以参见 E. Renan，*Marc Aurèle*，*op. cit.*，p.291 中的一句话："民众的语无伦次已经成为人类的第二部圣经。"

30. 参见 F. Dumont，"Cette culture que l'on appelle avante"，in *Questions de*

culture，IQRC，Québec，1981，p.27 sq.。

31. 参见 Y. Lambert，*Dieu change en Bretagne*，Paris：Cerf，1985，p.225。实际上，朗贝尔的书非常有趣，这句话可以被认为是一个类比；但在我看来，这是不幸的，因为他与布迪厄的思想过于矛盾。

32. M. Maffesoli，*La Connaissance ordinaire*，*op. cit.*；以及 T.Blin，*op. cit.*。

33. 虽然这并非详尽无遗，但我们可以引用 Dilthey，*Le Monde de l'esprit*，Paris：Aubier，1947。K. Mannheim，*Idéologie et Utopie*，Paris：Marcel Rivière，1956。A. Schütz，*Le Chercheur et le quotidien*，Paris：Klincksieck，1986。

译者后记

　　我用了两年多的时间来翻译这本书，几乎每天十多个小时沉浸其中，不分寒暑。一方面，米歇尔·马费索利教授的文字不仅优美，而且晦涩。曾有韩国师兄开玩笑说："这就是我们的教授为什么会被提名法国大学学院院士的原因。"当然，想要听懂这个笑话，首先必须知道法国大学学院院士是怎样的存在。另一方面，这件事情本身于我意义重大。可以说，它既是一个结束，更是一个开始。

　　早在我获得巴黎第五大学（索邦大学）社会学硕士学位的 2006 年秋天，在法国诗人让·潘基耶（Jean Pinquié）的推荐下，马费索利教授同意由我来将他的这本享誉世界的后现代社会学著作译介到中国。然而，天有不测风云，几个月之后的 2007 年 2 月，我的良师益友让·潘基耶因病去世。此后，先是由于学业问题——2007 年 1 月至 2011 年 1 月，我继续师从马费索利教授攻读社会学博士学位；再是由于工作问题——我 2011 年 5 月回国，直至 2015 年 8 月，才通过所在高校"非升即走"的政策考核，事业才得以相对稳定；后是由于健康问题——2015 年秋至 2017 年冬，我因病住院的时间累计超过 7 个月，翻译的事情就这么一直拖着。而无论如何，必须得给已经故去的人和曾经答应过的事有所交代。

2018 年春，上海人民出版社的于力平编辑找到我，跟我谈这本书的翻译事宜。一切似乎水到渠成，于是也就有了我这两年来的"痛并快乐"。痛，是因为翻译之内或之外所经历的种种两难选择；快乐，是因为翻译也是学习，其间充满美好体验。继而，与我具体对接、"严格"要求我的，是年轻的吕子涵编辑。作为译著，这本书是我的"第一次"；作为新书，这本书是他的"第一次"。两人均战战兢兢、患得患失，生怕出现不应有的差池；而他更是心无旁骛、专心致志，他的鼓励和鞭策让我对编辑这一行充满了敬意。

关于这本书的翻译，我想作以下几点说明：

其一，本书中或许还存在一些翻译或认识上的错误与不足，那只可能是译者个人的水平问题，无关其他。

其二，本书的版式以巴黎圆桌出版社 2000 年法文第三版为参照，尾注亦如此，未进行任何增删改变。

其三，本书中的脚注，凡是译者补充的内容，均添加了"译注"字样。

其四，本书正文中，针对部分术语，均在随后的括号里注写了法文原词，目的是为了在当下的文本中进行识别或对比强调。

其五，译者对原书中所有的非法语词汇，如拉丁文、希腊文、德文、英文、意大利文等，均尽可能地进行了保留并给出了解释。

总之，在翻译的过程中，我陆续听取了不少口头评骘意见，又有同仁将其所见问题，细大不捐，随时告知于我，这些都是本书成稿的重要参考。在此，谨向所有关心本书的师长亲友们致谢。

就翻译的内容而言，我要非常感谢两个人：米歇尔·马费索利教授不厌其烦地认真回复了我的所有求助与提问，他最具慷慨特征的人格光辉将影响我的一生；我的前法国同事兼良师益友珀蒂·于贝尔（Petit Hubert）教授，自我读博士起，就一直是我最可靠的万能支持。

就翻译期间的日常生活而言，我要感谢我的父母和其他家人：他们不仅容忍了我的离群索居，还向我提供了最好的物质与精神保障。

就翻译期间的其他经历而言，我要感谢我国内和国外的众多朋友：这本书是在他们的鼓励、帮助和支持下才有了今天的样子，他们分别是（排名不分先后）：谢光前、石小平、关锋、李想、秦超、王赟、黄新华、汪冬冬、刘朗、李云兴、张祖辽、赵赫、陈韵、潘慈爱、王东洋。

许轶冰

无锡·悦城

2020 年 10 月 20 日

图书在版编目(CIP)数据

部落时代:个体主义在后现代社会的衰落/(法)
米歇尔·马费索利(Michel Maffesoli)著;许轶冰译
.—上海:上海人民出版社,2022
ISBN 978-7-208-17539-6

Ⅰ.①部… Ⅱ.①米… ②许… Ⅲ.①后现代主义-
社会学-研究 Ⅳ.①C91-06

中国版本图书馆 CIP 数据核字(2021)第 273558 号

责任编辑 吕子涵 于力平
封面设计 林 林

部落时代
——个体主义在后现代社会的衰落
[法]米歇尔·马费索利 著
许轶冰 译

出 版 上海人民出版社
    (201101 上海市闵行区号景路 159 弄 C 座)
发 行 上海人民出版社发行中心
印 刷 上海商务联西印刷有限公司
开 本 635×965 1/16
印 张 18
插 页 4
字 数 212,000
版 次 2022 年 3 月第 1 版
印 次 2023 年 5 月第 2 次印刷
ISBN 978-7-208-17539-6/C·649
定 价 78.00 元

MINERVA

·密涅瓦·

大师经典

《社会学的基本概念》	［德］马克斯·韦伯 著	胡景北 译
《历史的用途与滥用》	［德］弗里德里希·尼采 著	
	陈　涛　周辉荣 译	刘北成 校
《奢侈与资本主义》	［德］维尔纳·桑巴特 著	
	王燕平　侯小河 译	刘北成 校
《社会改造原理》	［英］伯特兰·罗素 著	张师竹 译
《伦理体系：费希特自然法批判》		
	［德］黑格尔 著	翁少龙 译
《理性与生存——五个讲座》	［德］卡尔·雅斯贝尔斯 著	杨　栋 译
《战争与资本主义》	［德］维尔纳·桑巴特 著	晏小宝 译
《道德形而上学原理》	［德］康德 著	苗力田 译
《论科学与艺术》	［法］让-雅克·卢梭 著	何兆武 译

新锐思潮

《部落时代：个体主义在后现代社会的衰落》		
	［法］米歇尔·马费索利 著	许轶冰 译
《鲍德里亚访谈录：1968—2008》		
	［法］让·鲍德里亚 著	成家桢 译
《替罪羊》	［法］勒内·基拉尔 著	冯寿农 译
《吃的哲学》	［荷兰］安玛丽·摩尔 著	冯小旦 译
《经济人类学——法兰西学院课程（1992—1993）》		
	［法］皮埃尔·布迪厄 著	
	［法］帕特里克·尚帕涅	
	［法］朱利恩·杜瓦尔 等编	张　璐 译

人生哲思

《论人的奴役与自由》　　　［俄］别尔嘉耶夫 著　　　张百春 译
《论精神》　　　　　　　　［法］爱尔维修 著　　　　杨伯恺 译
《论文化与价值》　　　　　［英］维特根斯坦 著　　　楼　巍 译
《论自由意志——奥古斯丁对话录二篇》（修订译本）

　　　　　　　　　　　　　［古罗马］奥古斯丁 著　　成官泯 译
《论婚姻与道德》　　　　　［英］伯特兰·罗素 著　　汪文娟 译
《赢得幸福》　　　　　　　［英］伯特兰·罗素 著　　张　琳 译
《论宽容》　　　　　　　　［英］洛克 著　　　　　　张祖辽 译

社会观察

《新异化的诞生：社会加速批判理论大纲》

　　　　　　　　　　　　　［德］哈特穆特·罗萨 著　郑作彧 译
《不受掌控》　　　　　　　［德］哈特穆特·罗萨 著
　　　　　　　　　　　　　郑作彧　马　欣 译
《生活还在继续》　　　　　［法］贝尔纳·皮沃 著　　于文璟 译
《隐秘之恋——二战中的西方战俘与德国女人》

　　　　　　　　　　　　　［德］拉斐尔·谢克 著　　汪文娟 译